Cornelius Riese

Industrialisierung von Banken

GABLER EDITION WISSENSCHAFT

Cornelius Riese

Industrialisierung von Banken

Grundlagen, Ausprägungen, Wirkungen

Mit einem Geleitwort von Prof. Dr. Friedrich Thießen

Deutscher Universitäts-Verlag

Bibliografische Information Der Deutschen Bibliothek
Die Deutsche Bibliothek verzeichnet diese Publikation in der Deutschen Nationalbibliografie;
detaillierte bibliografische Daten sind im Internet über <http://dnb.ddb.de> abrufbar.

Dissertation TU Chemnitz, 2005

1. Auflage März 2006

Alle Rechte vorbehalten
© Deutscher Universitäts-Verlag | GWV Fachverlage GmbH, Wiesbaden 2006

Lektorat: Brigitte Siegel / Stefanie Brich

Der Deutsche Universitäts-Verlag ist ein Unternehmen von Springer Science+Business Media.
www.duv.de

Das Werk einschließlich aller seiner Teile ist urheberrechtlich geschützt.
Jede Verwertung außerhalb der engen Grenzen des Urheberrechtsgesetzes
ist ohne Zustimmung des Verlags unzulässig und strafbar. Das gilt insbesondere für Vervielfältigungen, Übersetzungen, Mikroverfilmungen und die
Einspeicherung und Verarbeitung in elektronischen Systemen.

Die Wiedergabe von Gebrauchsnamen, Handelsnamen, Warenbezeichnungen usw. in diesem Werk berechtigt auch ohne besondere Kennzeichnung nicht zu der Annahme, dass solche Namen im Sinne der Warenzeichen- und Markenschutz-Gesetzgebung als frei zu betrachten wären und daher von jedermann benutzt werden dürften.

Umschlaggestaltung: Regine Zimmer, Dipl.-Designerin, Frankfurt/Main
Druck und Buchbinder: Rosch-Buch, Scheßlitz
Gedruckt auf säurefreiem und chlorfrei gebleichtem Papier
Printed in Germany

ISBN 3-8350-0259-7

Geleitwort

Seit einiger Zeit wird in der Finanzwelt ein neuer Begriff immer präsenter: die Industrialisierung der Banken. Aber was heißt das genau? Was ist unter der Industrialisierung der Finanzindustrie zu verstehen? In welchen Bereichen der Produktentwicklung, des Vertriebs, der Abwicklung, der Transformation und der zentralen Banksteuerung kann man Industrialisierungselemente finden und in welchen Ausprägungen kommen sie vor? Gibt es empirische Hinweise auf die Vorteilhaftigkeit der Industrialisierung von Banken?

Dies sind Fragen, die sich im Zusammenhang mit den beobachteten Industrialisierungstendenzen stellen und die der Autor in seiner Arbeit mit Akribie behandelt. Herr Riese geht aus von Industrialisierungsprozessen in der Industrie, arbeitet typische Industrialisierungselemente heraus und prüft, in wie weit sich diese auch in der Finanzindustrie finden lassen. Mit dieser Herangehensweise kann er die Industrialisierungsprozesse, die sich derzeit in der Finanzwelt abspielen, umfänglich untersuchen.

Die Arbeit zeigt, dass sämtliche oben angesprochenen Bankbereiche angefangen vom Vertrieb über die Produktion bis hin zur schwierigen Transformation und der zentralen Banksteuerung von Industrialisierungstendenzen betroffen sind. Damit zeigt der Autor, dass die Industrialisierung in der Finanzwelt viel weiter geht, als dies bisher vermutet wurde. Es ergeben sich ganz neue Fragen nach den Folgen einer solch weitgehenden Entwicklung oder auch nach den Interdependenzen der Industrialisierungstendenzen in mehreren Bankbereichen. Insofern sind die Ergebnisse der vorliegenden Arbeit von hoher Relevanz und Wichtigkeit für Wissenschaftler und Praktiker im Bankmanagement.

Prof. Dr. Friedrich Thießen

Vorwort

In der Diskussion um erfolgreiche Zukunftsstrategien von Banken ist auffällig, dass zunehmend eine neue, industriell-geprägte Terminologie verwendet wird. Meist wird diese industrielle Terminologie normativ eingesetzt. Die vorliegende Arbeit systematisiert Grundlagen und Ausprägungen der Industrialisierung im Bankensektor. Sie stellt dar, dass es sich um ein Bündel an dauerhaften Entwicklungen handelt, die das Bankenwesen nachhaltig verändern. Darüber hinaus wird ein breites wissenschaftliches Instrumentarium genutzt, um die Wirkungen dieser Entwicklung kritisch zu hinterfragen. Mit den Ergebnissen wird nachgewiesen, dass eine unkritische Befolgung des Industrialisierungsparadigmas für Banken nicht vorteilhaft ist.

Die Untersuchung wurde in einem gemeinsamen Forschungsprojekt der Technischen Universität Chemnitz erarbeitet. Mein besonderer Dank gilt Herrn Prof. Dr. Friedrich Thießen für seine vorausblickende Steuerung des Vorhabens, dem Gutachter Prof. Dr. Buhl aus Augsburg sowie insbesondere Dr. Steffen Krotsch für die mehrjährige fruchtbare Zusammenarbeit. Darüber hinaus danke ich meiner Frau, meiner Familie und dem Freundeskreis für die fortgesetzte Leidensfähigkeit und Unterstützung.

Dr. Cornelius Riese

Inhaltsverzeichnis

I.	**Themenmotivation und Gang der Untersuchung**	**1**
1.1	Deutsche Banken im Strukturwandel	1
1.2	Industrialisierung als Zukunftsvision für Banken	3
1.3	Stand der wissenschaftlichen Auseinandersetzung	4
1.4	Themenabgrenzung und Gang der Bearbeitung	6
II.	**Grundlagen des Untersuchungsobjekts Industrialisierung**	**9**
2.1	Industrialisierung in verschiedenen Wissenschaftsdisziplinen	9
2.2	Industrialisierung auf einzelwirtschaftlicher Ebene	12
2.2.1	Traditionelle Paradigmen industrieller Leistungserstellung	12
2.2.2	Neuere Managementkonzepte	15
2.3	Industrialisierung aus industrieökonomischer Sicht	19
2.4	Zusammenfassung	23
III.	**Grundlagen des Untersuchungsobjekts Bank**	**27**
3.1	Banken als spezifische Finanzintermediäre auf Kapitalmärkten	27
3.1.1	Handlungsraum Kapitalmärkte	27
3.1.2	Finanzintermediäre als Akteure auf Kapitalmärkten	29
3.1.3	Banken als spezifische Finanzintermediäre	31
3.2	Leistungserstellung von Banken	33
3.2.1	Überblick von Systematisierungsansätzen	33
3.2.2	Produktentwicklung	36
3.2.3	Vertrieb	38
3.2.4	Abwicklung	40
3.2.5	Transformation	41
3.3	Quantitative Abbildung der bankbetrieblichen Leistungserstellung	44
3.3.1	Grundlagen von Bankrechnungswesen und -controlling	44
3.3.2	Abbildung der Erfolgskomponente	46
3.3.3	Abbildung der Risikokomponente und risikoadjustierte Performance	47
3.3.4	Ansätze zur Modellierung des Bankverhaltens	49
IV.	**Industrialisierungsentwicklungen im Bankensektor**	**53**
4.1	Industrialisierung der Leistungserstellungsprozesse von Banken	53
4.1.1	Industrialisierung in der Produktentwicklung von Banken	53
4.1.1.1	Standardisierte Individualisierung des Leistungsangebots	53
4.1.1.1.1	Industrieller Kontext	53
4.1.1.1.2	Entwicklungen im Bankensektor	55
4.1.1.2	Automatisierung der Leistungseinführung und -verwaltung	58
4.1.1.2.1	Industrieller Kontext	58
4.1.1.2.2	Entwicklungen im Bankensektor	60
4.1.2	Industrialisierung im Vertrieb von Banken	64
4.1.2.1	Diversifikation und Spezialisierung des Banken-Kanalportfolios	64

IX

4.1.2.1.1	Industrieller Kontext	64
4.1.2.1.2	Entwicklungen im Bankensektor	66
4.1.2.2	Spezialisierung und Automatisierung von Vertrieb und Vertriebsunterstützung	70
4.1.2.2.1	Industrieller Kontext	70
4.1.2.2.2	Entwicklungen im Bankensektor	70
4.1.3	Industrialisierung in der Abwicklung von Banken	75
4.1.3.1	Standardisierung und Automatisierung der Abwicklung	75
4.1.3.1.1	Industrieller Kontext	75
4.1.3.1.2	Entwicklungen im Bankensektor	75
4.1.3.2	Spezialisierung und Reduktion der Fertigungstiefe	79
4.1.3.2.1	Industrieller Kontext	79
4.1.3.2.2	Entwicklungen im Bankensektor	81
4.1.4	Industrialisierung in der Transformation von Banken	87
4.1.4.1	Automatisierung der Bankdisposition	88
4.1.4.2	Standardisierung und Automatisierung im Rahmen der Gesamtbanksteuerung	92
4.2	Prozessübergreifende Industrialisierungsentwicklungen	96
4.2.1	Qualitätsmanagement in Banken	96
4.2.2	Konzentrationsprozesse in der Bankenlandschaft	98
4.3	Zusammenfassung der Industrialisierungsentwicklungen bei Banken	99
V.	**Wirkungsanalyse und Bewertung der Industrialisierung von Banken**	**101**
5.1	Grundlagen	101
5.2	Wirkungsanalysen der Industrialisierung von Banken	101
5.2.1	Empirische Wirkungsanalysen	101
5.2.1.1	Industrialisierung und Bankergebnis	101
5.2.1.1.1	Untersuchungsziele und -vorgehen	101
5.2.1.1.2	Untersuchungsergebnisse	103
5.2.1.2	Industrialisierung und Effizienz der Leistungserstellung	104
5.2.1.2.1	Untersuchungsziele und -vorgehen	104
5.2.1.2.2	Untersuchungsergebnisse	105
5.2.1.3	Industrialisierung und Kapitalmarkteinschätzung	106
5.2.2	Modell zur Analyse der Industrialisierungswirkung	108
5.2.2.1	Modellziele und -grundlagen	108
5.2.2.2	Modellausgestaltung	110
5.2.2.2.1	Inputsystem	110
5.2.2.2.2	Leistungssystem der Modellbank	112
5.2.2.2.2.1	Geschäftsarten	112
5.2.2.2.2.2	Bankprozesse	114
5.2.2.2.2.3	Industrialisierungsparameter	116
5.2.2.2.3	Outputsystem	119

5.2.2.3	Modellablauf und -ergebnisse	121
5.2.2.3.1	Modellablauf	121
5.2.2.3.2	Modellergebnisse	124
5.2.2.3.2.1	Industrialisierung im stabilen Marktumfeld	124
5.2.2.3.2.2	Industrialisierung im volatilen Marktumfeld	131
5.2.2.3.2.3	Zusammenfassung und kritische Würdigung	139
5.3	Bewertung der Industrialisierung von Banken	145
5.3.1	Bewertung der Industrialisierung aus Sicht des Bankmanagement	147
5.3.1.1	Industrialisierung der Produktentwicklung	147
5.3.1.2	Industrialisierung im Vertrieb	149
5.3.1.3	Industrialisierung in der Abwicklung	151
5.3.1.4	Industrialisierung der Transformation	154
5.3.2	Bewertung der Industrialisierung aus Kundensicht	156
5.3.3	Bewertung der Industrialisierung aus Lieferantensicht	158
5.3.4	Bewertung der Industrialisierung aus Mitarbeitersicht	159
5.3.5	Bewertung der Industrialisierung aus aufsichtsrechtlicher Sicht	160

VI. Zusammenfassung und Ausblick   **165**

Literaturverzeichnis   **169**

Abbildungsverzeichnis

Abbildung 1: Banken in der Krise   2

Abbildung 2: Entwicklung der Fertigungstiefe deutscher Automobilhersteller   21

Abbildung 3: Konzentrationsprozess in der globalen Automobilwirtschaft   22

Abbildung 4: Konzentrationsprozess in der automobilen Zulieferindustrie   23

Abbildung 5: Ökonomische Paradigmen der Industrialisierung   24

Abbildung 6: Leistungserstellungsprozess von Banken   36

Abbildung 7: Varianten- und Plattformvielfalt in der Automobilindustrie   55

Abbildung 8: Ertragsverteilung des Leistungsangebots einer dt. privaten Großbank 57

Abbildung 9: Kosten von Basisapplikationen (Retail-Bereich/ dt. Universalbank)   61

Abbildung 10: Wettbewerberüberblick – Kernbankensysteme   62

Abbildung 11: Mehrkanalsystem am Beispiel eines Automobilzulieferers   65

Abbildung 12: Profitabilität des Filialnetzes einer deutschen Großbank   67

Abbildung 13: Entscheidungsstruktur für regionale Vertriebswegewahl   69

Abbildung 14: Geplante Weiterentwicklungen des Bankarbeitsplatzes   73

Abbildung 15: CRM-Softwareanbieter für Banken   74

Abbildung 16: Industrialisierungspotenzial von Abwicklungsbereichen   77

Abbildung 17: Stückkosten ausgewählter Bankabwicklungs-Prozesse   79

Abbildung 18: Kumulierter Vertragswert – Outsourcing-Leistungen   82

Abbildung 19: Bewertung der wichtigsten Motive von Outsourcing-Vorhaben   83

Abbildung 20: Entwicklungspfad der European Transaction Bank (etb)   85

Abbildung 21: Systematik des Credit Risk Indicators der Dresdner Bank   90

Abbildung 22: Risikomessverfahren im Handelsbuch   93

Abbildung 23: Systemarchitektur einer Gesamtbanksteuerung   95

Abbildung 24: Bekanntheitsgrad und Einführungshindernisse von Six Sigma   97

Abbildung 25: Identifizierte Industrialisierungsentwicklungen im Bankensektor   99

Abbildung 26: Eigenkapitalrentabilität vs. Sachaufwand / Gesamtaufwand   103

Abbildung 27: Cost Income Ratio vs. Sachaufwand / Gesamtaufwand   105

Abbildung 28: Verteilung der Überrenditen bei Outsourcing-Ankündigungen   107

Abbildung 29: Grundlegende Struktur des Industrialisierungsmodells für Banken 109

Abbildung 30: Ausgewählte Schocks am Kapitalmarkt   111

Abbildung 31: Vereinfachte Bilanz der Modellbank   113

Abbildung 32: Modelltechnische Abbildung von Industrialisierungstendenzen   116

Abbildung 33: Outputgrößen des Industrialisierungsmodells   120

Abbildung 34: Simulationsvorgehen – Pfad der Industrialisierung   122

Abbildung 35: Mittleres Volumen im Bankbuch (V_B) – stabiler Markt   124

XIII

Abbildung 36: Portfoliorendite/ -varianz (μ_P, s_P)/ Nutzenwert u – stabiler Markt 124

Abbildung 37: Max. Verlust (L_{Max})/ VaR (VaR_{MAX}) des Portfolios – stabiler Markt 125

Abbildung 38: Mittlerer Bank-RAROC – stabiler Markt 125

Abbildung 39: Mittleres Volumen im Bankbuch (V_B) – volatiler Markt 132

Abbildung 40: Portfoliorendite/-varianz (μ_P, s_P)/ Nutzenwert u – volatiler Markt 132

Abbildung 41: Maximaler Verlust (L_{Max})/ VaR (VaR_{MAX}) des Portfolios – vol. Markt 132

Abbildung 42: Mittlerer Bank-RAROC – volatiler Markt 133

Abbildung 43: Schwankungsbreite des RAROC s_{RAROC} im stabilen Markt 137

Abbildung 44: Schwankungsbreite des RAROC s_{RAROC} im volatilen Markt 137

Abbildung 45: Relative Verstärkerwirkung vs. s_{RAROC} im stabilen Markt 138

Abbildung 46: Überblick der Sensitivitätsanalyse 143

Abbildung 47: Weiterentwicklungspotenziale des Modells 144

Abbildung 48: Stakeholder von Banken 146

Abbildung 49: Chancen und Risiken der Industrialisierung (Bankmanagement) 162

Abbildung 50: Chancen und Risiken (weitere Perspektiven) 163

Abkürzungsverzeichnis

Abb.	Abbildung
Abs.	Absatz
AEA	American Economic Association
AG	Aktiengesellschaft
ALM	Asset Liability Management
ASP	Application Services Providing
AZV	Auslandszahlungsverkehr
BAFIN	Bundesanstalt für die Finanzdienstleistungsaufsicht
Bd.	Bänden
BIS	Bank for International Settlement
BIT	Zeitschrift „Banking and Information Technology"
BPO	Business Process Outsourcing
BPR	Business Process Reengineering
BRD	Bundesrepublik Deutschland
BWL	Betriebswirtschaftslehre
bzw.	beziehungsweise
ca.	circa
CAD	Computer Aided Design
CAE	Computer Aided Engineering
CAR	Cost Asset Ratio
CAS	Computer Aided Styling
CFO	Chief Financial Officer
CIBI	Conference on Innovation in the Banking Industry
CIO	Chief Information Officer
CIR	Cost Income Ratio
COO	Chief Operating Officer
CRM	Customer Relationship Management
d.h.	das heißt
DM	Deutsche Mark
dt.	deutsche(n)
Dtl.	Deutschland
e.V.	eingetragener Verein
EDM	Engineering Data Management
EDV	Elektronische Datenverarbeitung
EFQM	European Foundation for Quality Management
erw.	erwartet(e)
et al.	und weitere
etc.	et cetera
EU	Europäische Union

EZB	Europäische Zentralbank
f. / ff.	fortfolgende
FAZ	Frankfurter Allgemeine Zeitung
FFS	Flexible Fertigungssysteme
FORSS	Fund Order Routing Software Solution
GDV	Gesamtverband der Deutschen Versicherungswirtschaft
GfK	Gesellschaft für Konsumforschung
ggf.	gegebenenfalls
GKM	Geld- und Kapitalmarkt
GmbH	Gesellschaft mit beschränkter Haftung
GuV	Gewinn- und Verlustrechnung
HGB	Handelsgesetzbuch
Hrsg.	Herausgeber
HSG	Hochschule St. Gallen/ Schweiz
i.V.m.	in Verbindung mit
IAO	Fraunhofer-Institut für Arbeitswirtschaft und Organisation
IAS	International Accounting Standards
IFRS	International Financial Reporting Standards
IMCS	Institute of Management and Consulting Science
IRB	Internal Rating Based
IS	Information Systems
ISO	International Standard Organization
IT	Informationstechnologie
IZV	Inlandszahlungsverkehr
Jg.	Jahrgang
KfW	Kreditanstalt für Wiederaufbau
KG	Kommanditgesellschaft
KVP	Kontinuierlicher Verbesserungsprozess
KWG	Kreditwesengesetz
LP	Lineare Programmierung
M&A	Mergers & Acquisitions
Mio.	Millionen
MIT	Massachusetts Institute of Technology
Mrd.	Milliarden
Nr.	Nummer
o.V.	ohne Verfasser
OECD	Organization for Economic Co-operation and Development
OPEC	Organization of the Petroleum Exporting Countries
OSGV	Ostdeutscher Sparkassen- und Giroverband
p.a.	per annum
Prof.	Professor

RAROC	Risk Adjusted Return on Capital
RARORAC	Risk Adjusted Return on Risk Adjusted Capital
RechKredV	Verordnung über die Rechnungslegung der Kreditinstitute und Finanzdienstleistungsinstitute
RORAC	Return on Risk-adjusted Capital
RTGS	Real-Time-Gross-Settlement-Systeme
RWTH	Rheinisch-Westfälische Hochschule Aachen
S.	Seite
Schufa	Schutzgemeinschaft für allgemeine Kreditsicherung
SGVHT	Sparkassen- und Giroverband Hessen-Thüringen
sog.	Sogenannte/r/s
STP	Straight Through Processing
TQM	Total Quality Management
u.a.	unter anderem; und andere
u.u.	und umgekehrt
US GAAP	US Generally Agreed Accounting Principles
VaR	Value at Risk
VdA	Verband der Automobilwirtschaft e.V.
vgl.	Vergleiche
VGR	Volkswirtschaftliche Gesamtrechnung
Vol.	Volume
vs.	Versus
WISU	Zeitschrift „Das Wirtschaftsstudium"
XML	Extensible Markup Language
z.B.	zum Beispiel
ZfgK	Zeitschrift für das gesamte Kreditwesen

Symbolverzeichnis

Symbol	Bedeutung
A	Cholesky-Transformation
E	Erwartungswertoperator
e	Erfolgsvektor
e_n	Ergebnisbeitrag von Position n (mit n=1,2,3,4)
F_s	„Störfaktor" für volatile Märkte
K	Kostenvektor
k_n	Kosten (n=Gesamt, Bankbuch, Handelsbuch oder EK)
KP	Penalty-Cost-Vektor
L	Verlustvektor
L_i	Abgezählte Verlustbeiträge bei der Stichprobe i
L_{MAX}	Maximaler Verlust über die durchgeführten Simulationsläufe
l_n	Verlustbeitrag von Position n (mit n=1,2,3,4)
l_z	Restlaufzeit des festverzinslichen Wertpapiers
μ_n	Erwartungswert der Renditeverteilung der Position n (mit n=1,2,3,4)
μ_P	Mittelwert der Rendite des Bankportolios
r	Vektor der Renditen des Bankportfolios
R^2	Bestimmtheitsmaß der linearen Regressionsanalysen
r_n	Rendite der Portfolioposition (mit n=1,2,3,4)
r_z	Rate des festverzinslichen Wertpapiers
PV	Present Value (Gegenwartswert)
RAROC	Risk Adjusted Return on Capital
s_{Markt}	Durchschnittliche Marktvolatilität
s_n	Varianz der Position n (mit n=1,2,3,4)
s_P	Varianz der Verluste des Portfolios
s_{RAROC}	Varianz des RAROC
u	Wert der Nutzenfunktion
v	Verstärkerwirkung
V	Vektor der Volumina im Bankportfolio
V'	Optimierter Vektor der Volumina im Bankportfolio
V_A	Volumen der Bank in der Aktienposition
V_B	Volumen der Bank im Bankbuch
V_{FW}	Volumen der Bank in dem festverzinslichen Wertpapier
V_{Kn}	Volumen der Bank in der Kreditposition n (mit n=1,2)
V_n	Volumen der Bank in Position n (n=1,2,3,4)
V'_n	Optimiertes Volumen in Position n (n=1,2,3,4)
$v_{relativ}$	Relative Verstärkerwirkung
v_{stabil}	Verstärkerwirkung im stabilen Markt
$v_{volatil}$	Verstärkerwirkung im volatilen Markt

VaR	Value at Risk
VaR_{Gesamt}	Gesamter Value at Risk im Handels- und Bankbuch
VaR_{Max}	Maximaler Value at Risk über die durchgeführten Simulationsläufe
W_N	Nominalwert
x_{nC}	n-ter Zufallswert in x_c (mit n=1,2,3,4)
x_{nSN}	n-ter Zufallswert in x_{SN} (mit n=1,2,3,4)
x_C	Standardnormalverteilter Zufallsvektor mit gewünschter Korrelation
x_{SN}	Standardnormalverteilter Zufallsvektor
z_t	Laufzeitabhängiger Zins des festverzinslichen Wertpapiers (Zeitpunkt t)

I. Themenmotivation und Gang der Untersuchung

1.1 Deutsche Banken im Strukturwandel

Die Bankenbranche, insbesondere die deutschen Universalbanken, haben in den Jahren 2000 bis 2003 einen starken ökonomischen Abschwung durchlebt. Trotz zwischenzeitlicher Erholungstendenzen und jüngster Erfolgsmeldungen bleiben die Banken mit der an Komplexität zunehmenden Herausforderung konfrontiert, sich erfolgreich im Spannungsfeld von Kundenwünschen und Rentabilitätsanforderungen zu behaupten. Schon im Jahre 1990 skizzierte das damalige Vorstandsmitglied der Deutschen Bank, Ulrich Cartellieri, mit seinem häufig zitierten Vergleich, die Banken seien die Stahlindustrie der neunziger Jahre und ihnen drohe ein ähnliches Schicksal, eine skeptische Zukunftsvision des Bankensektors. Die branchenstrukturellen Probleme, auf die Cartellieri Bezug nahm, wurden zunächst jedoch durch Sondereffekte überdeckt.[1]

In der ersten Hälfte der neunziger Jahre profitierten die deutschen Banken signifikant von dem wiedervereinigungsbedingten Boom im Immobiliengeschäft. So wuchs von 1991 bis 1998 beispielsweise das Volumen an Baufinanzierungen um 13% p.a. Hierbei konnte eine Zinsmarge von ca. 2% im privaten Bankensektor und nahezu 3% bei den Sparkassen und Genossenschaftsbanken realisiert werden. Pünktlich mit einer einsetzenden Stagnation des zinsabhängigen Geschäftes begann der Kapitalmarkt-Boom ausgelöst durch die aufkommenden neuen Technologien. Seit dem Börsengang der Deutschen Telekom 1996 vervielfachten sich die Handelsvolumina, die Anzahl Börsengänge und somit auch die Provisionsüberschüsse der deutschen Banken. Ein dritter Sondereffekt entfaltete insbesondere Ende 1999 seine Wirkung: Die drohende Abschaffung des Steuerprivilegs für kapitalbildende Lebensversicherungen steigerte deren Absatz um 43% gegenüber dem Vorjahresniveau.

Seit Ende 2000 blieb ein weiterer Sondereffekt aus. Nichts verdeckte mehr den Blick auf die Struktur- und Kostenprobleme insbesondere in der deutschen Bankenlandschaft. Wie aus Abb. 1a zu entnehmen, war innerhalb von ca. zwei Jahren die Marktkapitalisierung der größten Banken in den Vereinigten Staaten um 11%, in Europa um 36% und in Asien um 45% gefallen. Besonders hart getroffen wurden die deutschen Banken. Regelmäßig fanden sie sich in der „Spitzengruppe" bei Statistiken, die den Verlust an Marktkapitalisierung oder Ertragskraft bemessen haben (vgl. Abb. 1b).

---

1 Vgl. hierzu und zum folgenden Abschnitt Linn, N./ Krotsch, S./ Riese, C., Banken, 2002, S. 7ff.

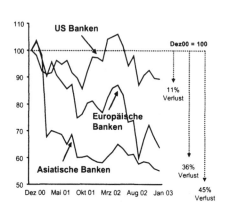
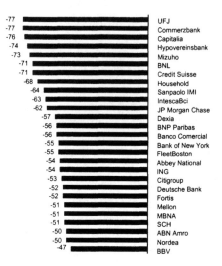

a) Marktkapitalisierung von Bankengruppen nach Region (2000-2003)

b) Verlust an Marktkapitalisierung durch Großbanken im Jahre 2002 (in %)

Abbildung 1: Banken in der Krise[2]

Die Reaktion der deutschen Banken bestand insbesondere in der Umsetzung von Kostenprogrammen, die kurzfristig die Sach- und Personalkosten zu reduzieren suchten. Darüber hinaus wurden nicht-strategische Beteiligungen (z.B. die Norisbank durch die HVB) abgestoßen und die Bilanzen über die Auslagerung von Kreditrisiken entschlackt.[3] Die Summe dieser Aktivitäten nötigt fraglos Respekt im Sinne von erfolgreich umgesetzten „notwendigen Aufräumarbeiten" ab. Es wurden weitgehend alle traditionellen Kostensenkungspotenziale ausgereizt. Angesichts des zu wenig Enthusiasmus Anlass gebenden Marktumfeldes stellt sich jedoch die Frage, wie die langfristige Vision für den deutschen Bankensektor respektive wie nachhaltig erfolgreiche Strategien von einzelnen Instituten aussehen können. So rechnen führende Branchenbeobachter mit weiterhin sehr moderaten Wachstumsraten für den Bankensektor in Deutschland in den nächsten Jahren. Diese sollen bis zu 60% unter den durchschnittlichen Wachstumsraten der Jahre 1980-2000 liegen. Demgegenüber stehen zunehmend anspruchsvolle Kunden, um deren Gunst immer mehr – auch branchenfremde – Wettbewerber buhlen. Darüber hinaus kann festgehalten werden, dass Kunden immer stärker bereit sind, bei Nichterfüllung ihrer Ansprüche die Konsequenz zu ziehen und den Anbieter zu wechseln.[4]

---

2 Eigene Darstellung basierend auf Accenture, Industry vision, 2003.
3 Vgl. o.V., HVB, 2005, S. 23.
4 Vgl. zu den Wachstumsaussichten der Bankenbranche und zum wachsenden Wechselwillen von Kunden Schroder Salomon Smith Barney, Revenue growth, 2002.

In diesem Spannungsfeld zwischen dem Gefühl, zunächst das Schlimmste überstanden zu haben, und der Suche nach Wegen, die neuen Herausforderungen zu meistern, rückt der Begriff der „Industrialisierung" immer stärker in den Mittelpunkt der Diskussion um die Zukunft der Bankenlandschaft.

1.2 Industrialisierung als Zukunftsvision für Banken

Zunächst lässt sich festhalten, dass in der wissenschaftlichen und praxisorientierten Auseinandersetzung um die Bankenlandschaft der Zukunft zunehmend eine neue, industriell-geprägte Terminologie verwendet wird. Dies erfolgt teils deskriptiv, z.B. bei der Beschreibung von Abläufen in so genannten Kreditfabriken: "8 Uhr. Schichtbeginn in der Fabrik. Die Werker tragen hier keine Blaumänner sondern Anzüge und statt ohrenbetäubenden Maschinenlärms klackern nur Computer-tastaturen. Alltag in der bws Bank, der Bankfabrik der deutschen Geno-Banken."[5] In den meisten Fällen wird die industrielle Terminologie jedoch normativ respektive als Zielbild für die deutsche Bankenlandschaft benutzt. So war das Thema des Bankenkongresses CIBI 2002 „Industrialisierung als Ausweg aus der Bankenkrise". Ulrich Middelmann, stellvertretender Vorstandsvorsitzender der Thyssen-Krupp AG, wies 2003 darauf hin, dass die deutsche Stahlindustrie ein plastisches Beispiel für erfolgreiche Sanierungsprogramme sei und in dieser Hinsicht als Medizin und Krisentherapie für Banken dienen könne. Das Handelsblatt wählte für seine 9. Tagung Bankentechnologie im Dezember 2003 den Themenschwerpunkt „Industrialisierung des Bankgeschäfts: Ist eine Neuverteilung der IT-Budgets notwendig?" In zahlreichen Fachartikeln wird darauf hingewiesen, dass „durch schnelle kostengünstigere Arbeitsabläufe bei gleichem oder besserem Service die Industrialisierung (...) der Finanzwelt faszinierende Aussichten [biete]."[6] Die „Industrialisierung bei Kreditinstituten (sei) an der Tagesordnung"[7] und sei „das zurzeit am intensivsten diskutierte Thema der Finanzbranche"[8] bzw. „der aktuelle Trend der Banken."[9] Auch in jüngsten Veröffentlichungen aus dem Jahre 2005 wird ausgeführt, „Banken entdecken [die] Industrialisierung"[10] oder wahlweise „die Industrialisierung von Arbeitsabläufen bleibt eines der wichtigsten Themen in der Bankenbranche."[11]

Hierbei wird unter Industrialisierung beispielsweise „Fokussierung, Spezialisierung, Zentralisierung, Automatisierung [und] Kapazitätsmanagement"[12] verstanden; sie ermöglicht beispielsweise, dass „Kundenanfragen industriell abgewickelt"[13] werden

---

5   O.V., Zukunft, 2002, S. 15.
6   Sponnagel, J., Fließband, 2004, S.36.
7   O.V., Tagesordnung, 2004, S. 4.
8   Lubich, R./ Rebouillon, J., Wie industrialisiert man eine Bank, 2004, S. 27.
9   Maleki, N., Branchentreff, 2004, S. 26
10 O.V. Prozessoptimierung, 2005, S. 45.
11 O.V., Industrialisierungspotenzial, 2005, S. 4.
12 Blatter, P., Bank von morgen, 2003, S. 39.
13 Grummel, B., Kundenanfragen industriell abwickeln, 2004, S. 48.

können. Prominente Bankenvertreter wie Peter Blatter (Vorstand Operations bzw. COO der Citibank Privatkunden AG), Hans-Josef Lamberti (CIO und COO der Deutschen Bank), Prof. Wulf von Schimmelmann (Vorstandsvorsitzender Postbank) und Dietrich Voigtländer (Vorstand DZ Bank) postulieren eindringlich die Industrialisierung von Banken als entscheidendes Paradigma.[14] Abschließend kann (schon fast resignierend) festgestellt werden: „Die Industrialisierung des Kreditgewerbes ist nicht mehr aufzuhalten."[15]

Es erscheint verwunderlich, dass ausgerechnet für die Erstellung von Bankdienstleistungen, welche dem tertiären Sektor zuzurechnen sind, industrialisierungsspezifische Begrifflichkeiten angewendet werden, die dem primären Sektor zuzuordnen sind. Darüber hinaus hat „Industrialisierung" als Begriff eher negative Konnotationen, die über Fließband, Sinnentleerung der Arbeit bis hin zu Kinderarbeit reichen. Hat dieser Begriff wirklich eine visionäre Kraft für die deutschen Banken, die seine häufige Referenzierung gleichsam als Kronzeuge und Evangelium rechtfertigt?

Erklärbar erscheint dieser begriffliche Verwendungszusammenhang nur dadurch, dass gewisse Eigenschaften eines industrialisierten Produktionsprozesses (z.B. Automatisierung, Verwendung von Systemlieferanten, Qualitätsmanagement) auf den Leistungserstellungsprozess für Bankdienstleistungen zunehmend Anwendung finden respektive finden sollen. Wie die oberhalb aufgeführten Aussagen belegen, werden mit dieser „Transferleistung" große Hoffnungen für die Bankenlandschaft verknüpft.

In diesem Kontext ergeben sich zahlreiche Fragen, die bei einer Auseinandersetzung mit diesem Phänomen von Interesse sind:

- Was sind die wesentlichen Eigenschaften der Industrialisierung, auf die im Rahmen der Diskussion in der Bankenlandschaft Bezug genommen wird?
- In welchen Leistungserstellungsprozessen von Banken sind Entwicklungen zu verzeichnen, bei denen Spezifika der Industrialisierung umgesetzt werden?
- Wie wirken diese Industrialisierungsentwicklungen – z.B. hinsichtlich des Erfolgs von Banken – und wie sind diese zu bewerten?

Auf diese Fragestellungen soll im Rahmen der vorliegenden Arbeit eingegangen werden. Zuvor wird jedoch noch ein Überblick des aktuellen Standes der wissenschaftlichen Auseinandersetzung sowie des Untersuchungsvorgehens gegeben.

1.3 Stand der wissenschaftlichen Auseinandersetzung

Die vorliegende Arbeit führt zwei Untersuchungsobjekte zusammen – den Bankbetrieb sowie die Industrialisierung. Naturgemäß existiert eine breite wissenschaftliche Auseinandersetzung mit jedem der beiden Untersuchungsobjekte auf isolierter Ebene, welche die unterschiedlichsten Facetten von Banken sowie der Industriali-

---

14 Auf die jeweiligen Aussagen und Sichtweisen der Bankvertreter zum Thema Industrialisierung wird an geeigneter Stelle im weiteren Untersuchungsablauf eingegangen.
15 O.V., Industrialisierung, 2002, S. 15.

4

sierung ausführlich erläutert; Banken bilden den Gegenstand des eigenständigen, branchenorientierten Teilgebietes „Bankbetriebslehre" innerhalb der Teildisziplinen der Betriebswirtschaftslehre. Die Untersuchung der Industrialisierung als historisches, gesellschaftlich-ökonomisches Phänomen stellt ein wesentliches, umfassend behandeltes Feld insbesondere innerhalb der Geschichtswissenschaften dar.

Demgegenüber ist der wissenschaftliche Bearbeitungsstand für eine Themenverknüpfung im Sinne der „Industrialisierung von Banken" zum jetzigen Zeitpunkt als rudimentär zu bezeichnen. Ungefähr seit dem Beginn der krisenhaften Erscheinungen in der deutschen Bankenlandschaft im Jahre 2000 wurde zunehmend in Fachartikeln und wissenschaftsnaher Literatur das Paradigma der Industrialisierung von Banken eingefordert. Hierbei wurde dieses Thema insbesondere von Praktikern im Bankmanagement publiziert und vorangetrieben.[16] Obwohl eine ganzheitliche wissenschaftliche Untersuchung bzw. Bewertung noch nicht erfolgt ist, so bilden sich doch in jüngster Zeit zunehmend wissenschaftliche Teams heraus, die dieses Gebiet zumindest in einzelnen Facetten untersuchen.[17]

Grundsätzlich steht ein neuer (branchenbezogener) Managementtrend immer unter dem Generalverdacht, „alten Wein in neuen Schläuchen" darzustellen. Ohne den späteren Ausarbeitungen vorweg greifen zu wollen, so stellen Standardisierung, Automatisierung und Spezialisierung im Sinne von einer Reduktion der Fertigungstiefe verknüpft mit einem umfassenden Qualitätsmanagement die wesentlichen Paradigmen der Industrialisierung dar, die auf den Bankbereich übertragen werden sollen. Isoliert für sich bilden einige dieser Themen schon seit längerer Zeit Diskussionspunkte in der praxisorientierten und wissenschaftlichen Auseinandersetzung mit Banken. Dies trifft insbesondere auf die Automatisierung von bankspezifischen Leistungen und Prozessen zu. Bereits Ende der sechziger Jahre hatte sie als „Bankautomation" Eingang in die betriebswirtschaftliche Grundsatzliteratur gefunden. Bankautomation stellt „eine Kombination von Maschinen und organisatorischen Vorkehrungen zur Arbeitskraft sparenden Abwicklung des bankgeschäftlichen Rechnungswesens sowie zum Erstellen von Informationen für die Verbesserung der Geschäftspolitik"[18] dar.

Die spezifische Übertragung von Managementkonzepten aus dem industriellen Bereich hingegen setzte erst Anfang der neunziger Jahre ein. In diesem Zeitraum wurden einige wissenschaftliche Beiträge erarbeitet, die selektiv die Anwendung von industriellen Konzepten im Bankbereich darstellen. Unter dem Stichwort „Lean Banking" bzw. die „schlanke Bank" wurde vereinzelt das Konzept des „Lean

---

16 Vgl. hierzu die Ausführungen in Kapitel 1.2 sowie die dort aufgezeigten Literaturverweise.
17 In diesem Kontext ist insbesondere das E-Finance-Lab der Johann Wolfgang von Goethe Universität in Frankfurt am Main zu nennen, welches umfangreiche Untersuchungen im Bereich des Fertigungstiefenmanagements respektive Outsourcings von Banken betreibt (vgl. hierzu insbesondere Kapitel 5.2.1.3). Auch an der Technischen Universität Darmstadt wird durch Prof. Sokolvsky umfangreiche Forschung in artverwandten Gebieten betrieben.
18 Muthesius, P., Bankautomation, 1967, S. 128.

5

Management" auf Banken übertragen,[19] welches z.B. hinsichtlich der Forderung nach Automatisierung und Fertigungstiefenplanung Analogien zur heutigen Industrialisierungsdiskussion aufweist. Darüber hinaus wurden mehrere Untersuchungen hinsichtlich des Transfers von Qualitätsmanagement-Konzepten durchgeführt. Dies umfasst insbesondere das Total Quality Management.[20] Es kann jedoch festgehalten werden, dass sich der wissenschaftliche und praxisbezogene Widerhall zu diesem Zeitpunkt in Grenzen gehalten hat. Die in den neunziger Jahren initiierten Diskussionen stellen eine Teilmenge der heutigen Industrialisierungsdebatte dar. Die Intensität, mit der letztere insbesondere in der bankpraktischen Auseinandersetzung derzeit geführt wird, legt die Vermutung nahe, dass diese eine dauerhafte Entwicklung darstellt, die fundamentale Änderungen in der Bankenlandschaft verursacht und beschreibt.

1.4 Themenabgrenzung und Gang der Bearbeitung

Die Zielsetzung der vorliegenden Untersuchung stellt die Analyse von Grundlagen, Ausprägungen und Wirkungen der Industrialisierung von Banken dar. Zu diesem Zweck werden zunächst die beiden Untersuchungsobjekte jeweils isoliert von einander beschrieben. In Kapitel 2 werden Grundlagen der Industrialisierung dargestellt. Hierbei werden die Verwendungszusammenhänge des Industrialisierungsbegriffes in verschiedenen Wissenschaftsdisziplinen dargestellt (Kapitel 2.1). Es wird hervorgehoben, dass dieser eine einzelwirtschaftliche sowie eine industrieökonomische Dimension besitzt. In den Kapiteln 2.2 und 2.3 werden die jeweiligen Paradigmen respektive Eigenschaften der Industrialisierung analog herausgearbeitet. Letztere werden in Kapitel 2.4 zusammengefasst und dienen im Folgenden als Referenz für die Analyse von Industrialisierungsentwicklungen im Bankbereich. In Kapitel 3 wird das Untersuchungsobjekt Bank dargestellt. Hierbei erfolgt zunächst eine Herleitung der Bankenexistenz aus ihrer Rolle als spezifische Finanzintermediäre auf unvollkommenen Märkten (Kapitel 3.1). Im nächsten Schritt wird der Leistungserstellungsprozess von Banken detailliert dargestellt (Kapitel 3.2). Dies erfolgt vergleichsweise ausführlich, da die Industrialisierungsentwicklungen im weiteren Verlauf anhand dieser Prozessschritte analysiert werden. In diesem Kontext werden die Prozesse Produktentwicklung, Vertrieb, Abwicklung und Transformation von Banken als grundlegende Struktur für die weitere Untersuchung erarbeitet. Abschließend werden Grundlagen der quantitativen Abbildung der Leistungserstellung von Banken skizziert. Dies umfasst insbesondere die Abbildung von Erfolg

---

19 Vgl. Benölken, H./ Wings, H., Lean Banking, 1994 und Bierer, H./ Fassbender, H./ Rüdel, T., Weg zur "schlanken Bank", 1992, S. 500-506 und Bösch, G., Produktionsmanagement im Bankbetrieb, 1992.

20 Vgl. Bergmann, M., Qualitätsmanagement in Kreditinstituten, 1996 und Hügginger, S., TQM bei Kreditinstituten, 1995 und Hügli, J., Zertifizierung, 1997 und Müller, H./ Guigas, S., Total-quality-banking, 1994.

und Risiko in Banken (Kapitel 3.2 und 3.3) als Basis für die späteren Wirkungsanalysen.

Kapitel 4 führt die beiden Untersuchungsobjekte zusammen. Es werden die wesentlichen Industrialisierungsentwicklungen für die Hauptprozesse der Leistungserstellung von Banken (Produktentwicklung, Vertrieb, Abwicklung und Transformation) erläutert. Dies erfolgt in Kapitel 4.1. Hierbei werden für jeden Prozess die wesentlichen Tendenzen herausgearbeitet (z.B. die standardisierte Individualisierung des Leistungsangebots in der Produktentwicklung von Banken – Kapitel 4.1.1.1). Für jede dieser Entwicklungen wird in der darunter liegenden Gliederungsebene zunächst der industrielle Kontext aufgezeigt und anschließend die bankspezifische Ausprägung der Entwicklungslinien beschrieben.[21] In Kapitel 4.2 werden ergänzend prozessübergreifende Industrialisierungsentwicklungen dargestellt (z.B. Qualitätsmanagement). Abschließend erfolgt in Kapitel 4.3 eine Zusammenfassung der identifizierten Tendenzen der Industrialisierung im Bankensektor.

Im 5. Kapitel werden die Wirkungen der Industrialisierung von Banken analysiert und bewertet. Hierzu erfolgt zunächst eine knappe Darstellung von Grundlagen der vorzunehmenden Wirkungsanalysen (Kapitel 5.1). Anschließend werden in Kapitel 5.2 verschiedene Wirkungsanalysen vorgenommen. Hierbei wird initial auf der Basis von öffentlich zugänglichem Datenmaterial untersucht, inwieweit die Industrialisierung positiv auf das Bankergebnis im Sinne der Eigenkapitalrentabilität, auf die Effizienz der Leistungserstellung (Cost Income Ratio) bzw. die Einschätzung der Kapitalmarktteilnehmer wirkt (Kapitel 5.2.1).

Da derartige Analysen nur auf vergleichsweise generischer Ebene erfolgen können, wird in Kapitel 5.2.2 ein stochastisches Modell entwickelt, welches die Industrialisierung von Banken nachstellt und eine detaillierte Wirkungsanalyse erlaubt. Aufgrund der besonderen Bedeutung der jeweiligen Prozesse und aus Gründen der Komplexitätsreduktion bildet das Modell die Industrialisierung in den beiden Bankprozessen Abwicklung und Transformation ab. Es wurde gemeinsam mit Steffen Krotsch (Technische Universität Chemnitz) entwickelt und wird vollumfänglich in dessen Dissertation „Industrialisierung von Banken – Ein Modell zur Analyse der Industrialisierung in der Abwicklungs- und Transformationsfunktion"[22] dargestellt. Abschließend erfolgt in Kapitel 5.3 eine Bewertung der Industrialisierungsentwicklungen bezogen auf die jeweiligen Chancen und Risiken aus der Perspektive verschiedener Stakeholder von Banken (z.B. Bankmanagement, Mitarbeiter, etc.). Ergänzend wird die Gutachtersicht aufgegeben und es werden Einschätzungen/ Empfehlungen des Autors hinsichtlich der Industrialisierung von Banken gegeben.

In Kapitel 6 werden eine Ergebniszusammenfassung sowie ein Ausblick auf weitere wissenschaftliche Betätigungsfelder zur Fortführung der Diskussion um die Industrialisierung von Banken vorgenommen.

---

21 Eine Ausnahme stellt die Transformation als Bankprozess dar, da dieser originär bankspezifisch ist und insofern keine industrielle Analogie greift.

22 Vgl. Krotsch, S., Industrialisierung von Banken – Ein Modell, 2005.

Die Industrialisierungsanalogie bildet den wesentlichen Gegenstand der vorliegenden Arbeit. Somit ist es unerlässlich, ein grundlegendes Verständnis vom Untersuchungsobjekt Industrialisierung zu erlangen. Hierfür erfolgt zunächst eine Darstellung der begrifflichen Wurzeln und der Verwendungszusammenhänge von Industrialisierung in verschiedenen Wissenschaftsdisziplinen. Danach werden die ökonomischen Hintergründe der Industrialisierung verdeutlicht.

II. Grundlagen des Untersuchungsobjekts Industrialisierung

2.1 Industrialisierung in verschiedenen Wissenschaftsdisziplinen

Der Begriff der Industrialisierung spielt eine wesentliche Rolle in zahlreichen Wissenschaftsdisziplinen. Die gemeinsame etymologische Wurzel bildet der lateinische Begriff industria, welcher mit Fleiß respektive Betriebsamkeit umschrieben werden kann. Im neuzeitlichen Kontext wird unter Industrie die gewerbliche Gewinnung, Be- und Verarbeitung von Rohstoffen respektive Halbfabrikaten verstanden, wobei auf spezifische Prinzipien wie z.B. Mechanisierung und Spezialisierung zurückgegriffen wird.[23]

Gängige Definitionen des Begriffes Industrialisierung beinhalten zum einen enger gefasste, ökonomisch orientierte Ansätze, welche die Errichtung von Industriebetrieben und den Bedeutungsgewinn der Industrie im Vergleich zum landwirtschaftlichen und handwerklichen Sektor in den Mittelpunkt stellen. Im weiteren Sinne wird unter Industrialisierung die Anwendung industrieller, hochproduktiver Methoden der Fertigung und Leistungserstellung in sämtlichen Wirtschaftsbereichen verstanden, die auch außerökonomische Tatbestände (z.B. die Familienstrukturen) beeinflusst.[24] Grundsätzlich kann jedoch festgehalten werden, dass „als Folge von zum Teil ganz unterschiedlichen Zielvorstellungen, mit denen Vertreter der verschiedenen wissenschaftlichen Disziplinen an die Erforschung von Entstehung, Verlauf und Ergebnissen der Industrialisierung herangehen, (...) die Begriffe Industrialisierung und Industrielle Revolution theoretisch wie empirisch weitgehenden Auslegungs- bzw. Anwendungsunterschieden ausgesetzt [sind]."[25]

In der wissenschaftlichen Auseinandersetzung mit der Thematik dominiert naturgemäß die Geschichtswissenschaft, welche die Industrialisierung insbesondere im Sinne eines wirtschaftshistorischen Prozesses analysiert. Traditionell stehen hierbei drei Themenkreise im Mittelpunkt:[26] Zunächst erfolgt eine umfassende Diskussion der Auslöser und der zeitlichen Einordnung von Industrialisierungsphasen. Zweifelsfrei bildet der technische Fortschritt (z.B. mechanischer Webstuhl, Dampfmaschine) eine der wesentlichen Triebkräfte, die – gepaart mit weiteren Vorbedingungen, z.B. dem Bevölkerungswachstum und verstärkter Kapitalbildung – die industrielle Revolution ermöglichte. Rostow[27] hat nachgewiesen, dass sich in der Industrialisierung befindende Gesellschaften idealtypisch ein Grundraster von mehreren Phasen

---

23 Vgl. Brockhaus, Enzyklopädie Band 10, 1999, S. 477f. sowie Meyers, Lexikon, 2004, S. 228.
24 Vgl. ebenda. Vgl. zu einer weiteren Begriffsabgrenzung (z.B. gegenüber der Proto-industrialisierung) auch Henning, F.W., Wirtschaft- und Sozialgeschichte, 1996, S. 341ff.
25 Büsch, O., Industrialisierungsforschung, 1979, S. 11.
26 In Anlehnung an die Definition der geschichtswissenschaftlichen Forschungsfelder der Industrialisierung nach Büsch. Vgl. ebenda, S. 25ff.
27 Vgl. Rostow, W.W., Stadien wirtschaftlichen Wachstums, 1960, S. 51ff. Zur Kritik an Rostows Modell, z.B. der mangelnden Betrachtung einer Typologie von Entwicklungsländern, vgl. Lorenz, D., Typologie, 1961, S. 354ff. Vgl. hierzu auch Buchheim, C., Industrielle Revolutionen, 1994.

durchlaufen: über die Herausbildung eines selbständigen Unternehmertums entwickeln sich hierbei schrittweise großindustrielle Strukturen, die ihrerseits in einer Gesellschaft des ausgedehnten Massenkonsums enden. Jüngere wissenschaftliche Beiträge stellen entweder die historischen Entwicklungen kleinerer Regionen in den Mittelpunkt[28] oder konzentrieren sich auf die Beurteilung von aktuellen Industrialisierungsentwicklungen in den „Emerging Markets".[29]

Den zweiten wesentlichen Themenkreis bildet der Nexus zwischen der Revolutionierung der technischen und wirtschaftlichen Produktionsweise und dem dadurch ausgelösten Wachstum der Gesamtwirtschaft. Im Rahmen der Industrialisierung wurden Landwirtschaft und Handwerkertum immer stärker durch kapitalintensive Massenproduktionstechniken abgelöst. Deren wesentliche Charakteristika bestanden in einem hohen Mechanisierungs- bzw. Automatisierungsgrad sowie hoher Arbeitsteiligkeit und Spezialisierung, welche im Extremfall eine Reduktion der menschlichen Arbeitskraft auf einzelne standardisierte Handgriffe mit sich bringen (z.B. Fließbandfertigung).[30] Die Popularisierung dieser skalenbasierten Produktionsverfahren sowie die Verfügbarkeit neuer Unternehmensformen (z.B. Kapitalgesellschaften) begünstigten im weiteren Verlauf Zusammenschlüsse und Konzentrationstendenzen.

Auf gesamtwirtschaftlicher Ebene kann darüber hinaus konstatiert werden, dass Industrialisierung als wesentliche Grundlage für Wachstum, Fortschritt und Wohlstand angesehen wird. Erst diese erlaubt die flächendeckende Bedürfnisbefriedigung der Bevölkerung über eine große Zahl an preiswerten Produkten.[31] Gleichwohl wird kontrovers diskutiert, inwieweit den positiven Gesamtwohlfahrtswirkungen der Industrialisierung und dem Wachstum Grenzen gesetzt sind.[32] Die ökonomische Sicht der Industrialisierung wird in den Kapiteln 2.2 und 2.3 noch eingehend analysiert.

Das dritte wesentliche Diskussionsgebiet bildet gleichzeitig die Schnittstelle zu den sozialwissenschaftlichen Wissenschaftsdisziplinen.[33] Fraglos hat die Industrialisie-

---

28 Vgl. beispielsweise Adelmann, G., Baumwollgewerbe Norddeutschlands, 2001 und Gessner, D., Industrialisierung am Mittelrhein, 1996 und Hess, U., Industrialisierung Sachsens, 2003 und Mühlfriedel, B., Industrialisierung Thüringens, 1993 und Skibicki, K., Industrie im oberschlesischen Fürstentum, 2002.

29 Vgl. beispielsweise Halbach, A.J./ Helmschrott, H., Industrialisierung der arabischen OPEC-Länder, 1991 und Hüssen, H.-P., Volksrepublik China, 1991 und Laber, B., Indonesiens Industrialisierung, 1995 und Vleugels, R.M., Central Mexico, 1990.

30 Anschauliche Beispiele für die Leinen- und Baumwollindustrie finden sich in Ditt, K./ Pollard, S., Von der Heimarbeit in die Fabrik, 1992.

31 Die Wohlfartsgewinne der Industrialisierung weist z.B. More am Beispiel Englands über die Analyse des Durchschnittsverbrauchs pro Kopf nach. Vgl. More, C., Industrial age, 1989, S. 165. Einen wesentlichen Beitrag zur kontroversen Diskussion um Industrialisierungswirkungen liefert Pierenkemper, T., Umstrittene Revolutionen, 1996.

32 Vgl. Meadows, D.L./ Club of Rome, Die Grenzen des Wachstums, 1972.

33 Mit dieser Formulierung erfolgt eine Abgrenzung der Sozialwissenschaften zu den im vorhergehenden Abschnitt implizit berücksichtigten Wirtschaftswissenschaften. Dies folgt der gängigen Unterteilung in Wirtschafts- und Sozialwissenschaften. Zu den wissenschaftstheoretischen Grundlagen der Diskussion um die BWL als mögliche spezielle Sozialwissenschaft vgl. Schneider, D., Geschichte betriebswirtschaftlicher Theorie, 1981, S. 23ff. Vgl. auch Kapitel 2.2.

rung auch einen tief greifenden Einfluss auf die Umweltbedingungen, das Normen- und Wertesystem einer Gesellschaft sowie deren Sozialstrukturen und Arbeitswelt hinterlassen. Aus soziologischer Sicht hat der Wandel von Standes- zu Marktbeziehungen zu einer neuen sozialen Schichtung gemäß der Nähe oder Ferne zum Eigentum geführt;[34] das damit zunächst einhergehende hohe Ausmaß an sozialer Ungerechtigkeit und die schlechten Arbeitsbedingungen haben nahezu folgerichtig die Arbeiterbewegung als Form der politischen Willensbildung und sozialpolitische Reformen bedingt.[35] Auf der Ebene der einzelnen Familie hat die industrialisierungsgetriebene Trennung von Wohn- und Arbeitsraum wesentliche Konsequenzen nach sich gezogen. Sie führte zu einer Auslagerung fundamentaler, ursprünglich durch die familiäre Gemeinschaft („Ganzes Haus") erbrachter Leistungen, z.B. weiter Teile der sozialen Sicherung und der Kinderbildung.[36] Letztere stellt im Kontext der veränderten Rolle von Frauen in Wirtschaft und Gesellschaft eines der wesentlichen industrialisierungsspezifischen Erkenntnisobjekte im Rahmen der Psychologie und Erziehungswissenschaften dar.[37] Abschließend soll noch kurz auf die (Wirtschafts-)Geographie als ein weiteres Wissenschaftsgebiet hingewiesen werden, welches die Industrialisierung in nicht vernachlässigbarer Form[38] thematisiert. So existieren umfangreiche Untersuchungen zu räumlichen Folgen der industriellen Revolution, z.B. der Agglomeration in Wirtschaftsmetropolen im Sinne einer Landflucht respektive Urbanisierung.[39] Es werden darüber hinaus umfassend die ökologischen Wechselwirkungen diskutiert. In der vorliegenden Untersuchung liegt das wesentliche Interesse im Sinne einer Referenz für die heutige Bankenwelt naturgemäß auf den ökonomischen Begriffs- inhalten der Industrialisierung. Hierbei kann zwischen einer einzel- und gesamtwirt- schaftlichen bzw. industrieökonomischen Ebene differenziert werden, die im Folgenden behandelt werden.

---

34 Vgl. Metz, K.-H., Industrialisierung, 1988, S. 49.
35 Vgl. zur Geschichte der Arbeiterbewegung Mommsen, H., Arbeiterbewegung, 1980 und Nolte, E., Marxismus, 1983 und Pollard, S., Labour movement, 1999 und Wunderer, H., Arbeitervereine und Arbeiterparteien, 1980.
36 Vgl. zur veränderten Rolle der Familie in der Industrialisierung Glück-Christmann, C., Familien- struktur und Industrialisierung, 1992.
37 Beispielsweise führten die weitreichenden Zugangsbeschränkungen für Frauen zu Bildungs- und Ausbildungseinrichtungen zu einer weitgehenden Form der sozialen Benachteiligung durch die Reduktion auf Hilfstätigkeiten im sekundären und tertiären Sektor. Vgl. zur Rolle der Frau in der Industrialisierung Joris, E./ Witzig, H., Brave Frauen, 1992 und Laudacher, I.-P., Frauen, 1995 und Zachmann, K., Ausformung geschlechtsspezifischer Arbeitsteilung, 1993. Vgl. darüber hinaus zur Jugend und Bildung in der Industrialisierung Buchholz, W., Kindheit und Jugend, 2000 und Gestrich, A., Jugendkultur, 1986 und Wynands, D.P.J., Elementarbildung während der Industriali- sierung, 1997.
38 Auf Wissenschaftsgebiete, in denen die Industrialisierung nur ein Randthema darstellt, soll an dieser Stelle nicht eingegangen werden. Vgl. z.B. für Rechtswissenschaften Coing, H., Einwirkung der Industrialisierung auf das Recht, 1991 und für Literaturwissenschaften Siefert, C., Industrialisierung in der deutschen Literatur, 1995.
39 Vgl. Grabher, G., De-Industrialisierung, 1988 und Heine, M., Wirtschaftsmetropole, 1989 und Kragten, M., Viable or marginal, 2000 und Langton, J., Atlas, 1986.

2.2 Industrialisierung auf einzelwirtschaftlicher Ebene

Das entscheidende konstituierende Element der Industrialisierung bildet die Schaffung von Betrieben im Sinne von planvoll organisierten Wirtschaftseinheiten, welche eine Kombination von Produktionsfaktoren mit dem Ziel der Produktion spezifischer Güter vornehmen.[40] Aufgrund der stark zunehmenden Bedeutung des Betriebs als einzelwirtschaftlicher Einheit im Zuge der Industrialisierung entwickelte sich zu Beginn des 20. Jahrhunderts eine eigenständige Realwissenschaft, die diesen als wesentliches Erkenntnisobjekt untersucht – die Betriebswirtschaftslehre.[41] Im Folgenden wird zunächst – unter Zuhilfenahme von frühen industriellen Theorien und Konzepten (insbesondere Taylorismus und Fordismus) – auf traditionelle Paradigmen der industriellen Leistungserstellung eingegangen. In einem zweiten Schritt werden neuere, insbesondere in der Betriebswirtschaftslehre diskutierte Managementkonzepte dargestellt, die sich durch einen wesentlichen Einfluss auf die industrielle Leistungserstellung auszeichnen.

2.2.1 Traditionelle Paradigmen industrieller Leistungserstellung

Den Ausgangspunkt der wissenschaftlichen und praxisorientierten Auseinandersetzung mit industriellen Leistungserstellungsprozessen bilden insbesondere Frederik W. Taylor und Henry Ford. Während ersterer ein Theorie- und Methodengebilde zur Analyse und Aufteilung von Arbeitsprozessen geschaffen hat (Wissenschaftliche Betriebsführung),[42] setzte Henry Ford dies in der Automobilindustrie unter Verwendung der Fließbandfertigung um.[43] Vor diesem Hintergrund kommt ihnen die Rolle von „Mitbegründern der modernen kapitalistischen [industriellen] Produktionsorganisation"[44] zu. Im Folgenden werden aus ihrem Wirken grundlegende Paradigmen der industriellen Leistungserstellung abgeleitet; diese weisen in hohem Maße Interdependenzen untereinander auf.

Sowohl Taylor als auch Ford fordern respektive praktizieren eine Zerlegung komplexer Arbeitsprozesse in singuläre Arbeitsschritte. Den Hintergrund bildet die Sichtweise, „that the work can be done better and more economically by a subdivision of the labour."[45] Neben der Aufspaltung des Produktionsablaufs erfolgt darüber hinaus eine eindeutige Normierung der einzelnen Arbeitsschritte und

---

40 Vgl. Wöhe, G., Allgemeine Betriebswirtschaftslehre, 2002, S. 2.
41 Die Vorläufer der Betriebswirtschaftslehre reichen bis in die alte Geschichte (z.B. Xenophons Lehre vom landwirtschaftlichen Betrieb) zurück. In der Zeit von 1600-1900 waren die Kameral- und Handlungswissenschaften in verwandten Analysebereichen tätig. Vgl. hierzu Bellinger, B., Geschichte, 1967, S. 9-51. Die Gründung von Handelshochschulen im ersten Jahrzehnt des 20. Jahrhunderts bildet dann den wesentlichen Meilenstein in der Geschichte der BWL. Vgl. hierzu Hundt, S., Betriebswirtschaftslehre, 1977, S. 35ff und Schneider, D., Geschichte betriebswirtschaftlicher Theorie, 1981, S. 129f.
42 Englisch: Scientific Management. Vgl. Taylor, F.W., Scientific Management, 1911. Vgl. auch Kern, W., Produktionswirtschaft, 1996, S. 75.
43 Vgl. zum Fordismus Kang, S.-D., Fordismus, 1994, S. 150ff.
44 Flämig, M., Managementtheorien, 1998, S. 94.
45 Taylor, F.W., Scienfic Management, 1911, S. 38.

12

Arbeitsmittel. Dies greift einen wesentlichen Kritikpunkt von Taylor an den vormals üblichen Betriebsmethoden auf, nach denen Kenntnisse über die Arbeit oftmals vom Vater zum Sohn übertragen worden sind und mithin 50-100 verschiedene Varianten existierten, einen gewissen Arbeitsvorgang durchzuführen.[46] Im Gegensatz hierzu wurde jetzt die Arbeitertätigkeit über eine strenge Zerlegung und Normierung im Extremfall sogar auf einzelne routinierte Handgriffe reduziert. Dies erfolgte insbesondere im Rahmen der Fließbandfertigung als Organisationsform der Teilefertigung, die von Ford umfassend eingesetzt wurde und teilweise eine Trennung von Denken und Handeln beförderte.[47]

Das dargestellte Phänomen der Aufteilung, Normierung und Regelgebundenheit von Arbeitsprozessen und Arbeitsinstrumenten/ -systemen soll im weiteren Verlauf der Untersuchung unter dem Begriff Standardisierung subsumiert werden. Darüber hinaus soll unter diesem Paradigma nicht nur die Prozess- und Instrumenten-/ System- sondern auch die Erzeugnisstandardisierung verstanden werden, welche oftmals mit der Massenproduktion verbunden war.[48] Eine spezifische Ausrichtung der Massenproduktion auf einzelne Kundenbedürfnisse war nicht oder nur sehr eingeschränkt möglich.

Standardisierung bildet gleichsam die Voraussetzung für das zweite Paradigma der industriellen Leistungserstellung: die Automatisierung. Letztere bildet in der wissenschaftlichen Diskussion den Gegenstand vielfältiger, oftmals stark differierender Systematisierungen und Definitionen.[49] Gemein ist diesen jedoch die Sichtweise, dass die Ausgangsstufe die rein menschliche Arbeit darstellt, welche in verschiedenen Stufen ersetzt wird. In einer Definition im weiteren Sinne soll im Folgenden unter Automatisierung der Einsatz von moderner Technologie verstanden werden, welcher auf eine Substitution von menschlichen durch maschinelle Leistungsträger abzielt. Somit wird Mechanisierung, welche die bloße maschinelle (Prozess-)Unterstützung vormals ausschließlich manueller Tätigkeiten industrieller Arbeiter umschreibt, ebenfalls unter dem Begriff Automatisierung subsumiert.[50]

---

46 Vgl. Flämig, M., Managementtheorie, 1998, S. 101.
47 Vgl. für einen Überblick von Fertigungsformen die Produktionstypologie in Dyckhoff, H., Produktionswirtschaft, 2003, S. 355ff. Für einen Überblick von Ausprägungen der Fließbandfertigung vgl. Schweitzer, M., Industriebetriebslehre, 1995, S. 188f.
48 Dies ist analog zu der enzyklopädischen Definition des Begriffes Standardisierung, welche im betriebswirtschaftlichen Bereich zwei Bedeutungen in den Vordergrund stellt: 1) Vereinheitlichung von ganzen Erzeugnissen (Typung) und Erzeugnisteilen (Normung) und 2) Regelgebundenheit von Abläufen in Unternehmen. Vgl. Brockhaus, Enzyklopädie Band 21, 1999, S. 79. Vgl. hierzu auch Corsten, H., Produktionswirtschaft, 2000, S. 142 und S. 189.
49 Der Begriff Automatisierung stammt aus dem angelsächsischen Sprachraum und wurde 1936 von führenden Ford-Managern (insbesondere D.S. Harder) eingeführt. Vgl. für einen detaillierten Überblick von Systematisierungen und Definitionsansätzen Zäpfel, G., Produktionsmanagement, 1989, S. 107ff.
50 In dieser Definition umfasst Automatisierung auch Mechanisierung, welche häufig als eigenständige Vorstufe separiert wird. Vgl. hierzu beispielsweise Corsten, H., Produktionswirtschaft, 2000, S. 290f. Die weite Definition wird gewählt, da die Differenzierung zwischen Mechanisierung und Automatisierung auf gleichgestellter Ebene im weiteren Verlauf der Untersuchung aus Bankensicht nicht durchgängig notwendig ist.

Umfassendere Varianten der Automatisierung stellen beispielsweise die Fließbandfertigung Fordscher Prägung dar, bei der über die Gestaltung arbeitsorganisatorischer Prozesse und technischer, ständig laufender Transportsysteme die Maschine wesentlich den Arbeitsrhythmus der menschlichen Arbeitskräfte determiniert. Die weitestgehenden Ausprägungen der Automatisierung haben sich nach den Zeiten von Taylor und Ford entwickelt. Hierbei wird im Extremfall die menschliche Arbeitskraft mit Ausnahme von Kontroll-, Wartungs- und Instandhaltungstätigkeiten vollständig substituiert. Dies findet in zahlreichen heutigen, insbesondere auf der Mikroelektronik basierenden Fertigungsverfahren statt. Letztere bilden gleichsam den Angelpunkt zwischen der anfänglichen industriellen Produktion und heutigen modernen Fertigungsrealitäten.[51]

Das dritte wesentliche Paradigma der industriellen Leistungserstellung stellt die Spezialisierung dar, die ihrerseits durch Standardisierung und Automatisierung verstärkt wird. Es kann festhalten werden, dass sich „durch die weitgehende Arbeitszerlegung (...) [und Automatisierung] bei Mensch und Maschine ein sehr hoher Spezialisierungsgrad [ergab]. Dadurch [war] (...) die Steigerung der Produktivität möglich (...)."[52] Im weiteren Verlauf der Untersuchung soll unter Spezialisierung auf einzelwirtschaftlicher Ebene die Zuordnung und Bündelung von zusammengehörigen und/ oder gleichartigen Arbeitstätigkeiten zu spezifischen Stellen oder Kompetenzbereichen verstanden werden. Hierbei wird die Erhöhung des Spezialisierungsgrades einer Stelle als Verminderung der Beitragsarten der Stelle bei gleichzeitiger Erhöhung der Beitragsmengen der verbleibenden Beitragsarten interpretiert (z.B. bei hochrepetitiven Einzelhandgriffen in der Fordschen Fließbandfertigung).[53]

Um eine möglichst hohe Deckungsgleichheit zwischen den Eigenschaften des Mitarbeiters und den spezifischen Stellenanforderungen zu erreichen, wurden im tayloristischen Ansatz die Arbeitskräfte nach wissenschaftlichen Methoden ausgewählt, eingewiesen und ausgebildet. Grundsätzlich stellt das Verhältnis von Spezialisierung bzw. Automatisierung sowie dem Qualifikationsniveau der Arbeitskräfte ein häufig diskutiertes Themenfeld dar.[54] Es ist eingängig, dass die klassische Fließbandproduktion tendenziell zu Dequalifizierung auf Ebene der breiten Arbeiterschaft führte, während parallel eine kleine Gruppe hochqualifizierter Arbeitskräfte (insbesondere Ingenieure) entstand. Für neuere Fertigungsverfahren kann diese These der Qualifizierungspolarisierung jedoch nicht nachgewiesen werden.[55]

---

51 Zu neueren Entwicklungen und Dimensionen in der Automatisierungsforschung vgl. Akademie der Wissenschaften zu Berlin, Automatisierung, 1993, S. 82ff. und Otto, B. Referenzmodell, 2002.
52 Eberhard, S., Taylorismus, 1995, S. 16.
53 Zu den Charakteristika, Vor- und Nachteilen der Stellenspezialisierung vgl. Heinen, E., Industriebetriebslehre, 1991, S. 698ff.
54 Vgl. zur Diskussion um die Höherqualifizierungs-, die Dequalifizierungs- und die Polarisierungsthese beispielsweise Corsten, H., Produktionswirtschaft, 2000, S. 291ff.
55 Vgl. ebenda.

Zusammenfassend kann festgehalten werden, dass sich Standardisierung (Prozesse, Instrumente/ Systeme, Erzeugnisse), Automatisierung (Prozessunterstützung/ Mechanisierung, vollständige Automatisierung) und Spezialisierung als entscheidende Wesensmerkmale der ursprünglichen industriellen Leistungserstellung auf einzelwirtschaftlicher Ebene identifizieren lassen. Zwar sind diese Paradigmen in ihrer taylor- und fordistischen Umsetzung oftmals kritisiert worden;[56] gleichwohl besitzen sie als Grundprinzipien in der betrieblichen Leistungserstellung weiterhin Gültigkeit: „Wissenschaftliche Arbeiten, die sich im Anschluß an Taylor mit Fragen der Arbeit im Betrieb beschäftigen (...), haben keineswegs den Taylorismus abgelöst. (...) Die Vorstellungen Taylors leben heute noch (...).“[57] Auch bezogen auf die Praxis gilt es festzuhalten, dass „in vielen Industriebereichen (...) die [Fordsche] Massenproduktion auch heute noch das gängige Fertigungsverfahren [darstellt].“[58]

Im Folgenden soll ein kurzer Überblick neuerer Managementkonzepte gegeben und geprüft werden, inwieweit sich ergänzende und/ oder erweiternde Wesensmerkmale für die industrielle Leistungserstellung ableiten lassen.

2.2.2 Neuere Managementkonzepte

Wie bereits angedeutet, besaßen die tayloristischen und fordistischen Ansätze ein nicht zu unterschätzendes Beharrungsvermögen. So bemerken beispielsweise Kieser/ Walgenbach lapidar: „Die 70er und 80er Jahre: Experimente mit der Humanisierung der Arbeit, im Übrigen Fortsetzung des Taylorismus.“[59] Die wesentlichen Neuerungen bis zum Anfang der 80er Jahre des letzten Jahrhunderts lassen sich als eine Justierung der bereits diskutierten Prinzipien durch eine systematische Verringerung der monotonisierenden Stellenspezialisierung (insbesondere durch Job Enlargement, Job Enrichment, Job Rotation und Gruppenarbeit) sowie durch die Schaffung von sozialen Kontakt- und Mitbestimmungsmöglichkeiten am Arbeitsplatz zusammenfassen.[60]

In den letzten zwanzig Jahren wurden dann in der betriebswirtschaftlichen Theorie und Praxis Konzepte entwickelt, die insbesondere auf der Übernahme spezifischer japanischer „Erfolgsgeheimnisse“ beruhen (z.B. Lean Production). Werden diese auch in hohem Maße kritisch diskutiert,[61] so haben sie fraglos die Wirklichkeit der industriellen Leistungserstellung stark beeinflusst. Folgerichtig wurden und werden

---

56 Vgl. als wesentliche Beiträge zur Kritik an den industriellen Ansätzen des Taylorismus und Fordismus Kern, H./ Schumann, M., Arbeiterbewusstsein, 1970 und Ulich, E./ Groskurtz, P./ Bruggemann, A., Arbeitsgestaltung, 1973 und Wachtler, G., Humanisierung, 1978 und Weber, M., Gesellschaft, 1956.
57 Kern, W., Produktionswirtschaft, 1996, S. 75.
58 Eberhard, S., Taylorismus, 1995, S. 15.
59 Kieser, A./ Walgenbach, P., Organisation, 2003, S. 359.
60 Vgl. beispielsweise Corsten, H., Produktionswirtschaft, 2000, S. 295ff. und von Rosenstiel, L., Organisationspsychologie, 2003, S. 107ff.
61 Im Mittelpunkt stehen hierbei oftmals ihre mangelnde wissenschaftliche Fundierung im Sinne von „Unternehmensberater-Produkten“ sowie die Verwestlichung/ mangelnde Übertragbarkeit der ursprünglich japanischen Konzepte. Vgl. z.B. Gendo, F./ Konschak, K., Mythos, 1999, S. 95ff.

ihre Wirkungen in hohem Maße sowohl innerhalb der Allgemeinen Betriebswirtschaftslehre[62] und insbesondere in den Speziellen Betriebswirtschaftslehren Industriebetriebslehre, Organisation und Produktionswirtschaft[63] als auch in verwandten Wissenschaftsgebieten wie z.b. der Organisationspsychologie[64] thematisiert. Es existieren zahlreiche Ansätze zur Systematisierung und Kategorisierung der verschiedenen Managementkonzepte.[65] Keuper definiert Kosten, Qualität und Zeit als die wesentlichen Erfolgsfaktoren der industriellen Leistungserstellung und ordnet die Konzepte diesen gemäß ihrer inhaltlichen Schwerpunkte als Strukturierungsansatz zu.[66]

Das meistdiskutierte neuere Managementkonzept mit starkem Kostenfokus bildet das Lean Management. Die erstmalige begriffliche Verwendung geht auf Krafcik[67] zurück, wobei die Popularisierung des Konzeptes durch die Veröffentlichung der vergleichenden Studie zwischen japanischen und amerikanischen bzw. europäischen Automobilproduzenten erfolgte.[68] Die Studie zeigte deutlich die Überlegenheit des japanischen, ursprünglich bei Toyota entwickelten Systems auf, das – obwohl der Begriff in Japan selbst keine Verwendung findet – als Lean Production (für den Produktionsbereich) respektive Lean Management (für sämtliche Unternehmensbereiche) bezeichnet wurde. Es ist somit überraschend, dass „sich bislang noch keine allgemein anerkannte Definition des Begriffes Lean Production herausgebildet [hat]."[69] Eine pragmatische Definition liefern Pfeiffer/ Weiß, die das Konzept als „ein Bündel von Prinzipien und Maßnahmen zur effektiven und effizienten Planung, Gestaltung und Kontrolle der gesamten Wertschöpfungskette industrieller Güter"[70] verstehen. Vordringliches Ziel ist hierbei der Muda (japanisch: Verschwendung) entgegenzuwirken.

Bei der Analyse der wesentlichen Komponenten des Lean Management fällt auf, dass die tayloristischen und fordistischen Prinzipien in ihrer Grundstruktur weiterhin

---

62 Vgl. beispielsweise Keuper, F., Management, 2001, S. 55f.
63 Nach dem 2. Weltkrieg nahm aufgrund der immer breiteren Definition des Erkenntnisobjekts Betrieb die Spezialisierung innerhalb der BWL stark zu. Vgl. Bellinger, B., Geschichte, 1967, S. 75. Die BWL wird inzwischen in eine Allgemeine BWL und mehrere Spezielle BWL unterteilt; letztere wiederum werden in Funktionslehren (Betriebsbereichslehren wie z.B. die Produktionswirtschaftslehre) und Institutionslehren (Wirtschaftszweiglehren wie z.B. die Industriebetriebslehre) differenziert. Vgl. hierzu Weber, H.K., Industriebetriebslehre, 1999, S. 4.
64 Vgl. z.B. von Rosenstiel, L., Organisationspsychologie, 2003, S. 456f.
65 Vgl. beispielsweise Keuper, F., Management, 2001, S. 64. und Olfert, K./ Steinbuch, P.A., Organisation, 2003, S. 477ff. und Staehle, W.E., Management, 1999, S. 724ff.
66 Vgl. Keuper, F., Management, 2001, S. 64. Keuper grenzt neben diesen erfolgsfaktorzentrierten Managementkonzepten noch prozessorientierte Konzepte zur Umsetzung ab (z.B. Business Process Reengineering); auf diese soll aufgrund ihrer Umsetzungsorientierung und begrenzten Paradigmentauglichkeit nicht explizit eingegangen werden.
67 Vgl. Krafcik, J.F., Lean Production System, 1988, S. 41-52.
68 Die Untersuchung erfolgt durch das Massachusetts Institute of Technology (MIT). Vgl. Womack, J.P./ Jones, D.T./ Roos, D., Revolution, 1992.
69 Wollseifen, B., Fertigungstiefenplanung, 1999, S. 16.
70 Pfeiffer, W./ Weiß, E., Lean Management, 1992, S. 43. Ähnlich auch Wildemann, H., Fertigungsstrategien, 1997, S. XI.

Gültigkeit besitzen.[71] Jedoch sind einige Anpassungen vorzunehmen. So findet das Paradigma der Standardisierung auf Prozess- und Systemebene unverändert in hohem Maße Anwendung. Im Lean Management ist „die Arbeit als solche (...) prinzipiell taktbestimmt; die Tätigkeitsabläufe sind hoch standardisiert."[72] Die Erzeugnis- bzw. Produktstandardisierung wird jedoch durch eine standardisierte Individualisierung abgelöst. Dieser Terminus beschreibt den Ansatz, standardisierte Teile und Baugruppen zu definieren und zu konstruieren, die mehrfach verwendet und im Rahmen unterschiedlicher Varianten zusammengesetzt werden können.[73] Dies ermöglicht eine Quasi-Individualisierung des Produktes aus Kundensicht.

Die Automatisierung als Paradigma industrieller Leistungserstellung besitzt auch in den neueren Managementkonzepten Gültigkeit. Dies spiegelt sich in der Entwicklung von Innovationen in der Fertigungstechnik wie z.B. sensorbasierten Industrierobotern und flexiblen Transferstraßen wider.[74]

Auch das Prinzip der Spezialisierung findet im Rahmen von Lean Production weiterhin Anwendung, wobei flächendeckende Gruppenarbeit einen zu hohen Spezialisierungsgrad Fordscher Prägung verhindert.[75] Darüber hinaus macht jedoch Spezialisierung nicht mehr an den Unternehmensgrenzen halt, sondern es erfolgt eine systematische Reduktion der Fertigungstiefe. Auf Basis einer detaillierten Fertigungstiefenplanung[76] wird die Produktion strategisch und/ oder technologisch wenig bedeutsamer Teile an Drittanbieter ausgelagert. Zwecks Minimierung des Koordinationsaufwands stellen diese üblicherweise wenige direkte System- oder Modullieferanten dar, die wesentliche komplexe Komponenten oftmals Just in Time[77] beisteuern. In diesem Kontext hat sich in den letzten Jahren das Supply Chain Management[78] als ergänzendes Konzept entwickelt, welches explizit Systematisierungs- und Optimierungsansätze für komplexe Wertschöpfungsketten bereitstellt.

Den prominentesten Vertreter von stärker auf die Qualität[79] fokussierenden Managementkonzepten stellt das Total Quality Management dar. Dieses bildet ein ganzheitliches Konzept, welches zahlreiche frühere Qualitätsüberlegungen und -in-

---

71 Vgl. für einen Überblick der wesentlichen Komponenten von Lean Production z.B. Corsten, C./ Will, T., Lean Production, 1993, S. 13-134 und Keuper, F., Management, 2001, S. 74ff. und Springer, R., Taylorismus, 1999, S. 20ff.
72 Kieser, A./ Walgenbach, P., Organisation, 2003, S. 367.
73 Vgl. Keuper, F., Management, 2001, S. 78. Ein verwandtes Konzept stellt „Mass Customization" dar. Vgl. hierzu Piller, F.T., Mass customization, 2003. Die wesentliche Umsetzung findet sich häufig im Rahmen des Variantenmanagements. Vgl. hierzu Lignau, V., Variantenmanagement, 1994. Siehe zum gesamten Themenbereich auch Kapitel 4.1.1.1.1.
74 Vgl. Corsten, H., Produktionswirtschaft, 2000, S. 335ff.
75 Vgl. Kieser, A./ Walgenbach, P., Organisation, 2003, S. 367f.
76 Vgl. Wollseifen, B., Fertigungstiefenplanung, 1999, S. 143ff.
77 Vgl. zum Just in Time-Prinzip Bühner, R., Organisationslehre, 2004, S. 258ff.
78 Vgl. für einen Überblick des aktuellen Diskussionsstands Arndt, H., Supply Chain Management, 2004 und Beckmann, H., Supply Chain Management, 2004 und Dyckhoff, H./ Fandel, G., Supply Chain Management, 2004 und Wildemann, H., Wertschöpfungsmanagement, 2004.
79 Zu Qualitätsbegriffen in diesem Kontext vgl. Garvin, D.A., Product quality, 1984, S. 25ff.

strumente in sich vereint.[80] Im Mittelpunkt des Konzeptes steht eine hohe Kundenorientierung (unternehmensinterne und -externe Kunden). Diese spiegelt sich in einer flächendeckenden Qualitätsverantwortung in allen Organisationseinheiten wider, die durch eine hohe Mitarbeiterorientierung (insbesondere Maßnahmen der Mitarbeiterschulung und -motivation) erreicht werden soll. Darüber hinaus wird großer Wert auf die proaktive Produkt- und Prozessverbesserung ("Kaizen") im Rahmen eines kontinuierlichen Verbesserungsprozesses gelegt.[81] Derartige Verbesserungsmaßnahmen werden aktiv durch das Management gefordert und kontinuierlich gemessen, z.b. unter Verwendung der Instrumente Benchmarking und/ oder Six Sigma.[82]

Aus der umfangreichen wissenschaftlichen Auseinandersetzung und breiten praktischen Verwendung qualitätsorientierter Ansätze, insbesondere des Total Quality Managements, wird deutlich, dass eine erfolgreiche Etablierung von Qualität als Managementgegenstand stattgefunden hat. Vor diesem Hintergrund soll Qualitätsmanagement als ein weiteres, jüngeres Paradigma der industriellen Leistungserstellung neben Standardisierung, Automatisierung und Spezialisierung gestellt werden. Qualitätsmanagement besitzt hierbei einen derivativen, nachgelagerten Charakter, da sich gewisse Problemkreise, für deren Lösung es eingesetzt wird, erst aus der umfassenden Anwendung der anderen Paradigmen ergeben (z.b. Qualitätsprobleme bei zahlreichen Schnittstellen zwischen ausführenden Einheiten). Im Folgenden soll unter Qualitätsmanagement – in Anlehnung an das Total Quality Management – das umfassende und systematische Management von Qualität auf Basis von Kunden-, Mitarbeiter- und Prozessorientierung verstanden werden.

Im Zuge des durch die aufkommenden Informations- und Kommunikationstechnologien begünstigten Bedeutungsgewinns des Wettbewerbsfaktors Zeit wurden in den letzten Jahren Managementkonzepte entwickelt, die die Zeit als wesentliche Zielgröße zu optimieren, im Regelfall zu minimieren suchen.[83] Das sogenannte Timebased Management[84] soll eine möglichst rasche Bedürfnisbefriedigung der Kunden, eine schnelle Anpassung an spezifische Kundenwünsche und eine zeitnahe Bereitstellung innovativer respektive verbesserter Produkte gewährleisten. Hierbei werden die Messung und das Management von Zykluszeit und -verlauf des Produktlebenszyklus in den Mittelpunkt der Betrachtung gerückt. Aufgrund der

---

80 Wesentliche theoretische Vorläufer des Total Quality Management bilden beispielsweise die Ansätze von Deming, Juran, Feigenbaum, Crosby und Ishikawa. Vgl. hierzu Binner, H.F., TQM-Umsetzung, 2000, S. 33ff. und Deming, W.E., Quality, 1982, S. 11ff. Die Entwicklung des TQM erfolgte über die Vorstufen der Qualitätskontrolle und der interaktiven Qualitätssicherung (z.B. Qualitätszirkel). Vgl. hierzu Rothlauf, J., Total Quality Management, 2004, S. 48f.
81 Vgl. Keuper, F., Management, 2001, S. 113.
82 Vgl. zum Benchmarking Rothlauf, J., Total Quality Management, 2004, S. 341ff. Ein weiteres Instrument im Sinne eines "Turbo des TQM" kann das Six Sigma-Konzept darstellen: Vgl. Töpfer, A., Projektmanagement, 2003, S. 43.
83 Vgl. hierzu Keuper, F., Management, 2001, S. 129ff. und Voigt, K.-I., Zeitwettbewerb, 1998 und Wildemann, H., Zeitmanagement, 1992.
84 Vgl. Lauk, K.J., 1990, Controlling, S. 82.

18

inhaltlichen Überschneidungen mit dem Qualitätsbegriff (Zeit als Qualitätsdimension) und der noch vergleichsweise eingeschränkten wissenschaftlichen und praktischen Fundierung z.b. des Time-based Management wird davon abgesehen, hieraus eigenständige Paradigmen der industriellen Leistungserstellung abzuleiten.

Zusammenfassend kann festgehalten werden, dass die neueren Management-konzepte die ursprünglichen Eigenschaften der industriellen Leistungserstellung großteils übernommen sowie an einigen Stellen überarbeitet (z.b. Erzeugnis-standardisierung) respektive ergänzt haben (z.b. Qualitätsmanagement). Diese werden auch den wesentlichen Analyserahmen im Sinne einer späteren Übertragung auf das Untersuchungsobjekt Bank darstellen. Gleichwohl wurde mit der Diskussion um Spezialisierung und Fertigungstiefe deutlich, dass die fortschreitende Industriali-sierung auch branchenstrukturelle Konsequenzen mit sich bringt. Diese sollen im Folgenden in gebotener Kürze aus industrieökonomischer Sicht reflektiert werden.

2.3 Industrialisierung aus industrieökonomischer Sicht

Während im Rahmen der Betriebswirtschaftslehre das Erkenntnisobjekt Betrieb im Mittelpunkt steht, konzentriert sich die Volkswirtschaftslehre auf „gesamtwirtschaft-liche Zusammenhänge auf mikro- und makroökonomischer Ebene."[85] Es stehen die Fragen im Mittelpunkt, „wie Individuen, Unternehmungen, Regierungen und andere Organisationen innerhalb unserer Gesellschaft Entscheidungen treffen, und wie diese Entscheidungen die Verwendung der gesellschaftlichen [knappen] Ressourcen beeinflussen."[86] Industrialisierungsspezifische Fragestellungen werden traditionell insbesondere bei der Analyse makroökonomischer Sektoren behandelt.[87]

Von besonderem Interesse für diese Untersuchung ist jedoch die Industrieökonomik als ein „zentrales Forschungsgebiet der Mikroökonomik"[88], welches in der Ver-gangenheit zunehmend an Bedeutung gewinnt.[89] Den zentralen Gegenstand der Industrieökonomik bildet die Analyse der Funktionsweise von Märkten.[90] Im Kontext der vorliegenden Untersuchung sind insbesondere die empirischen Markt- und Branchenanalysen von Interesse, die eine originäre Komponente der Industrie-ökonomik darstellen und Fragen des Wettbewerbs, der Marktstruktur und -konzentra-

---

85 Bontrup, H.-J., Volkswirtschaftslehre, 1998, S. 3.
86 Stiglitz, J.E., Volkswirtschaftslehre, 1999, S. 12. Vgl. zur Diskussion um den Gegenstand der Volkswirtschaftslehre und zur Abgrenzung zu anderen Wissenschaftsdisziplinen auch Demmler, H., Volkswirtschaftslehre, 2001, S. 6ff. und Woll, A., Volkswirtschaftslehre, 2003, S. 1ff.
87 Dies erfolgt insbesondere bei der Diskussion um das relative Gewicht der drei Sektoren Industrie, Handel und Dienstleistung. Diese Unterteilung bildet auch die Basis der volkswirtschaftlichen Gesamtrechnung (VGR). Vgl. Demmler, H., Volkswirtschaftslehre, 2001, S. 360ff.
88 Bühler, S./ Jäger, F., Einführung, 2002, S. 1. Die Industrieökonomik wird auch mit dem ursprünglich enger gefaßten Begriff der Industrial Organization beschrieben. Zur wissenschaft-lichen Einordnung respektive Grundfragen der Mikroökonomik vgl. Brösse, U., Mikroökonomik, 1999, S. 95ff. und Heine, M./ Herr, H., Mikro- und Makroökonomik, 2000, S. 7f.
89 Zum Bedeutungsgewinn der Industrieökonomik vgl. Barret, C. /Olia, A./ Bailey, D., Journal rankings, 2000, S. 239-252.
90 Vgl. Bühler, S./ Jäger, F., Einführung, 2002, S. 1. Vgl. darüber hinaus Scherer, F.M., Industrieökonomik, 1985, S. 3ff.

tion in den Mittelpunkt stellen.[91] Es gilt insbesondere zu untersuchen, welches die wesentlichen Eigenschaften industrialisierter Märkte sind, um zu einem späteren Zeitpunkt deren Übertragbarkeit auf den Bankensektor zu prüfen. Auf jüngere spieltheoretische Ansätze der „Neuen Industrieökonomik"[92] soll in diesem Zusammenhang aufgrund ihrer Theorielastigkeit nicht näher eingegangen werden.

Im Folgenden werden die wesentlichen Eigenschaften industrialisierter Branchenstrukturen anhand der Automobilindustrie dargestellt. Dies liegt in der Tatsache begründet, dass sie gemeinhin als Prototyp einer schon weitgehend industrialisierten Branche angesehen wird.[93] Aus der Analyse von jüngeren Branchenstudien[94] lassen sich zwei grundlegende anbieterseitige Wesensmerkmale ableiten:[95] Zum einen bestätigt sich die schon auf einzelwirtschaftlicher Ebene behandelte Spezialisierung in der Branchenstruktur. Zum anderen können signifikante Konzentrationsprozesse festgestellt werden. Es ist darauf hinzuweisen, dass sowohl Spezialisierung als auch Konzentration grenzüberschreitend in einem wettbewerbsintensiven, globalen Automobilmarkt stattfinden. In den nächsten Abschnitten soll auf diese beiden Merkmale kurz eingegangen werden.

Es wurde bereits darauf hingewiesen, dass in reiferen Industrialisierungsphasen der Spezialisierungsprozess nicht mehr an den Unternehmensgrenzen endet, sondern über eine systematische Fertigungstiefenplanung die Fertigungstiefe schrittweise verringert wird. Dies bestätigen industrieökonomische Analysen:

---

91 Vgl. für einen beispielhaften Überblick an Branchenstudien im Rahmen der Industrieökonomik Bombach, G., Industrieökonomik, 1985, S. 235-315.
92 Vgl. zur Neuen Industrieökonomik Tirole, J., Industrial organization, 1988.
93 Vgl. hierzu Institut für Weltwirtschaft, Automobilindustrie, 2000, S. 1. Des Weiteren erfolgt ein Nachweis der Vorreiter- bzw. Schlüsselrolle der Automobilindustrie u.a. in Adolphs, B., Geschäftsbeziehungen, 1997, S. 10 und Doleschal, R., Automobil-Zulieferindustrie, 1991, S. 35ff. und Eicke, H./ Fermerling, C., Modular Sourcing, 1991, S. 2 und Fieten, R., Zulieferer, 1991, S. 38f. und Wildemann, H., Fertigungsstrategien, 1997, S. 326ff.
94 Vgl. z.B. Institut für Weltwirtschaft, Automobilindustrie, 2000 und Mercer Management Consulting, Automotive industry structure, 2003 und Pointner, W., Umbruch, 2003 und PriceWaterhouseCoopers, Automotive sector insights, 2001 und Tietze, O., Positionierung, 2003 und VDA, Jahresbericht, 2003.
95 Im Rahmen der Untersuchung erfolgt eine Fokussierung auf diese beiden anbieterseitigen Wesensmerkmale. In zahlreichen Studien wird neben Spezialisierung und Konzentration die Globalisierung als weiteres anbieterseitiges Wesensmerkmal herausgestellt. Globalisierung soll im Folgenden als Ausprägung von Spezialisierung und Konzentration verstanden werden (z.B. die Auslagerung von Teilefabrikationen an einen führenden international tätigen Zulieferer). Nachfrageseitige Trends (z.B. verändertes Konsumverhalten) werden aufgrund ihres branchenübergreifenden Charakters nicht berücksichtigt.

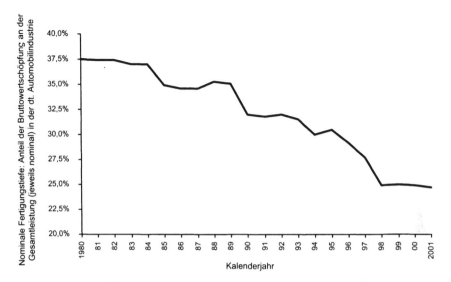

Abbildung 2: Entwicklung der Fertigungstiefe deutscher Automobilhersteller[96]

Es wird deutlich, dass die Fertigungstiefe der deutschen Automobilindustrie innerhalb von zwanzig Jahren von 37,5% auf 25% reduziert worden ist. Dies entspricht einer Reduktion um ein Drittel. Somit sind die im Rahmen der Lean Production-Diskussion erhobenen Benchmark-Größen der japanischen Automobilindustrie weitgehend erreicht.[97] Der VDA (Verband der Automobilindustrie e.V.) geht bezogen auf die Reduktion der Fertigungstiefe davon aus, dass „diese Entwicklung (...) – zumindest zunächst – an eine Grenze gelangt zu sein [scheint], auch wenn neuere Fertigungsstätten in der Regel noch einmal eine signifikant geringere Fertigungstiefe aufweisen."[98] Dieser Bedeutungsgewinn der Zulieferer im Fertigungsbereich (respektive der analoge Bedeutungsverlust der Hersteller) ist auch ein Anzeichen dafür, dass sich parallel die eigentlichen Hersteller zunehmend auf andere Elemente der Wertschöpfungskette fokussieren (z.B. Markenmanagement, Service, Design).[99] Einen zweiten wesentlichen, industrieökonomisch relevanten Trend bildet die zunehmende globale Marktkonsolidierung respektive Konzentration. Dies umfasst zum

---

96 Eigene Darstellung basierend auf VDA, Jahresbericht, 2003, S. 65. Gleichwohl finden sich in der Literatur Daten, die einen noch höheren Eigenfertigungsanteil der deutschen Unternehmen nahe legen. Vgl. Hanke, J., Koordinationsstrukturen, 1993, S. 85 und Krampf, P., Strategisches Beschaffungsmanagement, 2000, S. 32 und Wildemann, H., Fertigungsstrategien, 1997, S. 330. Jedoch besitzen die Daten des VDA die höchste Aktualität und erscheinen am fundiertesten.
97 Der Referenzwert von Toyota lag beispielsweise bei 27%. Vgl. Krampf, P., Strategisches Beschaffungsmanagement, 2000, S. 33.
98 VDA, Jahresbericht, 2003, S. 64.
99 In Kapitel 4.1.3.2.1 wird auf die Thematik der Fertigungstiefenreduktion respektive des Outsourcings noch ergänzend eingegangen.

einen die Automobilhersteller an sich, zum anderen jedoch auch die jeweiligen Zulieferer. Auf Produzentenseite stellte zweifellos die Fusion von Daimler-Benz und Chrysler die bedeutendste Transaktion dar, blieb bei Weitem jedoch nicht die Einzige (z.B. Volvo-Übernahme durch Ford, Einkauf von Renault bei Nissan). Prinzipiell reihen sich diese jedoch in einen längerfristigen historischen Konzentrationsprozess ein:

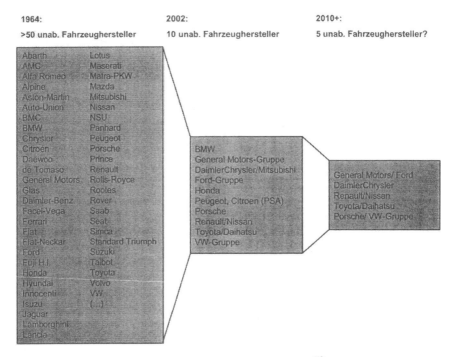

Abbildung 3: Konzentrationsprozess in der globalen Automobilwirtschaft[100]

Die sechs größten Hersteller weltweit kontrollieren derzeit direkt oder indirekt über 80% des Marktes.[101] Dies führt oftmals zu der Hypothese, dass in einem quasifinalen Konzentrationsschritt bis 2010 eine Reduktion des Anbieterspektrums auf fünf bis sechs Hersteller erfolgt. Die wesentlichen Hintergründe für die Konzentration bilden insbesondere die hohe Kapitalintensität von Produktion und Entwicklung aufgrund hoher Fixkosten.[102]

---

100 Eigene Darstellung basierend auf Kappeldorf, G., Automobilindustrie, 2004, S. 13 und Pointner, W., Umbruch, 2003, S. 50.
101 Vgl. PriceWaterhouseCoopers, Automotive sector insights, 2001, S. 13.
102 Vgl. Tietze, O., Positionierung, 2003, S. 70.

Zeitlich etwas nachgelagert zur Konzentration im Bereich der Automobilhersteller findet eine vergleichbare Entwicklung in der Zulieferindustrie statt. Hierbei stellen die zunehmenden Anforderungen der Hersteller hinsichtlich Internationalität und kapitalintensiver Entwicklung gemäß der Rolle von Systemlieferanten die wesentlichen Ursachen dar. Im Ergebnis hat sich die Anzahl der weltweiten Automobilzulieferer in den letzten fünfzehn Jahren um über 80% reduziert:

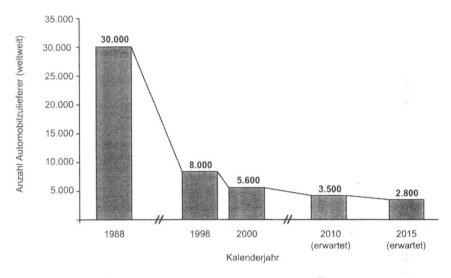

Abbildung 4: Konzentrationsprozess in der automobilen Zulieferindustrie [103]

Auch bezogen auf die automobile Zulieferindustrie lässt sich festhalten, dass der Konzentrationsprozess noch nicht abgeschlossen scheint; es wird eine weitere Reduktion der Anzahl Zulieferer auf 2.800 – d.h. um zusätzlich ca. 50% – innerhalb der nächsten zehn Jahre prognostiziert (vgl. Abbildung 4). In anderen Branchen (z.B. dem Maschinenbau) sind ähnliche Entwicklungen festzustellen.

Die aufgezeigten Wesensmerkmale der Industrialisierung auf industrieökonomischer Ebene werden im Folgenden unter Einbeziehung der Paradigmen aus einzelwirtschaftlicher Sicht zusammengefasst und systematisiert.

2.4 Zusammenfassung

Der Begriff Industrialisierung wird aus verschiedenen wissenschaftlichen Blickwinkeln heraus diskutiert. Im Vordergrund dieser Untersuchung steht die ökonomische

---

[103] Eigene Darstellung basierend auf Kappeldorf, G., Automobilindustrie, 2004, S. 14 und Mercer Management Consulting, Automotive industry structure, 2003.

Analyse der Industrialisierung. In diesem Kontext wird zwischen der einzel- und der branchenspezifischen respektive industrieökonomischen Ebene differenziert.

Aus einzelwirtschaftlicher Sicht bilden Standardisierung, Automatisierung, Qualitätsmanagement und Spezialisierung die wesentlichen Paradigmen der industriellen Leistungserstellung. Hierbei umfasst Standardisierung sowohl die Arbeitsprozesse als auch die Arbeitsinstrumente/ -systeme. Darüber hinaus wird diesem Paradigma auch die standardisierte Individualisierung von Erzeugnissen zugeordnet.

Unter Automatisierung wird die maschinelle Unterstützung manueller Prozesse (Mechanisierung) und die nächste Stufe der Automatisierung im Sinne einer fast vollständigen Substitution der menschlichen Arbeitskraft verstanden. Ein weiteres Paradigma bildet das systematische Management der Qualität in industriellen Unternehmen.

Spezialisierung bildet gleichsam den Angelpunkt zwischen einzelwirtschaftlicher und industrieökonomischer Ebene. Zum einen bündeln Unternehmen verwandte industrielle Arbeitstätigkeiten intern zu Stellen oder Kompetenzbereichen; zum anderen erfolgt ein systematisches Management der Fertigungstiefe (üblicherweise im Sinne einer Reduktion) durch Arbeitsverlagerung zu Systemlieferanten und ggf. eine Refokussierung auf andere Schritte der Wertschöpfungskette (z.B. Markenmanagement, Service). Abschließend bildet die Konzentration ein weiteres Paradigma industrieller Branchenstrukturen. Diese umfasst sowohl Hersteller als auch Zulieferer. Sowohl Spezialisierung als auch Konzentration finden in einem wettbewerbsintensiven, globalen Markt statt.

Im Rahmen eines Gesamtüberblicks können die ökonomischen Paradigmen der Industrialisierung wie folgt dargestellt werden:

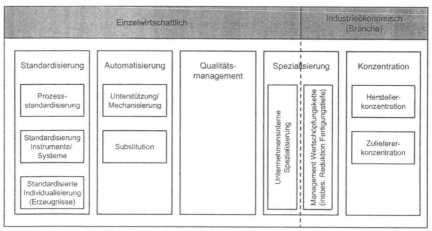

Abbildung 5: Ökonomische Paradigmen der Industrialisierung [104]

---

104 Eigene Darstellung.

Abbildung 5 gibt einen Überblick der dargestellten Paradigmen der Industrialisierung aus ökonomischer Sicht. Es zeigt sich, dass für deren Erarbeitung die Ansätze von Taylor und Ford, neuere industrielle Managementkonzepte wie z.B. Lean Production sowie die Analyse industrieller Branchenstrukturen aus industrieökonomischer Sicht geeignete Quellen und Referenzen darstellen.

Die Paradigmen bilden eine wesentliche Analysestruktur für den Fortgang der Untersuchung. In Kapitel 4 wird geprüft, inwieweit – bezogen auf die einzelnen Schritte des Leistungserstellungsprozesses von Banken – diese Paradigmen wirken und somit Industrialisierungstendenzen in der Bankenbranche konstatiert werden können.

Zunächst soll jedoch eine umfassende Darstellung des zweiten wesentlichen Untersuchungsgegenstandes – der Bank – erfolgen. Hierfür wird zunächst die Existenz von Banken respektive deren Definition aus ihrer Rolle als spezifische Finanzintermediäre auf Kapitalmärkten abgeleitet (Kapitel 3.1). Darauf folgend wird der Leistungserstellungsprozess von Banken charakterisiert (Kapitel 3.2) und abschließend auf Grundlagen der quantitativen Abbildung der Bank-Leistungserstellung eingegangen (Kapitel 3.3).

III. Grundlagen des Untersuchungsobjekts Bank

3.1 Banken als spezifische Finanzintermediäre auf Kapitalmärkten

3.1.1 Handlungsraum Kapitalmärkte

Einen zweckmäßigen Ausgangspunkt der Herleitung und Beschreibung von Banken als Untersuchungsobjekt bildet die Analyse von Kapitalmärkten als wesentlicher Handlungsraum der Banken.[105] Kapitalmärkte bringen Kapitalanbieter und Kapitalnachfrager zusammen, wobei das Austauschobjekt das Kapital darstellt; letzteres bildet aus volkswirtschaftlicher Sicht den Bestand an Sach- und Finanzmitteln als einen Produktionsfaktor neben Arbeit und Boden, welcher zur Erzeugung des Sozialproduktes dient.[106] Bezogen auf diese Güter erfüllt der Kapitalmarkt die traditionellen Funktionen von Märkten.[107] Im Rahmen der Koordinationsfunktion werden Kapitalanbieter und -nachfrager zum Handel zusammengeführt. Im Anschluss hieran ermöglichen Kapitalmärkte darüber hinaus die Exekution im Sinne einer Allokation des zur Verfügung stehenden Kapitals. Der Ausgleich zwischen Angebot und Nachfrage erfolgt final durch den Marktpreis. Daneben erfüllen Kapitalmärkte auch eine Auswahlfunktion. Die Teilnahme am Markt wird reguliert, indem Mindestanforderungen an Anbieter und Nachfrager gestellt und diese entsprechend kontrolliert werden.

Konzepte zur Beschreibung von Kapitalmärkten beziehungsweise der sich auf diesen abspielenden Prozessen beruhten historisch auf der neoklassischen Theorie. Diese ermöglicht die Erklärung und Simulation von Markt-Gleichgewichten; jedoch beschränkt sie sich „auf Fragen der Koordination unterschiedlicher Interessen mittels Preisen auf perfekten, friktionslosen Wettbewerbsmärkten."[108] Im Mittelpunkt der Kritik an der neoklassischen Theorie steht insbesondere die Restriktivität der Annahmen:[109] So geht die neoklassische Theorie insbesondere von einem rationalen Verhalten der Marktteilnehmer im Sinne ihrer jeweiligen Nutzenfunktion aus („Homo Oeconomicus"). Darüber hinaus bilden die Homogenität und Teilbarkeit des Kapitals, unendlich schnelle Reaktionszeiten, vollkommener Wettbewerb, vollkommene Infor-

---

105 Vgl. für ein vergleichbares Vorgehen Büschgen, H.E., Bankbetriebslehre, 1998, S. 34ff. und Hartmann-Wendels, T./ Pfingsten, A./ Weber, M., Bankbetriebslehre, 2004, S. 114ff.

106 Vgl. Brockhaus, Enzyklopädie Band 11, 1999, S. 434. Auf die Unzulänglichkeiten der begrifflichen Einordnung von Kapital und Kapitalmarkt soll an dieser Stelle nicht explizit eingegangen werden. Vgl. hierzu Häuser, K./ Rosenstock, A., Kapitalmarkt, 1997, S. 11ff. und insbesondere S. 12: „Das Ungenügen an dem Begriff Kapitalmarkt betrifft (...) [beide] Hälfte[n] dieses Doppelwortes (...). Beim Kapital sind es die Unschärfen dieses Begriffes, beim Markt sind es die sich ändernden Realitäten, d.h. die historisch sich wandelnden Erscheinungsformen."

107 Vgl. zu den Funktionen von Märkten, insbesondere Kapitalmärkten, Obst/ Hintner/ von Hagen, J./ Stein, J.H., Geld- Bank- und Börsenwesen, 2000, S. 23 und S. 202f.

108 Stillhart, G., Finanzintermediation, 2002, S. 12.

109 Vgl. zu den Annahmen der neoklassischen Theorie Bernet, B., Finanzintermediation, 2003, S. 84f. Ein guter Annahmenüberblick findet sich auch in dem Theorem der Nobelpreisträger Modigliani und Miller. Vgl. Modigliani, F./ Miller, M.H., Theory of investment, 1958, S. 261ff.

27

mation sowie Abwesenheit von Transaktionskosten wesentliche Annahmen. Unter Zugrundelegung dieser Annahmen ist es eingängig, dass der Handel von Kapital direkt zwischen Anbietern und Nachfragern stattfindet; Finanzintermediäre können keine Wohlfahrtsgewinne schaffen, da sie nicht weniger als Nullkosten bei der Transaktion verursachen können.[110]

Es ist eindeutig nachweisbar, dass die Annahmen der neoklassischen Theorie einem Realitätsabgleich nicht standhalten.[111] In der realen Welt existieren zahlreiche Marktunvollkommenheiten, z.B. aufgrund asymmetrischer Informationsverteilung.[112] Im Rahmen der Neuen Institutionenökonomik werden die Kritikpunkte am neoklassischen Ansatz in verschiedenen Varianten herausgearbeitet und konzeptionalisiert. Grundsätzlich lösen vertragliche Arrangements zwischen Marktteilnehmern die einfachen Auktions- respektive Marktmechanismen der neoklassischen Theorie als wesentlichen Untersuchungsgegenstand ab. Die Neue Institutionenökonomik greift insbesondere auf drei wesentliche Theoriegebilde zurück:[113]

Unter Property Rights werden die mit einem Gut verbundenen Verfügungs- und Handlungsrechte für ein Wirtschaftssubjekt verstanden, welche ihm auf Basis von Rechtsordnungen und Verträgen zustehen. In der gleichnamigen Theorie werden Anreize herausgearbeitet, die darstellen, inwieweit der Inhalt und die Struktur dieser Rechte die Allokation und Nutzung von Ressourcen beeinflusst.[114]

Die Property Rights gelten als institutioneller Rahmen für die Principal Agent- und die Transaktionskosten-Theorie.[115] Die Principal Agent-Theorie analysiert Beziehungen zwischen Auftraggebern und Auftragnehmern, die durch Informationsasymmetrie gekennzeichnet sind. Das handlungsorientierte Ziel der Theorie besteht insbesondere im Design eines Kontraktes respektive Kompensationssystems, welches es dem Principal ermöglicht, dass der Agent in seinem Interesse handelt.[116]

Die am intensivsten diskutierte Theorie der Neuen Institutionenökonomik bildet die Transaktionskostentheorie. Sie basiert auf einem Artikel von Roland Coase aus dem

---

110 Vgl. Richter, R., Geldtheorie, 1990, S. 87. Gleichwohl gilt es darauf hinzuweisen, dass auch mit Hilfe der neoklassischen Theorie Versuche unternommen worden sind, Finanzintermediation zu erklären. Einen guten Überblick liefert Hellwig, M., Financial intermediation, 1991, S. 35-72.

111 Vgl. zu früher Kritik an der neoklassischen Theorie z.B. Hayek, F.A., Society, 1945, S. 24.

112 De facto sind die Marktteilnehmer im Regelfall mit in hohem Maße unterschiedlichen Informationen ausgestattet. Dies spiegelt sich in Phänomenen wie der Adverse Selection und dem Moral Hazard-Problem wider, die im Rahmen der Informationsökonomik thematisiert werden. Auf diese soll im Folgenden nicht detailliert eingegangen werden. Vgl. hierzu z.B. Bössmann, E., Informationsökonomik, 1987 und Müller, H.M., Moral hazard, 1996. Darüber hinaus erfüllt das Sachkapital häufig nicht die Anforderung der Homogenität und Teilbarkeit, sondern ist lokal respektive temporal determiniert. Dieser Anforderung wird auch nur teilweise das Finanzkapital gerecht. Ein Indiz für diese nur parziell vorhandene Anforderungserfüllung bildet die Tatsache, dass zahlreiche verschiedene Finanzmärkte in der Realität existieren.

113 Vgl. Bernet, B., Finanzintermediation, 2003, S. 94ff.

114 Der Property Rights-Ansatz geht auf Arbeiten von Alchian/ Demsetz zurück. Vgl. hierzu Strohm, A., Konzepte, 1988.

115 Vgl. Picot, A., Theorien der Organisation, 1991, S. 154.

116 Vgl. zur Principal Agent-Theorie umfassend Grossman, S.J./ Hart, O., Principal Agent-Problem, 1983.

Jahre 1937 und wurde insbesondere durch Arrow und Williamson weiterentwickelt.[117] Den Ausgangspunkt dieser Theorie bildet die Beobachtung, dass Leistungsaustauschprozesse respektive die notwendige Koordination auf Märkten nicht kostenlos sind, sondern sog. Transaktionskosten verursachen. Wesentliche Bestandteile der Transaktionskosten bilden die Informations-, Verhandlungs-, Entscheidungs- und Überwachungs- sowie Durchsetzungskosten. Sie treten situativ in unterschiedlicher Höhe bei der Tauschabwicklung zwischen begrenzt rationalen und opportunistischen Transaktionspartnern auf.[118] Die Transaktionskostentheorie wird zur Analyse zahlreicher praktischer volks- und betriebswirtschaftlicher Problemkreise angewendet, z.B. der relativen Vorteilhaftigkeitsanalyse verschiedener Koordinationssysteme der Leistungserstellung (z.B. Eigenfertigung vs. Fremdbezug), auf die in Kapitel 4 und 5 noch Bezug genommen wird.

Zusammenfassend kann festgehalten werden, dass in der Realität zahlreiche Marktunvollkommenheiten und Informationsasymmetrien existieren. In Abgrenzung zur neoklassischen Theorie sieht die Neue Institutionenökonomik in Institutionen, z.B. Finanzintermediären, eine Konsequenz und einen Lösungsansatz hinsichtlich der sich aus den Informationsasymmetrien ergebenden Ineffizienzen.

3.1.2 Finanzintermediäre als Akteure auf Kapitalmärkten

Sind Märkte unvollkommen und existieren Ineffizienzen, so bringt deren Beseitigung ökonomische Vorteile. Somit kann ein Anreiz für die Herausbildung von Institutionen entstehen, die die Effizienz des Marktes erhöhen. Finanzintermediäre sind solche Institutionen bezogen auf den Kapitalmarkt. In der wissenschaftlichen Auseinandersetzung existieren zahlreiche Ansätze zur Typologisierung von Finanzintermediären respektive zur Zuordnung spezifischer Institutionsgattungen zu den Typen.[119] Eine basale Typologisierung von Finanzintermediären stellt die in Finanzintermediäre im weiteren und im engeren Sinne dar. Letztere treten als Mittler zwischen Kapitalangebot und -nachfrage auf; dies beinhaltet insbesondere die Verarbeitung und häufig auch die Transformation von Finanzkontrakten. Vertreter dieser Gattung von Finanzintermediären sind beispielsweise Banken, Versicherungen und Venture Capital-Unternehmen. Für die Einordnung als Finanzintermediär im weiteren Sinne ist dagegen schon die Erleichterung des Handels von Kapital zwischen Kapitalanbieter und -nachfrager hinreichend.[120] Somit bilden beispielsweise auch Rating-Agenturen und Finanzanalysten, die u.a. die Kapitalanlageentscheidungen von Kapitalgebern zu unterstützen suchen, Gattungsbeispiele im Sinne der weiteren Definition.

---

117 Vgl. Arrow, K.J., Organization, 1969, S. 47-63 und Coase, R.H., Firm, 1937, S. 386-405 und Williamson, O.E., Markets, 1975.
118 Vgl. Arrow, K.J., Organization, 1969, S. 48.
119 Vgl. hierzu beispielsweise Bitz, M., Finanzdienstleistungen, 2000, S. 13ff. und Breuer, W., Finanzintermediation, 1992, S. 9ff und Campbell, T./ Kracaw, W., Financial institutions, 1994 und Spicher, T., Finanzintermediäre, 1997, S. 11ff.
120 Vgl. Obst/ Hintner/ von Hagen, J./ Stein, J.H., Geld-, Bank- und Börsenwesen, 2000, S. 202f.

29

Ein weniger generischer, häufig verwendeter Typologisierungsansatz für Finanzintermediäre wurde durch Breuer entwickelt; er setzt implizit an den Phasen des Tauschvorgangs an.[121] Er unterscheidet hierbei im Wesentlichen vier Arten von Intermediären: In der Anbahnungsphase beschaffen Kapitalanbieter und/ oder Kapitalnachfrager Informationen, inwieweit die signalisierten Kontrakte für die jeweilige Partei nutzenstiftend wirken. Finanzintermediäre, die ausschließlich in dieser Phase des Tauschprozesses unterstützend wirken (z.B. Wirtschaftsprüfer, Rating-Agenturen), werden als Gutachter bezeichnet.

Überwiegend parallel zur Informationsbeschaffung müssen die Tauschbedingungen, z.B. die Preise, ausgehandelt werden (Kontrahierungsphase). Hierbei – wie meist auch schon in der Anbahnungsphase – wirken Auktionatoren als Finanzintermediäre unterstützend, die im Regelfall eine Infrastruktur im Sinne einer Handelsplattform zur Preisermittlung bereitstellen. Beispiele hierfür bilden insbesondere Kursmakler.

Händler/ Market Maker sind insbesondere in der Realisationsphase des Tausches von Bedeutung, indem sie als eigenständige Tauschpartei tätig werden und Finanzierungstitel des Verkäufers an den eigentlichen Käufer übermitteln. Sie agieren in eigenem Namen und auf eigene Rechnung, wobei die Geld-Brief-Spanne meist deren Marge darstellt. Zu dieser Gruppe von Finanzintermediären können beispielsweise geschlossene Immobilienfonds und Wertpapierhändler gezählt werden.

Ein Produzent schließlich als abschließender Typus eines Finanzintermediärs umfasst im Regelfall das breiteste Funktionenspektrum. Er übernimmt (oftmals neben den bereits erläuterten Aktivitäten) ergänzend eine Transformation der Finanzkontrakte, bevor sie an den originären Käufer weitergereicht werden. Solche Finanzproduzenten sind zum einen hochspezialisierte Unternehmen wie z.B. Venture Capital-Gesellschaften. Darüber hinaus zählen jedoch auch die meisten traditionellen Geschäfts- und Spezialbanken zu dieser Gruppe von Finanzintermediären.

Im Rahmen der Auseinandersetzung mit Finanzintermediation, Informationsökonomik und Neuer Institutionenökonomie konnte in zahlreichen wissenschaftlichen Modellen die Existenzberechtigung von Banken im Sinne von spezifischen Finanzintermediären (üblicherweise der Gattung des Produzenten zugehörig) nachgewiesen werden.[122] Während auf eine eingehende Analyse dieser Modelle an

---

121 Vgl. hierzu und zu den weiteren Ausführungen Breuer, W., Finanzintermediation, 1992, S. 9ff.

122 Im Rahmen der Erklärungen der Bankexistenz wird das Vorhandensein von Banken nicht exogen vorgegeben, sondern ist endogen – d.h. sie wird aus einem vorgegebenen Modellrahmen heraus abgeleitet. Als maßgebliches Entscheidungskriterium für die Bejahung der Frage nach der Bankexistenz gilt, inwieweit diese Wohlfahrtsgewinne gegenüber anderen Institutionen respektive Koordinationsmechanismen (im Regelfall Märkten) zu erwirtschaften vermögen. Es ergeben sich zwei Ursachen der Bankexistenz: 1) Informationsvorteile der Kapitalnehmer, die sich durch Banken abbauen lassen, wobei der Wohlfahrtsgewinn (z.B. durch Skaleneffekte der Informationsverarbeitung) den Malus durch die Beteiligung einer weiteren Institution übersteigt. 2) Liquiditätsbedürfnis der Kapitalgeber, welches Banken durch ihre Transformationsfunktion wohlfahrtssteigernd befriedigen können. Einen Überblick von Erklärungsmodellen liefern Obst/ Hintner/ von Hagen, J./ Stein, J.H., Geld-, Bank- und Börsenwesen, 2000, S. 211ff. Vgl. hinsichtlich der grundlegenden Modellzusammenhänge Diamond, D.W., Financial intermediation, 1984, S. 393-414 und Diamond, D.W./ Dybvig, D., Bank runs, 1983, S. 401-419.

dieser Stelle verzichtet werden soll, wird im Folgenden kurz auf definitorische Grundlagen und wesentliche Kategorisierungsansätze von Banken eingegangen werden.

3.1.3 Banken als spezifische Finanzintermediäre

Die explizite definitorische Abgrenzung der Bank als Erkenntnisobjekt wurde häufig und kontrovers in der Literatur diskutiert: „Verfolgt man (...) die Bemühungen einer Vielzahl von Autoren zur Bestimmung des Bankbegriffs, so kann man feststellen, dass kaum ein vergleichbares Erkenntnisobjekt sich ähnlich umfangreicher wissenschaftlicher Anstrengungen erfreuen kann."[123] Im Folgenden wird eine Differenzierung in eine rechtliche sowie eine einzel- und gesamtwirtschaftliche Betrachtung des Bankbegriffs vorgenommen.[124]

Die wesentliche juristische Grundlage der Banktätigkeit bildet das KWG (Kreditwesengesetz). §1,1 KWG enthält eine Legaldefinition, nach der Unternehmen dann Kreditinstitute (grob zu verstehen als amtliche Bezeichnung für Banken) sind, wenn sie Bankgeschäfte betreiben, deren Umfang einen in kaufmännischer Weise eingerichteten Geschäftsbetrieb erfordert. Als Bankgeschäfte werden explizit die Folgenden definiert: Einlagen-, Kredit-, Diskont-, Effekten-, Depot-, Investment-, Darlehenserwerbs-, Garantie- und Girogeschäfte. Diese kataloghafte Aufzählung folgt naturgemäß dem juristischen Ziel einer möglichst präzisen Bestimmbarkeit, bietet jedoch keine umfassende Systematisierung.[125]

Auch die einzelwirtschaftliche, wissenschaftliche Auseinandersetzung mit dem Bankbegriff besitzt ihre Wurzeln in einer Wesensdefinition über die Aufzählung spezifischer Funktionen (technischer Bankbegriff).[126] Im Rahmen des wissenschaftlichen Diskurses erfolgte eine zunehmende Abkehr von diesen rein funktional orientierten, traditionellen hin zu strukturellen bzw. systemorientierten Bankbegriffen. Im Rahmen des strukturellen Bankbegriffs wird die Bank als ein System zweckorientierter Handlungen definiert, das auf Basis bestimmter Zielvorstellungen bankspezifische Produktionsfaktoren kombiniert und dadurch Bankmarktleistungen erstellt.[127] Somit rückt das Verständnis der Struktur und Zusammenhänge innerhalb des Bankbetriebs in den Vordergrund. Mit dem Ziel einer deutlicheren Betonung und Integration der menschlichen Arbeits- und Führungsleistung wurde der systemorientierte Bankbegriff

---

123 Eilenberger, G., Bankbetriebswirtschaftslehre, 1997, S. 10. Es wurden in diesem Kontext sogar Monographien entwickelt: Vgl. z.B. Schäfer, H., Begriff, 1971 und Siegert, T., Eigenarten, 1974.
124 Vgl. z.B. Bernet, B., Finanzintermediation, 2003, S. 24ff und Büschgen, H.E., Bankbetriebslehre, 1998, S. 11ff.
125 Vgl. zur Kritik an der Legaldefinition des KWG – z.B. vor dem Hintergrund von Non- und Near-Banks – Becker, H.P./ Peppmeier, A., Bankbetriebslehre, 2002, S. 15ff und Betge, P., Bankbetriebslehre, 1996, S. 3f. Hier wird auch eine Abgrenzung zu anderen Legaldefinitionen, z.B. Finanzdienstleistungsinstituten, vorgenommen.
126 Vgl. Eilenberger, G., Bankbetriebswirtschaftslehre, 1997, S. 11f.
127 Vgl. hierzu umfassend Deppe, H.-D., Wachstum, 1969.

31

entwickelt und zunehmend etabliert.[128] Darin wird betont, dass es sich bei einer Bank um ein soziotechnisches System mit zahlreichen Interaktionsbeziehungen zur Umwelt handelt. Folgerichtig kann das Verhalten des Bankbetriebes als eine Funktion von betrieblichen Faktoren und Umweltfaktoren aufgefasst werden. Gesamtwirtschaftliche Definitionsansätze dagegen rücken den spezifischen Beitrag von Banken als Finanzintermediäre in den Mittelpunkt.[129] Im Rahmen ihrer typischerweise eingenommenen Produzentenrolle übernehmen Banken im Wesentlichen drei Transformationsaufgaben:[130] Die Risikotransformation zeichnet sich dadurch aus, dass Kapitalnehmer und Bank einen Finanzkontrakt (z.B. Kreditvertrag) eingehen, der ein gewisses Risiko einer nicht vollständigen oder nicht fristgerechten Zahlung auf der Aktivseite der Bank beinhaltet. Auf der anderen Seite kontrahieren Bank und Kapitalgeber (z.B. über einen Girovertrag), wobei mit dem Kontrakt ebenfalls eine im Regelfall jedoch abweichende Risikoposition verbunden ist. Risikotransformation bedeutet also, dass die Bank die Risikovorstellungen von Kapitalnehmer und -geber in Übereinstimmung bringt. Als Instrumente der Risikotransformation dienen insbesondere die Risikoreduktion durch Portefeuillebildung sowie die Aufspaltung von Risiken. Banken gleichen darüber hinaus Unterschiede zwischen den Laufzeiten von Forderungen und Verbindlichkeiten aus; diese Funktion wird mit dem Begriff der Fristentransformation umschrieben. Im alltäglichen Bankgeschäft erfolgt dies z.B. bei der Finanzierung von langfristigen Unternehmenskrediten durch kurzfristige Einlagen der privaten Haushalte.

Die abschließende grundlegende Transformationsleistung bildet die Losgrößentransformation. Banken bringen die unterschiedlichen Vorstellungen von Kapitalgebern und Kapitalnehmern hinsichtlich des zu investierenden respektive aufzunehmenden Kapitals in Einklang. Diese Funktion ergibt sich schon automatisch durch die häufig anzutreffende Kundenstruktur von Banken, bei denen die Kundenanzahl im Passivbereich diejenige im Aktivbereich bei weitem überschreitet. Wurden die unterschiedlichen Transformationsleistungen auch separat dargestellt, so nehmen Banken diese üblicherweise gleichzeitig wahr.

Neben der Diskussion um die definitorische Abgrenzung des Bankbegriffes wurden zahlreiche Ansätze zur Typologisierung von Banken entwickelt.[131] Die basale Unterscheidung zwischen Commercial Banks und Investment Banks setzt direkt an der Kategorisierung von Finanzintermediären an. Während Commercial Banks als

---

128 Vgl. Eilenberger, G., Bankbetriebswirtschaftslehre, 1997, S. 13. Er verweist auf weitere Verwender dieses Bankbegriffes. Vgl. z.B. Ellermeier, C., Bankorganisation, 1975 und Lehner, H., Grundlagen, 1976.

129 Vgl. Bernet, B., Finanzintermediation, 2003, S. 24f.

130 Vgl. hierzu Büschgen, H.E., Bankbetriebslehre, 1998, S. 39f. und Priewasser, E., Bankbetriebslehre, 2001, S. 12ff.

131 Die Deutsche Bundesbank gruppiert beispielsweise Großbanken, Regionalbanken, Zweigstellen ausländischer Banken und Privatbankiers unter die Kategorie der Kreditbanken im Rahmen ihrer Bankenstatistik. Vgl. Büschgen, H.E., Bankbetriebslehre, 1998, S. 78f. Für eine umfassende Systematisierung von Bankengruppen in Deutschland vgl. Bitz, M., Finanzdienstleistungen, 2000, S. 18 und Priewasser, E., Bankbetriebslehre, 2001, S. 116.

Institutionen verstanden werden, die Einlagen- und Kreditgeschäft sowie Zahlungsverkehr anbieten, üben Investment Banken eine Unterstützungsfunktion für den Handel an Kapitalmärkten sowie den Eigenhandel aus. Insofern besitzt diese Abgrenzung eine Analogie zu der zwischen Finanzintermediären im engeren und im weiteren Sinne. Universalbanken vereinen die beiden dargestellten Banktypen in sich. Weitere, nicht vollständig trennscharfe Kriterien zur Abgrenzung verschiedener Kategorien von Banken bilden beispielsweise die Größe und die regionale Reichweite (Großbanken, Regionalbanken), die Eigentümerstruktur respektive Trägerschaft (Privatbanken, Genossenschaftsbanken, Sparkassen), das Zielkundensegment (z.B. Retail-Banken) und die Breite der Produktpalette (z.B. Spezialbanken). Die dargestellten Definitionsansätze und Typologisierungen für das Untersuchungsobjekt Bank weisen situativ jeweils eine eigene Berechtigung auf. Die vorliegende Untersuchung rückt die Industrialisierung von Banken – und somit z.b. den Ersatz menschlicher durch maschinelle Prozesse – in den Vordergrund. Aus diesem Grund wird der systemorientierte Bankbegriff, der den Gedanken des soziotechnischen Systems betont, als Grundlage der weiteren Untersuchung verwendet. Hinsichtlich der Kategorisierung von Banken soll die klassische Universalbank deutscher Prägung als Referenz dienen; hierunter wird eine Bank verstanden, die sowohl Privat- als auch Firmenkunden mit einer breiten Produktpalette (insbesondere Kredit- und Einlagengeschäft) bedient und darüber hinaus Eigenhandel-Aktivitäten betreibt. Auf dieser Basis wird im Folgenden eine Charakterisierung der Leistungserstellung von Banken vorgenommen.

3.2 Leistungserstellung von Banken

3.2.1 Überblick von Systematisierungsansätzen

Jede betriebliche Leistungserstellung lässt sich als Prozess der Erzeugung gewisser Leistungen (Outputsystem) durch Kombination spezifischer Produktionsfaktoren (Inputsystem) definieren.[132] Gleichwohl besitzt die Erstellung von Bankleistungen spezifische Besonderheiten. Auf der Inputseite greift die klassische Unterteilung von Elementarfaktoren nach Gutenberg in menschliche Arbeit, Betriebsmittel und Werkstoffe[133] nicht, sondern muss insbesondere um „den monetären Faktor als eigenständiger Einsatzfaktor"[134] ergänzt werden. Auf der Outputseite muss beachtet werden, dass Bankleistungen Dienstleistungen darstellen, was sich insbesondere in ihrer mangelnden Speicherbarkeit, ihrer Abstraktheit und der Notwendigkeit der

---

132 Vgl. Hein, M., Bankbetriebslehre, 1993, S. 123.
133 Vgl. Gutenberg, E., Betriebswirtschaftslehre, 1972, S. 1-8. Er grenzt darüber hinaus den dispositiven Faktor (insbesondere Planung und Organisation) ab.
134 Hein, M., Bankbetriebslehre, 1993, S. 124f. Die Systematik der erforderlichen Faktorerweiterung wird umfassend diskutiert. Büschgen beispielsweise plädiert für die Integration des Faktors Information. Vgl. Büschgen, H.E., Bankbetriebslehre, 1998, S. 317f.

Einbeziehung eines externen Faktors (im Regelfall des Kunden) widerspiegelt.[135] Hierbei kann mit Eilenberger[136] eine grundsätzliche Einteilung der Bankleistungen zum einen in Bankmarktleistungen erfolgen, welche Kredit-, Anlage-, Zahlungsverkehrs- und sonstige Leistungen umfassen (z.B. Venture Capital, M&A-Beratung). Zum anderen können hiervon sekundäre Bankleistungen abgegrenzt werden, die Interbank- und Eigenleistungen (z.B. Eigenhandel) beinhalten.[137] Dem systemorientierten Bankbegriff folgend kann neben dem In- und Outputsystem das Leistungserstellungssystem bzw. die Bankdienstleistungsproduktion abgegrenzt werden. Aus der Dienstleistungseigenschaft der Endprodukte zieht Büschgen[138] basierend auf Corsten[139] den Schluss, dass das Leistungserstellungssystem prozessorientiert in eine Vorkombination und eine Endkombination unterteilt werden kann. Während erstere den Aufbau und die Strukturierung des Leistungspotenzials darstellt, umfasst letztere die Erstellung der kompletten marktfähigen Leistung – insbesondere durch Integration des externen Faktors. In der Literatur existieren zahlreiche detailliertere Ansätze, die das Leistungserstellungssystem von Banken prozessorientiert zu definieren suchen.[140] Auf Basis einer kurzen Charakterisierung dieser Ansätze soll im Folgenden eine Systematisierung gewählt werden, die als Referenz für die spätere Untersuchung von Industrialisierungsansätzen und -wirkungen dienen wird.

Im Rahmen der Analyse stehen die Fragen im Vordergrund, welche generischen Leistungserstellungsprozesse definiert werden und in welcher Reihenfolge diese typischerweise angeordnet sind. Wendet man sich zunächst der ersten Frage zu, so fällt auf, dass sämtliche Ansätze den Vertrieb im Sinne der Schnittstelle zwischen Kunde und Bank als eigenständigen Prozess separieren. Hierbei umfasst der Vertriebsprozess die Kundenakquisition und -beratung über sämtliche Vertriebskanäle. Ergänzend gilt es festzuhalten, dass „der Kundenservice [auch] (...) grundsätzlich Vertriebscharakter [besitzt]."[141] Darüber hinaus ist allen Ansätzen die Definition eines (Geschäfts-)Abwicklungsprozesses gemein. Dieser bewirkt originär die Bankleistung

---

135 Vgl. zu Eigenschaften von Dienstleistungen Corsten, H., Dienstleistungsunternehmung, 1990, S. 91 und spezifisch für Banken S. 122ff. Vgl. darüber hinaus Obst/ Hintner/ von Hagen, J./ Stein, J.H., Geld-, Bank- und Börsenwesen, 2000, S. 555f.

136 Vgl. Eilenberger, G., Bankbetriebswirtschaftslehre, 1997, S. 189f.

137 Auf eine detaillierte Erläuterung der Marktleistungen von Banken soll im Rahmen der Untersuchung verzichtet werden. Vgl. hierzu ebenda und Priewasser, E., Bankbetriebslehre, 2001, S. 343ff. oder ausführlich Obst/ Hintner/ von Hagen, J./ Stein, J.H., Geld-, Bank- und Börsenwesen, 2000, S. 558ff.

138 Vgl. Büschgen, H.E., Bankbetriebslehre, 1998, S. 319.

139 Vgl. Corsten, H., Dienstleistungsunternehmung, 1990, S. 103ff.

140 Vgl. z.B. Börner, C.J., Bankmanagement, 2000, S. 166ff. und insbesondere S. 178f. und Canals, J., Strategies, 1993, S. 197ff. und Eilenberger, G., Determinanten, 1974 und Keßler, H.U., Betriebsgrößeneffekte, 1996 und Praxmarer, M.A., Gestaltungsansätze, 1993, S. 231 und Sauer, T., Informationsplanung, 1990, S. 210-216 und Strutz, E., Wertmanagement, 1993, S. 225f. und Vögtle, M., Bankgeschäft, 1997, S. 91ff. Die Analyse erfolgt oftmals unter Verwendung der Porterschen Wertkette. Vgl. hierzu Porter, M.E., Competitive advantage, 1990, S. 36.

141 Sauer, T., Informationsplanung, 1990, S. 211.

34

und bildet das Äquivalent zum Fertigungsbereich von Sachleistungsunternehmen.[142] Als Beispiele für Abwicklungsprozesse in Banken verweist Strutz[143] auf die Abwicklung im Kreditkartengeschäft und das Scheck- und Währungsclearing. Er führt darüber hinaus am Beispiel des Kreditgeschäfts noch einen weiteren Prozess ein – die Produktentwicklung, welche die Konzeptionierung und systemseitige respektive organisatorische Anlage von Produkten beinhaltet.[144] Während die bisher dargestellten drei Prozesse eher einen transaktionalen Charakter besitzen, so kann ein vierter, vom Wesen her etwas unterschiedlicher Prozess definiert werden – die Transformation.[145] Diese kann auch als die bankspezifische Verankerung der Transformationsfunktion im Sinne des gesamtwirtschaftlichen Begriffsverständnisses von Banken interpretiert werden. Der Transformationsprozess ist schwerer abgrenzbar, da er sich „aus dem Zusammenwirken vielfältiger, komplementärer Geschäfte [ergibt und] (...) mit der Transaktionssphäre verwoben [ist]."[146] Dies wird z.B. bei Vorgaben von Preisgrenzen im Rahmen der Produktentwicklung, von Zielmengen für den Vertrieb oder von Kreditprüfungsanforderungen für die Abwicklung deutlich. Grundsätzlich stellt die Transformation die aktive Steuerung der Bank (respektive der transaktionalen Prozesse der Bank) mit Blick auf ihre Ertrags- und Risikoposition dar.[147]

Hinsichtlich der zweiten Fragestellung in diesem Kontext – der schematischen Anordnung der jeweiligen Prozesse – variieren die Vorgehensweisen in der wissenschaftlichen Auseinandersetzung. Jedoch überwiegt eine Strukturierung der transaktionalen Prozesse gemäß einer zeitlichen Logik, z.B. in Produktentwicklung, Vertrieb und Abwicklung.[148] Die Einordnung des Transformationsprozesses gestaltet sich jedoch schwieriger. Börner beispielsweise positioniert diesen als letzten Prozess nach der Abwicklung. Dies muss aufgrund der engen Verknüpfung der Transformation zu den anderen transaktionalen Prozessen allerdings kritisch beurteilt werden.

Im weiteren Untersuchungsablauf sollen die Industrialisierungsansätze und –wirkungen entlang des Leistungserstellungsprozesses von Banken analysiert werden. Hierbei wird als konzeptionelle Grundlage ein Prozessmodell verwendet, welches weitgehend auf den oberhalb diskutierten Ansätzen beruht. Produktentwicklung,

---

142 Vgl. Börner, C.J., Bankmanagement, 2000, S. 167. Vögtle umschreibt den Abwicklungsschritt bzw. -prozeß als Logistik. Vgl. Vögtle, M., Bankgeschäft, 1997, S. 94.
143 Vgl. Strutz, E., Wertmanagement, 1993, S. 227.
144 Vgl. ebenda. Während Strutz Produktentwicklung explizit als einen Prozess definiert, wird dies im Rahmen einiger anderer Ansätze unterlassen. Aufgrund der Bedeutung der Produktentwicklung im Kontext der Industrialisierungsanalogie soll dieser jedoch im Folgenden berücksichtigt werden.
145 Dies ist der Ansatz, den Börner verfolgt. Vgl. hierzu Börner, C.J., Bankmanagement, 2000, S. 175ff. Andere Ansätze berücksichtigen die Transformationsfunktion von Banken prozesshaft entweder durch die Verwendung von Teilbereichen der Transformation (z.B. Refinanzierung – vgl. hierzu Strutz, E., Wertmanagement, 1993, S. 226) oder durch die Gruppierung unter einem Hauptprozess „Operationen" (vgl. Vögtle, M., Bankgeschäft, 1997, S. 93).
146 Börner, C.J., Bankmanagement, 2000, S. 168.
147 Vgl. ausführlicher Kapitel 3.2.5.
148 Siehe hierzu beispielsweise Börner, C.J., Bankmanagement, 2000, S. 179 und Vögtle, M., Bankgeschäft, 1997, S. 91.

Vertrieb und Abwicklung werden als wesentliche transaktionsorientierte Prozesse definiert. Gemäß der Dienstleistungseigenschaft von Bankleistungen erfolgt hierbei eine Zuordnung von Vertrieb und Abwicklung zur Phase der Endkombination, während die Produktentwicklung als vorkombinatorische Leistung verstanden wird. Transformation dagegen wird als ein basaler Prozess mit starken Interdependenzen zu der gesamten transaktionsbezogenen Leistungserstellung von Banken definiert. Folgende Abbildung verdeutlicht die Systematisierung von Phasen und Prozessen:[149]

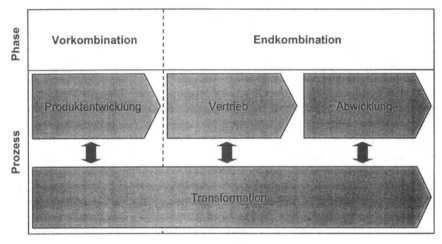

Abbildung 6: Leistungserstellungsprozess von Banken[150]

Im Folgenden werden die einzelnen Prozesse der Leistungserstellung von Banken hinsichtlich ihrer Ziele, Komponenten und institutionellen Einordnung kurz beschrieben.

3.2.2 Produktentwicklung

Produktentwicklung in Banken ist aufgrund der sich regelmäßig ändernden Marktverhältnisse ein permanenter Prozess, der primär „marktdeterminiert und folglich an den artikulierten oder vermuteten Kundenbedürfnissen auszurichten [ist]."[151] Er konzentriert sich auf die Erreichung marktpolitischer Zielsetzungen, z.B. auf die

---

149 Auf nicht bankspezifische Prozesse (z.B. Personal, Beschaffung), die im Sinne von Porter häufig als Sekundärfunktionen bezeichnet werden können, soll im weiteren Verlauf der Untersuchung nicht explizit eingegangen werden. Vgl. hierzu Porter, M.E., Competitive advantage, 1990, S. 36ff.
150 Eigene Darstellung.
151 Büschgen, H.E., Bankmarketing, 1995, S. 128. Der Begriff der Produktentwicklung wird in der bankbetrieblichen Literatur nur eingeschränkt verwendet. Die wesentlichen Begriffsinhalte werden im Rahmen der Diskussion um die Leistungspolitik von Banken thematisiert. Der Begriff Produktentwicklung soll jedoch beibehalten werden, um die Analogie zu industriellen Prozessen zu veranschaulichen.

Gewinnung respektive Bindung von Kunden.[152] In diesem Kontext kann die Produktentwicklung beispielsweise einen Beitrag leisten, indem die „traditionell langen Entwicklungszeiten [verkürzt] (...) und innovative Produkte zu marktfähigen Preisen [angeboten werden]."[153] Hierbei soll auf höchster Ebene zwischen der Gestaltung des Leistungsangebots und der Leistungseinführung als wesentlichen Komponenten der Produktentwicklung differenziert werden.[154]

Im Rahmen der Gestaltung des Leistungsangebots gilt es, die Gestaltung des Leistungsprogramms und die Ausgestaltung der Einzelleistung zu unterscheiden.[155] Erstere wird im Wesentlichen durch das bankinterne Zielsystem (z.B. in Form von Deckungsbeitragsvorgaben) sowie durch externe Bestimmungsfaktoren, insbesondere den Bedürfnissen und Ansprüchen der Kunden sowie der Wettbewerbssituation, determiniert. Hierbei werden unterschiedliche Teilsortimente für verschiedene Kundengruppen definiert (im Falle von deutschen Universalbanken meist Firmenkunden, vermögende Privatkunden und Massenmarkt).[156]

Die grundlegenden Gestaltungsparameter für das Leistungsprogramm bilden die Sortimentsbreite, die den Umfang der (bankbetrieblichen) Leistungsarten darstellt, und die Sortimentstiefe, welche das Ausmaß der Produktdifferenzierung innerhalb der einzelnen Leistungsarten umschreibt.[157] Deren Anpassung kann im Wege von Innovation, Eliminierung oder Substitution von Leistungen erfolgen.[158] Den zweiten Schritt im Rahmen der Gestaltung des Leistungsangebotes bildet die Spezifikation der Einzelleistung. Hierbei werden die Ausprägungen der spezifischen Qualitäts- respektive Konstruktionsmerkmale des Produktes bestimmt (z.B. (Mindest-)Betrag, Währung, Zweckbindung, Laufzeit, Zahlungsbedingungen, Sicherheiten, Preise,[159] etc.). Es erfolgt eine Differenzierung in technische und dispositive Konstruktions-

---

152 Zur vieldiskutierten Frage der Loyalität von Bankkunden vgl. Süchting, J., Theorie der Bankloyalität, 1998, S. 1ff.

153 Strutz, E., Wertmanagement, 1993, S. 227.

154 Eine Konzentration auf die Fragen der Leistungsgestaltung erfolgt bei Büschgen, H.E., Bankbetriebslehre, 1998, S. 673ff. und Hein, M., Bankbetriebslehre, 1993, S. 228ff. und Regli, J., Bankmarketing, 1988, S. 48ff. Darüber hinaus stellen den Leistungseinführungsprozeß beispielsweise Büschgen, H.E., Bankmarketing, 1995, S. 131ff und Obst/ Hintner/ von Hagen, J./ Stein, J.H., Geld-, Bank- und Börsenwesen, 2000, S. 1162f. dar. Vgl. darüber hinaus Süchting, J./ Heitmüller, H.M., Bankmarketing, 1998.

155 Hein weist darauf hin, dass für eine Abgrenzung, wann eine Variation des Leistungsinhalts lediglich zu einer qualitativ hochwertigeren Leistung führt (Produktvariation) vs. wann sie eine neue Leistung ergibt (Produktinnovation), allgemeingültige Kriterien fehlen. Vgl. Hein, M., Bankbetriebslehre, 1993, S. 228f.

156 Zur Abgrenzung neuerer Kundengruppen im Geschäft mit Privatkunden vgl. Bielenberg, U., Bankmarketing, 1997, S. 122ff. Vgl. auch Stuhldreier, U., Marktsegmentierung im Bankmarketing, 2003.

157 Vgl. hierzu Regli, J., Bankmarketing, 1988, S. 49f.

158 Vgl. Hein, M., Bankbetriebslehre, 1993, S. 234.

159 Oftmals wird die Preisfindung als eigenständiger Prozess neben der Produktentwicklung definiert – vgl. Büschgen, H.E., Bankmarketing, 1995, S. 176ff. Im Rahmen dieser Untersuchung soll die Preisfindung aus Vereinfachungsgründen unter Produktentwicklung subsumiert werden.

merkmale.[160] Während erstere durch technischen Fortschritt optimierbar sind (z.B. Schnelligkeit der Orderabwicklung), stellen letztere Merkmale dar, die wesentliche dispositive Komponenten enthalten (z.B. Preise, Beratung).

Die Gestaltung des Leistungsangebots bildet einen mehrstufigen Prozess vor allem bestehend aus Innovationsgenese, Leistungsideenentwicklung und -definition.[161] Hiervon abzugrenzen ist die Phase der Leistungseinführung. Diese umfasst die marktseitige, vor allem werbemäßige sowie die bankinterne Einführung; letztere beinhaltet insbesondere die Umsetzung ggf. notwendiger organisatorischer Änderungen, die Schulung von Mitarbeitern sowie die Anpassung bzw. Anlage der Produkte in den entsprechenden EDV-Systemen des Bankinstituts.

Aus organisatorischer Sicht obliegt die Produktentwicklung meist der zentralen Einheit (Strategisches) Marketing, wobei eine enge Zusammenarbeit im Sinne von Feedbackzyklen mit den vertreibenden Einheiten von Nöten ist. Die Einheit (Strategisches) Marketing koordiniert auch üblicherweise den Prozess der Leistungseinführung, welcher oftmals alle Bankeinheiten betrifft.

Im Folgenden soll analog zur Produktentwicklung auf den Vertrieb im Sinne eines Prozesses der bankbetrieblichen Leistungserstellung eingegangen werden.

3.2.3 Vertrieb

Auch die Ziele des Vertriebs stellen nur ein Subzielsystem des Zielsystems der Gesamtbank dar. Im Vordergrund steht bei dem Vertriebsprozess, „die abzusetzenden Bankdienstleistungen zur richtigen Zeit, am richtigen Ort und den Präferenzstrukturen der Kunden entsprechend zu möglichst geringen Kosten verfügbar zu machen."[162] Hierbei lassen sich das Management des Kanalportfolios[163] und die Ausgestaltung der konkreten, kanalspezifischen oder -übergreifenden Verkaufsprozesse als wesentliche Gestaltungsfelder abgrenzen.

Im Rahmen des Managements des Kanalportfolios können Banken zunächst zwischen dem direkten und indirekten Vertrieb wählen. Traditionell dominiert in der deutschen Bankenlandschaft der direkte Vertrieb, bei dem sich das anbietende Kreditinstitut und der Nachfrager nach Bankdienstleistungen in unmittelbarer Interaktion befinden. Zunehmend erfolgt in jüngerer Zeit ein indirekter Vertrieb über Absatzmittler (z.B. rechtlich selbständige Finanzmakler, Strukturvertriebe) respektive spezifische Kooperationspartner (z.B. aus dem Versicherungs- oder Handels-

---

160 Vgl. hierzu Obst/ Hintner/ von Hagen, J./ Stein, J.H., Geld-, Bank- und Börsenwesen, 2000, S. 1243.
161 Vgl. hierzu Büschgen, H.E., Bankmarketing, 1995, S. 131ff.
162 Ebenda, S. 184.
163 Dem Autor ist bewusst, dass dieses Gestaltungsfeld im Bereich Vertrieb eher die Eigenschaft einer vorkombinierenden Tätigkeit besitzt, was implizit einen Widerspruch zur Prozesssystematisierung darstellt (siehe Abbildung 6). Aufgrund der inhaltlichen Nähe von Vertrieb und Management des Kanalportfolios sowie aus Vereinfachungsgründen soll trotzdem dieser Systematisierung gefolgt werden.

bereich).[164] Das grundsätzliche Kanalportfolio des direkten Vertriebs wurde darüber hinaus in den letzten Jahren – insbesondere aufgrund der Popularisierung der Informations- und Kommunikationstechnologien – intensiv weiterentwickelt.[165] So steht den Banken heute ein breites Spektrum an Gestaltungsoptionen im stationären Vertrieb (z.B. Filiale, Selbstbedienungsgeschäftsstelle), im mobilen Vertrieb (z.B. filialgestützter oder filialunabhängiger Außendienst) und im technischen Vertrieb (z.B. Internet-Banking, Telefon, Mailings) zur Verfügung.[166] Hierbei kommt der Filiale als rechtlich unselbständiger Betriebseinheit einer Bank noch eine zentrale Bedeutung zu, die jedoch tendenziell aufgrund der umfangreichen Filialschließungen abnimmt.[167] Es muss jedoch hervorgehoben werden, dass der geeignete Vertriebskanal von den angestrebten Zielkunden bzw. der jeweiligen Bankleistung abhängt. Je weniger beratungsintensiv eine Bankleistung ist, umso geeigneter sind technische Vertriebskanäle für den Absatz der Bankleistung.

Als zweites wesentliches Gestaltungsfeld im Vertrieb soll die grundsätzliche Ausgestaltung der konkreten, kanalspezifischen oder -übergreifenden Verkaufsprozesse definiert werden. Dies umfasst insbesondere die Einzelprozesse der Kundenansprache und -beratung, des Verkaufs/ Vertragsabschlusses und der Nachkauf-Betreuung.[168] Diese variieren ihrerseits je Leistungsart und je Kanal. Die Ausgestaltung dieser Verkaufsprozesse kann unterschiedlich vorgenommen werden. So kann beispielsweise die Kundenansprache im Massengeschäft in Abhängigkeit von der Intensität der Kundendatenerhebung und -auswertung (z.B. über sog. Customer Relationship Management-Systeme) gezielt oder unspezifisch erfolgen. Darüber hinaus können bzw. müssen die Filialmitarbeiter – je nach Ausgestaltung der Systemlandschaft in einer Filiale – ihre Zeitkapazitäten zu unterschiedlichen Tätigkeiten allokieren (z.B. Verkauf vs. Vertragsadministration). Derartige Fragestellungen werden im Rahmen der Analyse der Industrialisierung im Bankvertrieb in Kapital 4.1.2 eingehend thematisiert.

Die dargestellten Gestaltungsfelder des Bereichs Vertrieb sind im Regelfall unterschiedlich organisatorisch eingebunden. Während das Management des Kanalportfolios meist einer zentralen Einheit (z.B. Strategisches Marketing, Strategische Planung) obliegt, erfolgen die Vertriebsprozesse an sich in den jeweiligen Vertriebsorganisationen, für die unterschiedliche Gliederungsstrukturen (z.B. Matrixorganisa-

---

164 Vgl. hierzu Siebertz, P./ Drechsler, D., Vertriebssystem, 1998, S. 197ff. und Obst/ Hintner/ von Hagen, J./ Stein, J.H., Geld-, Bank- und Börsenwesen, 2000, S. 1263f. Auf den grundlegenden Strukturwandel im Bankenvertrieb in Deutschland im Sinne einer Industrialisierung wird in Kapitel 4.1.2 noch ausführlich eingegangen.

165 Vgl. hierzu beispielsweise Lange, T.A., Bankvertrieb im Umbruch, 1998, S. 17ff.

166 Vgl. für eine Systematisierung Bielenberg, U., Bankmarketing, 1997, S. 113.

167 Vgl. zur Ausdünnung des Filialnetzes in Deutschland Siebertz, P./ Drechsler, D., Vertriebssystem, 1998, S. 202f.

168 Vgl. für die Systematisierung der Vertriebsprozesse auch Börner, C.J., Bankmanagement, 2000, S. 166ff.

39

tionen aus Kundengruppen und Regionen) in der Praxis existieren.[169] Im Folgenden wird auf den sich anschließenden dritten Leistungserstellungsprozess von Banken, die Abwicklung, eingegangen.

3.2.4 Abwicklung

Wie bereits in Kapitel 3.2.1 kurz ausgeführt, stellt der Abwicklungsbereich von Banken das Äquivalent des Fertigungsbereichs von Sachleistungsunternehmen dar und bewirkt originär die Erstellung der spezifischen Bankleistungen. Die Abwicklung bezieht sich sowohl auf reine Vermittlungsgeschäfte als auch auf Geschäfte, bei denen die Bank selbst als Geldnehmer oder Geldgeber in den Vertrag eintritt.[170] Hierbei finden Abwicklungsprozesse typischerweise ohne oder mit nur begrenzter Kundeninteraktion statt, weshalb sie auch mit dem angelsächsischen Begriff des „Back Office" umschrieben werden. In der wissenschaftlichen Auseinandersetzung werden abwicklungsrelevante Fragestellungen häufig im Sinne des „technisch-organisatorischen Bereichs" von Banken diskutiert.[171] Hierbei stehen typischerweise massenhaft anfallende (Routine-) Tätigkeiten im Vordergrund, deren Abwicklung den Bankbetrieb vor besondere Herausforderungen stellt. Im Regelfall bildet den Ausgangspunkt der Kundenauftrag, welcher erfasst und in produktspezifischen Abwicklungsschritten abgearbeitet werden muss. Naturgemäß liegen die Ziele bei der Ausgestaltung und Steuerung der Abwicklungsprozesse hierbei insbesondere in der Sicherstellung der angestrebten Qualität sowie der Einhaltung von Effizienz-vorgaben.[172] Analog der Einteilung von Bankleistungen nach Eilenberger[173] lassen sich drei bedeutende Abwicklungsbereiche in Banken abgrenzen.

Den ersten wesentlichen Abwicklungsbereich von Banken bildet der bankbetriebliche Zahlungsverkehr. Aufgrund der weltweiten Integration der Finanz- und Gütermärkte nehmen Volumen und Anzahl der Zahlungstransaktionen stark zu.[174] Dies umfasst sowohl den halbbaren (z.B. Geldausgabe an Automaten) als auch den beleglosen Zahlungsverkehr (z.B. Überweisungen, Lastschriften, Kartenzahlungen) sowie entsprechend den inländischen (IZV) und grenzüberschreitenden Zahlungsverkehr (AZV).[175] In diesem Kontext übernehmen Banken im Regelfall die Funktion der Entgegennahme der eingereichten Aufträge, wenn nötig deren Umwandlung in Datensätze, die Disposition, ihre Zuordnung zu Leitwegen für die Verrechnung sowie

---

169 Vgl. zu Modelltypen der Aufbauorganisation von Kreditinstituten Bühler, W., Modelltypen, 1991, S. 103ff.

170 Vgl. Börner, C.J., Bankmanagement, 2000, S. 167.

171 Vgl. Hein, M., Bankbetriebslehre, 1993, S. 192ff. Der Begriff geht auf Deppe zurück: Vgl. Deppe, H.-D., Konzeption, 1978, S. 43-51 und 67-81.

172 Vgl. hierzu Bösch, G., Produktionsmanagement im Bankbetrieb, 1992, S. 79ff. und Hug, D., Produktionsbereiche von Banken, 1989, S. 61ff.

173 Vgl. Eilenberger, G., Bankbetriebswirtschaftslehre, 1997, S. 189f. und Kapitel 3.2.1.

174 Derartige Statistiken werden durch die Bank für Internationalen Zahlungsausgleich bereitgestellt. Vgl. hierzu eine Auswertung beispielsweise bei Crocket, A., Payment systems, 2001, S. 1-8.

175 Vgl. zu Grundlagen im Bereich Zahlungsverkehr Eilenberger, G., Bankbetriebswirtschaftslehre, 1997, S. 392ff. und Riedl, G.R., Zahlungsverkehr, 2002, S. 29ff.

deren (institutsinterne oder -übergreifende) Verrechnung z.B. im Rahmen der Gironetzverrechnung. Hierbei wird auf unterschiedliche Systeme (z.B. RTGS der Deutschen Bundesbank) und Protokolle (z.B. X.25) zurückgegriffen.[176] Gegenüber dem Zahlungsverkehr stellt die Kreditabwicklung aufgrund der üblicherweise höheren Interaktionsnotwendigkeit mit dem Kunden wesentlich andere Anforderungen an die Banken. Der Prozess der Kreditabwicklung umfasst im Regelfall insbesondere die Kreditprüfung (z.B. auf Basis von Ratings), die Preisfestlegung, den Vertragsabschluss sowie die Bestandsverwaltung respektive Kreditüberwachung.[177] Hierbei muss jedoch zwischen stärker standardisierbaren Konsumentenkrediten (im Regelfall ca. 70-80% aller Kreditfälle) und Individualkrediten, die an die vermögende Privatkundschaft (z.B. im Falle spezifischer Hypothekenkredite) oder Firmen vergeben werden, differenziert werden.[178]

Den dritten wesentlichen Abwicklungsbereich von Banken stellt die Abwicklung von Wertpapiertransaktionen dar.[179] Hierunter soll insbesondere der Kauf und Verkauf von Aktien, Optionsscheinen, Renten und Fonds verstanden werden. Als wesentliche Abwicklungsprozesse lassen sich hierbei das Ordermanagement (Orderentgegennahme, -prüfung, -verwaltung und -weiterleitung an die jeweiligen Handelsplätze), die Orderexekution (im Regelfall durch die jeweiligen Handelsplätze) sowie die Orderbestätigung und die Einbuchung der Wertpapiere in den jeweiligen Kundendepots abgrenzen.[180] Darüber hinaus erfolgt eine allgemeine Depotführung (z.B. Depotwertermittlung, Verwaltung der Freistellungsaufträge).

Aus organisatorischer Sicht erfolgt zunehmend eine Bündelung der dargestellten Abwicklungsaktivitäten gleicher Gattung in eigenständige, oftmals auch ausgelagerte Unternehmenseinheiten. Dies wird umfassend in Kapitel 4.1.3 diskutiert. Im Folgenden soll auf den abschließenden Prozess der Leistungserstellung von Banken – die Transformation – eingegangen werden.

3.2.5 Transformation

Auf gesamtwirtschaftlicher Ebene obliegen Banken die Funktionen der Risiko-, Fristen- und Losgrößentransformation.[181] Banken erfüllen diese Funktionen, indem sie zahlreiche produktive Einzeltransaktionen im Sinne der Prozesse Produktentwicklung, Vertrieb und Abwicklung durchführen. Es ist eingängig, dass dies nicht

---

176 Vgl. hierzu Riedl, G.R., Zahlungsverkehr, 2002, S. 44f. Vgl. darüber hinaus zum Thema Zahlungsverkehr Braatz, H., Zahlungsverkehr mit Karten, 1999, S. 29ff. und Spremann, K., Zahlungsverkehr, 1997, S. 151ff.

177 Vgl. zu einer ähnlichen Kreditprozessbeschreibung beispielsweise Manz, F., Prozessorientiertes Kreditmanagement, 1998, S. 125f.

178 Vgl. Hein, M., Bankbetriebslehre, 1993, S. 204ff.

179 Definitorisch stellt ein Wertpapier ein Marktobjekt dar, welches ein privates Vermögensrecht dergestalt verbrieft, dass das Ausübungsrecht nur bei Besitz der Urkunde besteht. Der Begriff Effekten wird oftmals synonym im Sinne eines fungiblen Kapitalwertpapiers definiert. Vgl. z.B. Grill, W./ Percynski, H., Wirtschaftslehre, 1997, S. 363ff.

180 Vgl. hierzu Beller, S., Retail-Wertpapierhandel, 2003, S. 33ff und S. 53ff.

181 Vgl. Kapitel 3.1.3.

unkoordiniert stattfinden sollte; stattdessen steuern die Banken aktiv Richtung und Ausmaß ihrer Transformationsleistung.[182] Dieser Steuerungsprozess soll im Folgenden unter Transformation verstanden werden. Somit kann Transformation auch als der liquiditätsmäßigfinanzielle Bereich der Bankleistungserstellung interpretiert werden.[183] Hierbei bildet eine zentrale Aufgabe der Transformation, geschäfts- und geschäftsstrukturbezogene Risiken[184] „zu erkennen, zu quantifizieren und sie im Verhältnis zu den vorhandenen Tragfähigkeitspotenzialen [sowie den erwarteten Erträgen] zu begrenzen."[185] Die Begrenzung des Verlustrisikos muss aus internen[186] und aus aufsichtsrechtlichen Erwägungen[187] heraus erfolgen.

Im Rahmen einer Systematisierung bankbetrieblicher Risiken kann auf oberster Ebene zwischen strategischen und operativen Risiken unterschieden werden.[188] Während erstere allgemeiner Natur und nur begrenzt operativ steuerbar sind, werden operative Risiken in konkrete Betriebsrisiken[189] und Geschäftsrisiken unterteilt. Im Sinne der Transformationsbetrachtung sind insbesondere die Geschäftsrisiken von Interesse. Die erste Untergruppe der Geschäftsrisiken bilden Gegenparteirisiken. Diese beinhalten die Kreditrisiken, d.h. das Risiko der Zahlungsunfähigkeit eines Kreditnehmers (Ausfallrisiko). In einer erweiterten Definition wird auch das Bonitätsrisiko hier zugeordnet. Letzteres repräsentiert die Gefahr, dass sich die Bonität eines Kreditnehmers respektive eines Anleihe-Schuldners nach Laufzeitbeginn bzw. Zeitpunkt des Wertpapierkaufs verschlechtert,[190] was sich dann beispielsweise in fallenden Marktpreisen/ Anleihekursen niederschlagen kann. Neben den Gegenpar-

---

182 Vgl. Börner, C.J., Bankmanagement, 2000, S. 169.
183 Vgl. hierzu Deppe, H.-D., Wachstum, 1969, S. 22 und Eilenberger, G., Bankbetriebswirtschaftslehre, 1997, S. 191.
184 Risiko wird in der Literatur oftmals pragmatisch, negativistisch definiert im Sinne einer Gefahr, dass „ein tatsächlich realisiertes Ergebnis vom erwarteten Ergebnis negativ abweicht" (Büschgen, H.E., Bankbetriebslehre, 1998, S. 865). Dies soll auch an dieser Stelle erfolgen. Aus kapitalmarkttheoretischer Sicht wäre auch die Chance einer positiven Abweichung Bestandteil des Risikobegriffs. Vgl. hierzu Poddig, T./ Dichtl, H./ Petersmeier, K., Statistik, 2000, S. 122.
185 Hein, M., Bankbetriebslehre, 1993, S. 132.
186 Vgl. hierzu das Risikotragfähigkeitsprinzip nach Schierenbeck. Hierbei ergibt sich das Risikotragfähigkeitspotenzial als Obergrenze des Verlustrisikos aus einer Teilmenge des Eigenkapitals und eigenkapitalähnlicher Ressourcen. Das mit internen Risikomessverfahren ermittelte Totalverlustpotenzial darf diese Risikotragfähigkeit bei vorgegebener Sicherheitswahrscheinlichkeit nicht überschreiten. Vgl. Schierenbeck, H., Bankmanagement, 1994, S. 507ff.
187 Die wesentliche juristische Grundlage bildet der Grundsatz 1 i.V.M §10 KWG, der die Unterlegung von Risikoaktiva des Anlagebuchs und von Marktrisikopositionen des Handelsbuchs mit bestimmten Eigenmittelkomponenten vorsieht; diese Regeln sind jederzeit einzuhalten und im Rahmen von Monatsausweisen an die Bundesbank zu melden. Vgl. Deutsche Bundesbank, Bankenaufsicht, 1998, S. 11ff.
188 Vgl. Büschgen, H.E., Bankmanagement, 1999, S. 868-870. Darüber hinaus existieren weitere zahlreiche Systematisierungsansätze für Risiken von Banken. Vgl. Schierenbeck, H., Band 2, 2003, S. 5.
189 Diese Risikoart kann auch als operationales oder operationelles Risiko umschrieben werden, das aufgrund der künftigen Kapitalunterlegungsanforderungen im Zuge von Basel II an Bedeutung gewinnt. Im Rahmen von Basel II wurde eine vergleichsweise weite Definition gewählt. Vgl. hierzu Basler Ausschuss für Bankenaufsicht, Eigenkapitalvereinbarung, 2001, S. 103.
190 Vgl. Schierenbeck, H., Band 2, 2003, S. 5.

42

teirisikcn können die Marktrisiken betrachtet werden. Diese ergeben sich aus der negativen Entwicklung eines spezifischen Marktes, z.B. Aktienkurs-, Währungs- und Zinsänderungsrisiken (insbesondere zinsinduzierte Marktwertrisiken und Zinsspannenrisiko).[191] Im Sinne der finanzwirtschaftlichen Zielsetzungen der Bank können sämtliche dieser Risiken signifikante, nachteilige Auswirkungen sowohl auf den Geschäftserfolg als auch die Liquidität von Banken haben.[192] Die Steuerung der dargestellten Risiken kann stark vereinfacht mit zwei Instrumenten erfolgen:[193]

- Die Steuerung wird zum einen durch Anreize, Beschränkungen und Vorgaben für die Durchführung von einzelnen Kundengeschäften im Sinne von Bankmarktleistungen (z.B. Preise, Zielvolumina, Risikomanagement-Instrumente bei der Kreditprüfung) vorgenommen.[194]

- Darüber hinaus – im Bereich der sekundären Bankleistungen – „erfolgt eine Feinsteuerung der Transformation, insbesondere der Kapitalbindungsfristen sowie der Zinsbindungsfristentransformation durch [Treasury-Maßnahmen respektive] (...) Eigengeschäfte der Bank."[195]

Historisch gesehen wurde oftmals hinsichtlich der Transformation eine „isolierte Betrachtung einzelner Risikoarten, Unternehmensbereiche und Regionen"[196] vorgenommen. Dies spiegelt sich auch in der häufig vorhandenen unternehmensinternen Arbeitsteilung wider, in der die Treasury-Abteilung[197] im Wesentlichen die Zinsrisiken, diese oder eine eigenständige Handelsabteilung die Handelsrisiken und der (Kredit)-Risiko Management-Bereich die Ausfallrisiken steuerte. Gerade vor dem Hintergrund jüngster Krisen[198] wendet sich jedoch sowohl die Wissenschaft als auch die Praxis zunehmend der Entwicklung, Anwendung und organisatorischen Verankerung integrierter Instrumente der Gesamtbanksteuerung[199] zu, wobei Risikomanagement „als ein wesentliches Element (...) in die Gesamtbanksteuerung zu integrieren ist."[200]

---

191 Zu dieser Differenzierung der Zinsänderungsrisiken vgl. Schierenbeck, H., Band 2, 2003, S. 291ff. Zinsinduzierte Marktwertrisiken beinhalten die Gefahr, dass sich die Marktwerte von Aktivpositionen durch steigende Marktzinsen reduzieren u.u. Das Zinsspannenrisiko besteht darin, dass sich die Bruttozinsspanne einer Bank bezogen auf alle Geschäftspositionen vermindert. Dies findet beispielsweise statt, wenn der durchschnittliche Aktivzins stärker fällt als der durchschnittliche Passivzins.
192 Zur speziellen Fragestellung der Gefahr von Bank Runs vgl. z.B. Bauer, W./ Ryser, M., Risk management strategies, 2004, S. 331ff.
193 Eine ähnliche Strukturierung skizzieren Börner, C.J., Bankmanagement, 2000, S. 169 und Hein, M., Bankbetriebslehre, 1993, S. 132 und Theiler, U., Risk-/Return-Steuerung, 2002, S. 15.
194 Vgl. Theiler, U., Risk-/Return-Steuerung, 2002, S. 15.
195 Börner, C.J., Bankmanagement, 2000, S. 169.
196 Theiler, U., Risk-/Return-Steuerung, 2002, S. 1.
197 Zu den spezifischen Aufgaben des Treasury-Managements (Preisstellung, Koordination, Liquiditätssicherung, Transformation) vgl. Schierenbeck, H., Band 2, 2003, S. 615f.
198 Vgl. Greenspan, A., Banking evolution, 2000, S. 3.
199 Vgl. z.B. Döhring, J., Gesamtrisiko-Management, 1996 und Paul, S., Gesamtbanksteuerung, 2001 und Rolfes, B., Gesamtbanksteuerung, 1999 und Theiler, U., Risk-/Return-Steuerung, 2002.
200 Theiler, U., Risk-/Return-Steuerung, 2002, S. 14.

In diesem Kontext stellen Cumming/ Hirtle fest: „This process has two distinct, although related dimensions: coordinated risk assessment and management across the different types of risk facing the firm (market risk, credit risk, liquidity risk, operational risk), and integrated risk evaluation across the firm's various geographic locations, legal entities and business lines."[201] Somit kann im Folgenden Transformation auch vereinfacht als der Prozess der Gesamtbanksteuerung verstanden werden. In Kapitel 3.2 wurde der Leistungserstellungsprozess von Banken mit seinen wesentlichen Elementen überblicksweise dargestellt. Bevor die Industrialisierungsentwicklungen entlang der einzelnen Prozesse analysiert werden (Kapitel 4), wird ein Überblick von Grundlagen der quantitativen Abbildung der bankbetrieblichen Leistungserstellung gegeben. Dies ist notwendig, um zu einem späteren Zeitpunkt (Kapitel 5) die Industrialisierung hinsichtlich ihrer quantitativen Wirkung zu analysieren.

3.3 Quantitative Abbildung der bankbetrieblichen Leistungserstellung

Im Folgenden wird auf Basis von Grundlagen des Bankrechnungswesen und -controlling (Kapitel 3.3.1) ein Überblick der quantitativen Abbildung von Erfolg (Kapitel 3.3.2) und Risiko (Kapitel 3.3.3) in Banken gegeben. Abschließend werden quantitative Modelle, die das Bankverhalten simulieren, in ihren Grundzügen thematisiert (Kapitel 3.3.4).

3.3.1 Grundlagen von Bankrechnungswesen und -controlling

Das Rechnungswesen einer Bank stellt den „wesentlichen Teilbereich eines umfassenden bankbetrieblichen Informationssystems dar"[202] und liefert somit die Datenbasis annähernd sämtlicher Bankaktivitäten durch Gewinnung, Speicherung und Auswertung quantitativer Informationen.[203] Hierbei kann zwischen dem internen Rechnungswesen, welches auf eine Unterstützung des Managements hinsichtlich seiner Planungs-, Steuerungs- und Kontrollfunktion ausgerichtet ist, und dem externen Rechnungswesen unterschieden werden.[204]

Das externe Rechnungswesen dient der Befriedigung von Informationsbedürfnissen externer Adressaten – insbesondere der allgemeinen Öffentlichkeit durch den Jahres- respektive Konzernabschluss (Bilanz, GuV, Anhang, Lagebericht) und spezifischer Adressaten (u.a. BAFIN und Dt. Bundesbank z.B. hinsichtlich der Bilanzstatistik).[205] Im Zentrum dieses Rechenwerks stehen die Bilanz als stichtagsbezogene Gegenüberstellung von Vermögensgegenständen und Schulden sowie die

---

201 Cumming, C./ Hirtle, B., Risk management, 2001, S. 2.
202 Eilenberger, G., Bankbetriebswirtschaftslehre, 1997, S. 592. Neben dem Rechnungswesen grenzt er noch die Innenrevision, das Berichtswesen und spezifische leistungsbezogene Informationssysteme (z.B. Kunden- und Personalinformationssysteme) ab.
203 Vgl. Süchting, J./ Paul, S., Bankmanagement, 1998, S. 294.
204 Vgl. Büschgen, H.E., Bankbetriebslehre, 1998, S. 774.
205 Vgl. zum externen Rechnungswesen auch Gerke, W./ Philipp, F., Externe Rechnungslegung, 1983, S. 13f. und Hagemüller, K./ Jakob, A., Bankbetrieb, 1988, S. 115ff. und unter besonderer Berücksichtigung der Marktwertproblematik Wenk, M.W., Rechnungswesen, 1996, S. 48ff.

GuV, welche Erträge und Aufwendungen bezogen auf ein Geschäftsjahr darstellt. In Abgrenzung zu Sachleistungsunternehmen ergeben sich aus der Geschäftstätigkeit von Banken spezifische Anforderungen, die insbesondere in den Regelungen des RechKredV (Verordnung über die Rechnungslegung der Kreditinstitute und Finanzdienstleistungsinstitute) ihren Niederschlag finden. Beispielsweise ergeben sich Abweichungen gegenüber der in § 266 HGB vorgeschriebenen Bilanzgliederung durch Nicht-Aufführung einzelner Positionen (z.b. Forderungen aus Lieferung und Leistung) respektive durch Verwendung variierender Gliederungsprinzipien (Aktivseite nach Liquidierbarkeit, Passivseite nach Fälligkeit).[206] Darüber hinaus gewinnen in diesem Kontext internationale Rechnungslegungsstandards (z.b. IAS bzw. IFRS, US GAAP) an Bedeutung.[207]

Demgegenüber stellt das interne Rechnungswesen auf die Befriedigung unternehmensinterner Informationsbedürfnisse zwecks Unternehmenssteuerung, -kontrolle und Dokumentation von Geschäftsabläufen ab. Dessen Basis bildet die Kosten- und Erlösrechnung, welche sowohl Gesamtbetriebskalkulationen (z.b. Zinsspannenrechnungen) als auch die Kostenverteilung auf Kostenstellen und Einzelleistungen beinhaltet.[208] Hierbei kann festgehalten werden, dass „das interne, entscheidungsorientierte Rechnungswesen naturgemäß im operativen Controlling und dort in der Bereitstellung von Informationen für die Budgetierung und den Soll-Ist Vergleich [seinen Schwerpunkt hat]."[209]

Insofern wird deutlich, dass das interne Rechnungswesen auch immer stärker als wesentliche Grundlage einer übergreifenden Konzeption von Banksteuerung und -controlling verstanden wird. Dies spiegelt sich insbesondere im Konzept des ertragsorientierten Bankmanagements wider, welches auf den Pfeilern des Primats der Rentabilität sowie der ertragsorientierten Wachstums- und Risikopolitik fusst.[210] In dieser Hinsicht bildet dieses Konzept auch die Basis für respektive eine Ausprägung von sog. wertbasierten Ansätzen der Banksteuerung,[211] die die verstärkte Berücksichtigung der Opportunitätskosten des eingesetzten Kapitals und die Vermeidung buchhalterischer Verzerrungen zu bewirken suchen.[212]

---

206 Vgl. Büschgen, H.E., Bankbetriebslehre, 1998, S. 794f.
207 Vgl. hierzu beispielsweise Hayn, S./ Waldensee, G.G., IFRS/ US GAAP/ HGB, 2003.
208 Vgl. Süchting, J./ Paul, S., Bankmanagement, 1998, S.381 und 398ff.
209 Schierenbeck, H., Band 1, 2003, S. 16.
210 Vgl. Schierenbeck, H., Band 1, 2003, S. 1f.
211 Vgl. Paul, S., Gesamtbanksteuerung, 2001, S. 73.
212 In den achtziger und neunziger Jahren wurden durch renommierte Investmentbanken und Unternehmensberatungen zahlreiche wertbasierte Konzepte entwickelt und etabliert. Sie beruhen sämtlich auf der frühen Erkenntnis von Marshall aus dem Jahre 1890, dass bei der Ermittlung des Wertes, den ein Unternehmen schafft, auch Opportunitätskosten des eingesetzten Kapitals berücksichtigt werden müssen. Vgl. Marshall, A., Principles of economics, 1890. Die prominentesten Vertreter stellen das Konzept des Economic Value Added von Stern Stewart&Co. (vgl. Stewart, B.G. III, Value, 1991), der Economic Profit von McKinsey&Co. (vgl. Copeland, T./ Koller, T./ Murrin, J., Valuation, 2000) und das Residual Income von Morgan Stanley Dean Witter (vgl. Soter, A./ Estridge, J., Financial stocks, 2001) dar. Übertragungen des wertorientierten Managements auf Banken finden sich z.B. in Schröck, G., Wertmanagement, 1997 und Seidel, S., Wertmanagementkonzept, 2000 und Vettiger, T., Wertorientiertes Bankcontrolling, 1996.

Die Wirkungsanalysen der Industrialisierung in Kapitel 5 werden sowohl auf Daten und Konzepte des externen als auch des internen Rechnungswesens respektive des ertragsorientierten Bankmanagements zurückgreifen. Letztere werden insbesondere bei der Modellierung der bankbetrieblichen Tätigkeit im Rahmen des Industrialisierungsmodells für Banken in Kapitel 5.2.2 verwendet und werden daher im Folgenden ertrags- und risikoseitig noch eingehender beleuchtet.

3.3.2 Abbildung der Erfolgskomponente

Den Ausgangspunkt der Ermittlung der Erfolgskomponente bildet das singuläre Bankgeschäft. Dies erfolgt im traditionellen zinsabhängigen Geschäft durch die Ermittlung von Margen auf Basis der Marktzinsmethode. Im Kern erfolgt im Rahmen der Marktzinsmethode ein Vergleich zwischen den Kundenkonditionen und den potenziellen Opportunitäten bzw. Gegengeschäften am Geld- und Kapitalmarkt. Zentral ist in diesem Kontext eine Ergebnisspaltung in den Konditions- und Strukturbeitrag sowie die Verwendung des Barwerts als der auf den gegenwärtigen Zeitpunkt verdichtete/ „diskontierte" Erfolgsbeitrag.[213] Im Sinne einer Anwendung der Opportunitätssicht besteht der Erfolg beispielsweise eines Kreditgeschäfts in der Erzielung einer höheren Marge als durch Anlage am Geld- oder Kapitalmarkt mit analoger Zinsbindungsfrist. Dies umschreibt der Konditionsbeitrag:

Konditionsbeitrag = (Sollzins des Kundengeschäfts – fristengleicher GKM-Zins)*Volumen

Darüber hinaus kann durch fristeninkongruente Refinanzierung des entsprechenden Geschäftes ein sog. Strukturbeitrag erzielt werden:

Strukturbeitrag = (fristengleicher GKM-Zins – Tagesgeldzins)*Volumen

Der Konditionsbeitrag ist jedoch im Folgenden um spezifische Kosten (Leistungserstellung/ Betrieb, Risiko des erwarteten Verlusts)[214] und ggf. weitere Ertragskomponenten zum Nettokonditionsbeitrag (entspricht Erfolgsbeitrag des Kundengeschäfts) anzupassen:

Nettokonditionsbeitrag (Erfolgsbeitrag des Kundengeschäfts) = Konditionsbeitrag + Provisionsüberschuss – Standardbetriebskosten – Standardausfallkosten

Darüber hinaus sind die Kosten für die Nutzung des regulatorischen bzw. ökonomischen Kapitals einzubeziehen.[215] Dies erfolgt, indem eine Mindestverzinsung („Hurdle Rate"), den jedes Einzelgeschäft zum Erfolg der Bank beitragen soll, festgelegt wird. Hierbei entsprechen die Kosten der Kapitalnutzung der Verzinsungsanfor-

---

213 Vgl. hierzu und zum Folgenden Schierenbeck, H., Band 1, 2003, S. 43ff. und S. 73ff. Die Marktzinsmethode hat die traditionellen Verfahren der Margenkalkulation im zinsabhängigen Geschäft (insbesondere Pool- und Schichtenbilanzmethode) abgelöst. Vgl. darüber hinaus Theiler, U., Risk-/Return-Steuerung, 2002, S. 44ff.
214 Zur Kalkulation der Standardrisikokosten über die erwartete Ausfallrate, die Rückzahlungsquote und das Kreditvolumen vgl. Schierenbeck, H., Band 1, 2003, S. 317ff.
215 Vgl. zu Fragen der Berechnung von Eigenkapitalkosten z.B. Behm, U., Eigenkapitalkosten, 1994, S. 28ff.

derung je Kapitaleinheit.[216] Es können verschiedene Kapitalformen (z.B. das bilanzielle, das regulatorische oder das ökonomische) verwendet werden.[217] Derartige relative Zielgrößen werden dann in der Bankpraxis oftmals als bankweite Vorgaben für die einzelnen operativen Einheiten definiert. Bei Verwendung des aus regulatorischer bzw. aufsichtsrechtlicher Sicht zu hinterlegenden Eigenkapitals ergibt sich:

Ziel-Eigenkapitalrentabilität = Notwendiger Nettokonditionsbeitrag / Eigenmittel

Für die Ebene der Gesamtbank kann festgehalten werden, dass das bisherige Vorgehen um eine Portfoliobetrachtung ergänzt werden muss. So lässt sich der Erfolgsbeitrag als Differenz der Portfoliowerte zum Periodenende vs. Periodenbeginn („Wertänderungsbeitrag") ergänzt um Einkünfte aus der Periode (insbesondere der Erfolgsbeitrag des Kundengeschäfts und der Strukturbeitrag) sowie deren unterjährige Verzinsung definieren:[218]

Erfolgsbeitrag (Gesamtbank) = Wert des Portfolios am Periodenende − Wert des Portfolios am Periodenanfang + Einkünfte aus der Periode + Zinsertrag der Einkünfte

Analog zur Ebene des Kundengeschäfts müssen die Kosten der Kapitalnutzung im Sinne einer Division von Erfolgsbeitrag und benötigtem Kapital berücksichtigt werden. Im Folgenden soll kurz auf die Abbildung der Risikokomponente im Rahmen der quantitativen Abbildung der Leistungserstellung von Banken sowie die Ableitung von risikoadjustierten Erfolgskennzahlen eingegangen werden.

3.3.3 Abbildung der Risikokomponente und risikoadjustierte Performance

Ein wesentliches Element der bankbetrieblichen Leistungserstellung stellt das kalkulierte Eingehen von Risiken dar, wobei das Risikotragfähigkeitskalkül sowie das Risiko-Chance-Kalkül als wesentliche Bezugspunkte dienen.[219] Die Messung von Risiken als basaler Schritt im Management von Risiko ist naturgemäß aufgrund der Unsicherheit hinsichtlich Eintritt respektive Höhe eines Schadensfalls schwierig. Risiken drücken sich im Regelfall in statistischen Verteilungsfunktionen aus. Es existieren zahlreiche Risikokennzahlen, die auf eine Wahrscheinlichkeitsverteilung zugreifen (als bekannteste Varianz und Standardabweichung).[220] In den letzten Jahren hat sich jedoch der Value at Risk (VaR) als „zentrale[s] Messkonzept zur Quanti-

---

216 Zur kapitalmarkttheoretischen Ermittlung der Eigenkapitalrentabilität basierend auf einem risikolosen Zins zuzüglich einer Risikoprämie in Abhängigkeit vom Korrelationskoeffizienten des Unternehmens mit einem Marktindex vgl. z.B. Burmester, C./ Hille, C./ Deutsch, H.-P., Kapitalmarktallokation, 1999, S. 389ff.

217 Vgl. Behm, U., Eigenkapitalkosten, 1994, S. 147ff. Auf risikoadjustierte Performance-Größen unter Verwendung des ökonomischen Kapitals wird in Kapitel 3.3.3 eingegangen.

218 In Anlehnung an Steiner, M./ Bruns, C., Wertpapiermanagement, 1995, S. 47 und Theiler, U., Risk-/Return-Steuerung, 2002, S. 49f.

219 Vgl. Schierenbeck, H., Band 2, 2003, S. 14-47 und Kapitel 3.2.5.

220 Für weitere Risikokennzahlen, die auf eine Wahrscheinlichkeitsverteilung zurückgreifen (z.B. höher zentrale Momente, Lower Partial Moments, stochastische Dominanz), vgl. Völker, J., Value-at-Risk-Modelle, 2001, S. 46ff.

47

fizierung von Risikopotenzialen"[221] etabliert. Der VaR hat sich zum Messstandard entwickelt und stellt „das mit Abstand populärste Konzept der bankinternen Risikomessung"[222] dar. Folgende allgemeingültige Definition des VaR lässt sich formulieren: Der VaR ist „der geschätzte, maximale Wertverlust einer Einzelposition oder eines Portfolios, der unter üblichen Marktbedingungen innerhalb eines festgelegten Zeitraums mit einer bestimmten Wahrscheinlichkeit eintreten kann."[223] Einen wesentlichen Vorteil des VaR stellt dessen Aggregierbarkeit über verschiedene Risikoarten zur Ermittlung einer Gesamtbank-Risikoposition dar. Dies ist möglich, obwohl sich beispielsweise Kredit- und Marktrisiken in einigen messrelevanten Aspekten grundlegend unterscheiden (z.B. oftmals asymmetrische Verteilung und längere Haltedauer bei Kreditrisiken).[224] In diesem Kontext wurden insbesondere im Kreditrisikobereich spezifische Instrumente zur Risikomessung (z.B. CreditMetrics, CreditPortfolioView, CreditRisk) zur Portfoliosteuerung entwickelt.[225] Darüber hinaus existiert eine enge Verknüpfung zwischen dem VaR und dem ökonomischen Kapital bzw. Risikokapital. Letzteres bildet die Gesamtheit der Risikodeckungspotenziale ab, die mindestens vorgehalten werden müssen, um selbst dann, wenn die vorab definierte Maximalbelastung eintritt, solvent zu bleiben.[226] Die Maximalbelastung bei vorgegebenem Konfidenzniveau determiniert das ökonomische Kapital; somit kann – stark vereinfacht – der VaR auf Gesamtbankebene mit dem ökonomischen Kapital gleichgesetzt werden.[227]

Im Rahmen der in Kapitel 3.3.2 dargestellten Erfolgskomponenten wurde die Risikokomponente mit Ausnahme der Standardausfallkosten (erwarteter Verlust) vernachlässigt. Diesen Schwachpunkt überwinden risikoadjustierte Performance-Kennzahlen, die eine möglichst exakte risikoadjustierte Ergebnismessung bei risikobehafteten Geschäften und Geschäftsstrukturen zu erreichen suchen. Eine grundlegende Kennzahl bildet der RORAC (Return on Risk Adjusted Capital),[228] welcher den Erfolgsbeitrag ins Verhältnis zum notwendigen Risikokapital setzt:

---

221 Schierenbeck, H., Band 2, 2003, S. 15. Ursprünglich wurde der VaR durch J.P. Morgan eingeführt. Vgl. Blattner, P., Risikomanagement, 2003, S. 67.

222 Obst/ Hintner/ von Hagen, J./ Stein, J.H., Geld-, Bank- und Börsenwesen, 2000, S. 1456.

223 Schierenbeck, H., Band 2, 2003, S. 15. Vgl. darüber hinaus ebenda, S. 20 zur Differenzierung zwischen barwertorientiertem und periodenorientiertem Value at Risk.

224 Vgl. zu Unterschieden von Kredit- und Marktrisiken z.B. Brasch, H.-J./ Nonnenmacher, D.J., Credit risk, 2000, S. 411 und Rudolph, B./ Johanning, L., Risikomanagement, 2000, S. 22 und Theiler, U., Kreditrisikomodellierung, 2000, S. 468.

225 Für bestehende Modelle im Kreditrisikomanagement vgl. Huschens, S./ Locarek-Junge, H., Kreditrisikomessung, 2000, S. 25ff. und Ott, B., Kreditrisikomodelle, 2000, S. 92ff und Varnholt, B., Kreditrisikomanagement, 1997, S. 59ff. Vgl. darüber hinaus für Modelle zur Bewertung von Marktpreisrisiken Hirschbeck, T., Handelsrisiken, 1998, S. 141ff.

226 Vgl. Schierenbeck, H., Band 2, 2003, S. 21.

227 Allerdings weist Schierenbeck darauf hin, dass man sich bei der Bestimmung des ökonomischen Kapitals nicht allein vom normalverteilungsdeterminierten Konfidenzniveau leiten lassen sollte, sondern Simulationsmodelle zur Bestimmung eines Extremwerts für den unerwarteten Verlust nutzen sollte. 100%ige Sicherheit sei grundsätzlich nicht zu erreichen. Vgl. ebenda.

228 Zu der umfassenden Diskussion um den RORAC und RAROC vgl. Anders, U., Ein Begriff, viel Verwirrung, 2000, S. 315f. und Jorion, P., Value at Risk, 2000, S. 387ff. und Krumnow, J., Kreditinstitute, 2000, S. 694ff. und Lister, M., Risikokapitalallokation, 1997, S. 204ff.

RORAC = Erfolgsbeitrag / Risikokapital

Die zweite wesentliche risikoadjustierte Performance-Kennzahl bildet der RAROC (Risk Adjusted Return on Capital), der bisweilen auch als RARORAC (Risk Adjusted Return on Risk Adjusted Capital) bezeichnet wird.[229] Der RAROC kann als Integration der Idee der wertbasierten Ansätze[230] interpretiert werden, indem eine Reduktion des Erfolgsbeitrages um die Kapitalkosten stattfindet.

RAROC = (Erfolgsbeitrag – Kapitalkosten) / Risikokapital

Bei der Verwendung derartiger Kennzahlen muss jedoch darauf hingewiesen werden, dass die unzureichende Güte und Aussagekraft insbesondere des VaR und der risikoadjustierten Performance-Kennzahlen den Gegenstand umfangreicher wissenschaftlicher Auseinandersetzungen bildet.[231] Im Folgenden wird – ebenfalls in Vorbereitung der modellbasierten Wirkungsanalyse der Industrialisierung in Kapitel 5.2.2 – eine Darstellung von quantitativen Modelltypen vorgenommen, die das Verhalten von Banken abbilden.

3.3.4 Ansätze zur Modellierung des Bankverhaltens

In der wissenschaftlichen Auseinandersetzung mit der Abbildung des Verhaltens von Banken sind insbesondere Modelle entwickelt worden, die eine Optimierung zumeist des Erfolgs von Banken im Sinne einer Auswahl des erfolgsoptimalen Portfolios an Anlagealternativen zu erreichen suchen. Eine der wesentlichen Grundlagen respektive Bezugspunkte dieser Modelle bilden die Arbeiten von Markowitz zur Portfolio-Selection,[232] der als Begründer parametrischer Portfolio-Entscheidungsmodelle für Investoren im Allgemeinen angesehen werden kann.[233] Der von ihm entwickelte (μ/s)-Ansatz wurde und wird in der Fachwelt umfassend diskutiert, teilweise verfeinert und in der Praxis (z.B. in der Vermögensverwaltung) intensiv verwendet.[234] Er beruht auf dem Gedanken, dass die Allokation von Finanz-

---

229 Vgl. hierzu Theiler, U., Risk-/Return-Steuerung, 2002, S. 57. In dieser Definition entspricht der RAROC dem Differential Return respektive dem Jensen-Maß, welches in der Kapitalmarkttheorie verwendet wird. Vgl. Steiner, M./ Bruns, C., Wertpapiermanagement, 1995, S. 478ff.
230 Vgl. Kapitel 3.3.1.
231 Zum einen konnte eine hohe Instabilität in der Anwendung von VaR-Modellen festgestellt werden. Vgl. hierzu Beder, T.S., VaR: Seductive but dangerous, 1995, S. 12ff. und Hendricks, D., Value-at-Risk models, 1996, S. 36ff. und Pritsker, M., Value at Risk methodologies, 1997, S. 200ff. Diese Schwächen können durch Maßnahmen wie z.B. Vertrauensintervalle und Backtesting zumindest zum Teil verbessert werden. Darüber hinaus wird jedoch auch diskutiert, inwieweit selbst korrekte VaR-Werte nicht zu rational richtigen Entscheidungen im Sinne von Bernoulli-rationalem Verhalten führen. Vgl. hierzu u.a. Völker, J., Value-at-Risk-Modelle, 2001, S. 146-148.
232 Vgl. hierzu Markowitz, H.M., Diversification, 1959 und Markowitz, H.M., Portfolio Selection, 1952, S. 77ff.
233 Vgl. Leupold, T., Portfolio-Optimierung, 1996, S. 12.
234 Vgl. z.B. Dunst, K.H., Portfolio Management, 1983, S. 92ff. und Kruschwitz, L., Investition, 1998, S. 185ff. und Magill, M./ Quinzii, M., Incomplete markets, 1996 und Nielsen, L.T., Portfolio selection, 1987, S. 1371ff. Ein Überblick verschiedener Anwendungen des Ansatzes findet sich in Löffler, A., Portfoliotheorie, 2001, S. Xff. Zu den Annahmen des Ansatzes (z.B. Anlegerrationalität) vgl. Kapitel 3.1.1 sowie Tobin, J., Risk, 1958, S. 65ff.

49

mitteln nicht alleine auf Grundlage der erwarteten Rendite, sondern auch unter Berücksichtigung des Risikos (in Form der Varianz oder Standardabweichung) erfolgen sollte.[235] Hierbei war insbesondere die Erkenntnis von Bedeutung, dass „aus nicht perfekt positiv korrelierten Einzelanlagen ein Portfolio erstellt werden kann, welches ein Gesamtrisiko aufweist, das kleiner als die Summe aller Einzelrisiken ist (sog. Diversifikationseffekt)."[236]

Auf Basis des portfoliotheoretischen Ansatzes von Markowitz sind zahlreiche Modelle entwickelt worden, die das Verhalten von Banken als Investor modellieren. Diese Modelle werden in der wissenschaftlichen Auseinandersetzung insbesondere als quantitative Ansätze des Asset Liability Management[237] diskutiert, die sich in ihren neueren Ausprägungen auf eine simultane Optimierung von Aktiv- (insbesondere Aufteilung der Assets) und Passivseite ausrichten, wobei Restriktionen wie z.B. das ökonomische Kapital zur Deckung der verschiedenen Risikoarten berücksichtigt werden. Die Modelle lassen sich weitgehend analog zur Chronologie ihrer Entstehung in drei Kategorien einordnen.[238]

Statische Modelle wurden in den sechziger und siebziger Jahren des vergangenen Jahrhunderts eingeführt und waren üblicherweise auf ein spezifisches Einzelgebiet des Bankverhaltens, insbesondere die Absicherung respektive Immunisierung des Portfolios gegen einmalige Zinsänderungsrisiken, ausgerichtet. Im Vordergrund stand also, die Zahlungsströme der Aktiv- und Passivseite in einer Art und Weise in Einklang zu bringen, dass die Zahlungsverpflichtungen erfüllt werden können.[239] Dies erfolgte üblicherweise auf Basis von linearen Programmierungen.

In Abgrenzung hierzu erfolgte in den siebziger und achtziger Jahren im Rahmen der einperiodigen und stochastischen Ansätze eine stärkere Betonung der Portfoliooptimierung gemäß Markowitz wie oberhalb beschrieben. Diese Modelle tragen den Korrelationen zwischen Instrumenten Rechnung und zielen in der einen oder

---

235 Insofern grenzt er sich von der Erwartungsnutzenmaximierung nach Bernoulli ab. Während dort eine funktionale Form des Erwartungsnutzens unterstellt wird, hängt bei Markowitz die Nutzenfunktion nur vom Mittelwert und der Varianz als Zufallsvariablen ab. Vgl. hierzu Allais, M., Critique, 1953 und Bernoulli, D., Specimen theoriae novae, 1738/ 1954.

236 Leupold, T., Portfolio-Optimierung, 1996, S. 12.

237 Zur Definition von Asset Liability Management vgl. z.B. Süchting, J./ Paul, S., Bankmanagement, 1998, S. 416. Zum Verhältnis von Asset Liability Management (ALM-Modellen) und Portfoliotheorie kann festgehalten werden: „ALM-Models are often categorized as belonging to the general class of portfolio models but (...) portfolio theory is just a precursor of ALM which comprises a lot more problems." (Langen, D., Asset Liability Management, 1988, S. 36).

238 Vgl. zu dieser Kategorisierung Nager, J., Ansätze, 1997 und Schürle, M., Stochastische Optimierung, 1998, S. 8ff. und Zenios, S.A., Asset Liability Management, 1995, S. 77ff. Eine alternative Unterscheidung erfolgt in deterministische und stochastische Modelle. Vgl. hierzu Hiller, R.S./ Schaack, C., Portfolio modeling techniques, 1990, S. 37ff. und Oguszoy, C.B./ Güven, S., Asset and Liability Management, 1997, S. 575ff. Vgl. für eine kriterienorientierte Abgrenzung von Modellen bis zum Jahre 1985 Langen, D., Asset Liability Management, 1988, S. 34.

239 Vgl. Schürle, M., Stochastische Optimierung, 1998, S. 10. Ein wesentliches Modell der statischen Kategorie stellt beispielsweise das von Pogue/ Bussard dar. Vgl. Pogue, G.A./ Bussard, R.N., Financial planning, 1972, S. 69ff.

anderen Form darauf ab, die Volatilität zu minimieren.[240] Insofern erfolgt eine Berücksichtigung der stochastischen Komponente, wobei jedoch eine Reduktion auf einen Einperiodenfall vorgenommen wurde.

Die jüngste Modellkategorie – bezeichnet als mehrperiodige stochastische Modelle – erlaubt darüber hinaus die dynamische Reaktion auf sich verändernde Größen im Sinne von Portfolioumschichtungen im Zeitverlauf. Insofern wird sowohl die „Dynamik der stochastischen Größen als auch des Entscheidungsprozesses [z.B. Timing von Anlageentscheidungen]"[241] berücksichtigt. Hierbei wird noch zwischen zweistufigen und mehrstufigen Modellen differenziert.[242]

Abschließend soll eine typübergreifende Schwäche der dargestellten Modellkategorien kurz angesprochen werden. Typischerweise fußen sie auf der Annahme von rationalem Verhalten der Banken respektive Investoren. Jedoch existieren zahlreiche Forschungsansätze, die explizit die menschliche Disposition und das Entscheidungsverhalten von Menschen im ökonomischen und außerökonomischen Kontext darstellen.

Einen solchen Ansatz stellt insbesondere die Behavioral Finance-Theorie als eigenständige wissenschaftliche Forschungsrichtung dar. Diese weist eindeutig nach, dass im Rahmen der unterschiedlichen Phasen der Entscheidungsfindung von Menschen nicht-rationale Verhaltensanomalien respektive Biases auftreten. Diese stellen beispielsweise Heuristiken bei der Beurteilung von Entscheidungsalternativen dar. Auf den Behavioral Finance-Ansatz wird in Kapitel 4.1.4 noch eingegangen.

Die dargestellten Modelltypen sind bisher nicht geeignet, derartige Biases bzw. Heuristiken abzubilden. Diesem Mangel soll durch die Entwicklung des Modells zur Industrialisierung in der Transformation und Abwicklung von Banken (vgl. Kapitel 5.2.2), welches der Kategorie der einperiodig-stochastischen Modelle zugehörig sein wird, in Teilen entgegen gewirkt werden. Dies wird über die Definition spezifischer Nebenbedingungen bzw. Erarbeitung gewisser Parameter erreicht, welche eine Interpretation im Sinne von Verhaltensanomalien in der nicht-rationalen menschlichen Entscheidungsfindung zulassen.

Im Folgenden werden zunächst die Untersuchungsobjekte Industrialisierung und Bank zusammengeführt, indem ein Überblick von Maßnahmen und Entwicklungen mit Industrialisierungscharakter in Banken gegeben wird. Als Grundstruktur wird hierfür der in Kapitel 3.2.1 definierte generische Leistungserstellungsprozess von

---

240 Wesentliche Beiträge im Rahmen der einperiodigen und stochastischen Ansätze liefern z.B. Bertsekas, D.P., Dynamic programming, 1987 und Pyle, D.H., Financial intermediation, 1971, S. 737ff.

241 Schürle, M., Stochastische Optimierung, 1998, S. 20.

242 Im zweistufigen Ansatz werden sämtliche zukünftigen Zeitpunkte in der zweiten Stufe des Problems zusammengefasst. Vgl. hierzu das Modell von Kallberg, J.G./ White, R.W./ Ziemba, W.T., Financial planning, 1982, S. 670ff. Für zweistufige Verfahren vgl. darüber hinaus Black, F./ Derman, E./ Toy, W., One-factor model, 1990, S. 33ff. und Brodt, A.I., Balance Sheet management model, 1978, S. 221ff. und Golub, B. et al., Stochastic programming model, 1995, S. 282ff. Zu den mehrstufigen Verfahren vgl. Kusy, M.I./ Ziemba, W.T., Asset and Liability Management model, 1986, S. 356ff. und Carino, D.R./ Myers, D.H./ Ziemba, W.T., Concepts, 1995.

51

Banken verwendet (Kapitel 4.1). Darüber hinaus werden prozessübergreifende Industrialisierungsentwicklungen im Bankensektor dargestellt (Kapitel 4.2).

IV. Industrialisierungsentwicklungen im Bankensektor

4.1 Industrialisierung der Leistungserstellungsprozesse von Banken

4.1.1 Industrialisierung in der Produktentwicklung von Banken

Im Rahmen der Produktentwicklung von Banken lassen sich zwei Entwicklungen identifizieren, die Industrialisierungscharakter im Sinne der ökonomischen Paradigmen der Industrialisierung aufweisen: die standardisierte Individualisierung des Leistungsangebotes und die Automatisierung der Leistungseinführung und -verwaltung in Banken. Auf diese soll im Folgenden detaillierter eingegangen werden, wobei jeweils zunächst ein kurzer Überblick von spezifischen Referenzen im industriellen Bereich gegeben wird.

4.1.1.1 Standardisierte Individualisierung des Leistungsangebots

4.1.1.1.1 Industrieller Kontext

Der bereits in Kapitel 2.2.2 angedeutete Zielkonflikt zwischen einer massenhaften, standardisierten und somit kostengünstigen Produkterstellung und einer Individualisierung im Sinne einer Produktdifferenzierung bildet im industriellen Kontext seit Jahren den Gegenstand umfassender Diskussionen.[243] Den wesentlichen Lösungsansatz bildet die standardisierte Individualisierung respektive Mass Customization verstanden als systematisches Variantenmanagement in Verbindung mit einer strikten Modularisierung der Produktentwicklung.[244]

Den Ausgangspunkt der standardisierten Individualisierung bildet die Definition von Plattformen im Rahmen der Produktentwicklung. Diese können als Basismodule, „welche nicht nur für alle Varianten eines Produktes gleich sind, sondern in der Regel auch eine produktübergreifende Verwendung finden und den wesentlichen Bestandteil aller Mitglieder einer Produktfamilie bilden,"[245] verstanden werden.

Im Automobilbereich beinhalten die Fahrzeugplattformen beispielsweise in der Regel die Bodengruppe, den Antriebsstrang und die Achsen, welche zusammen ca. 60% des Fahrzeugwertes ausmachen.[246] Zusammen mit der Plattform bilden ergänzende

---

243 Diese Diskussion erfolgt beispielsweise anhand des Idealpunktmodells. Hierbei wird die Distanz zwischen dem Idealpunkt im Sinne des käuferpräferenzoptimalen Produktes und den tatsächlichen Produkteigenschaften verglichen. Vgl. hierzu z.B. Homburg, C./ Weber, J., Individualisierte Produktion, 1996, S. 656 und Piller, F.T., Massenproduktion, 1998, 78f.

244 Vgl. Piller, F.T., Mass customization, 2003, S. 174ff. und S. 228ff. Zu den Grundzügen des Variantenmanagements vgl. Heina, J., Variantenmanagement, 1999, S. 30ff. und Lignau, V., Variantenmanagement, 1994, S. 62ff und Neubaur, C., Strategisches Variantenmanagement, 2003, S. 104ff.

245 Piller, F.T., Mass customization, 2003, S. 229.

246 Vgl. Tietze, O., Positionierung, 2003, S. 89. Der Begriff der Plattform hat in der Automobilindustrie eine so wesentliche Bedeutung, dass die Volkswagen AG ihre grundlegende Strategie als Plattformstrategie umschrieben hat. Diese ist im Sinne einer Verbundproduktion erweitert worden.

Bauteile die modulare, standardisierte Architektur eines industriellen Leistungsprogramms. Vereinfacht kann dieses also als ein „Set an Modulen und ein Verbindungssystem für deren flexible Kombination" verstanden werden.[247] Hierbei ist entscheidend, dass die Bauteile (in der Automobilindustrie z.b. Aggregate, Karosserie, Cockpit) standardisiert sind im Sinne von „interchangeable units"[248]. Im Regelfall übersteigt der Vormontageaufwand für die Bauteile den Einbauaufwand in die Plattform.[249]

Im Optimalfall der Standardisierung folgen die Komponenten dem Gleichteileprinzip und sind vollständig untereinander kompatibel. Dies erlaubt die Realisierung von „economies of scale" bei gleichzeitiger Abdeckung unterschiedlicher Kundenbedürfnisse durch zahlreiche verschiedene Produktvarianten. Dies ist umso erforderlicher, da der heutige Kunde eine hohe Passgenauigkeit von bestimmten Produkten auf den eigenen Lebensstil einfordert. So lässt sich bezüglich des Automobilbereichs festhalten: „Today's customers have become increasingly sensitive to personal fit with the holistic images of the car: the fit between the car and selfimage, lifestyle, use patterns, sensibility, and aestethic tastes."[250]

Zahlreiche Industrieunternehmen haben die standardisierte Individualisierung als Konzept erfolgreich angewandt und es geschafft, verschiedene Produktvarianten auf Basis weniger modularer Komponenten anzubieten. Hierzu gehören beispielsweise Black&Decker (Heimwerkzeuge), Canon (Kopierer), IBM (Großrechner), Sony (Walkman) und SMH (Swatch-Uhren).[251] Den wesentlichen Vorreiter hinsichtlich standardisierter Individualisierung bildet jedoch die schon erwähnte Automobilindustrie:

---

247 Piller, F.T., Mass customization, 2003, S. 230.
248 Ulrich, K.T./ Tung, K., Product modularity, 1991, S. 73.
249 Vgl. Eversheim, W./ Schenke, F./ Warnke, L., Komplexität, 1998, S. 34.
250 Fujimoto, T., Product development, 1993, S. 38.
251 IBM hat beispielsweise schon im Jahre 1964 den ersten modular aufgebauten Großrechner entwickelt. Vgl. Baldwin, C./ Clark, K., Age of modularity, 1997, S. 84f. Für einen Überblick und Literaturhinweise zu den weiteren Beispielen vgl. Jiao, J., Mass customization, 1998, S. 7-9.

54

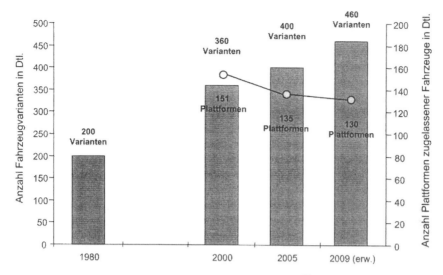

Abbildung 7: Varianten- und Plattformvielfalt in der Automobilindustrie[252]

Zunächst ist deutlich erkennbar, dass die Variantenvielfalt in der Automobilindustrie (in diesem Falle für in Deutschland erhältliche Autos) stark zugenommen hat und voraussichtlich etwas moderater weiter zunehmen wird. Auf der anderen Seite sind jedoch uniforme Plattformen entwickelt worden, auf denen diese Varianten aufsetzen. Hierbei gilt festzuhalten, dass die Anzahl dieser Plattformen im Zeitverlauf eine fallende Tendenz hat. Somit vereinen die jeweiligen Plattformen eine immer größere Anzahl an Varianten und Produktionsvolumina auf sich.

Zusammenfassend kann festgehalten werden, dass sich die systematische Balance aus Variantenvielfalt und modularer Produktentwicklung im Sinne von standardisierter Individualisierung in den industriellen Bereichen etabliert hat.

4.1.1.1.2 Entwicklungen im Bankensektor

Die wissenschaftliche Auseinandersetzung mit der Überarbeitung des Produktspektrums bzw. der Sortimentstiefe und -breite im Bankensektor gemäß der Ausführungen in Kapitel 4.1.1.1.1 wird implizit oder explizit seit Mitte der neunziger Jahre geführt. Die Ursprünge liegen insbesondere in der Diskussion um das „Lean Banking" mit besonderer Konzentration auf das klassische Retail- und standardisierte

---

252 Eigene zusammenfassende Darstellung und Berechnung. Vgl. hierzu Global Light Vehicle Production and Sales Database, Insight, 2005 und Hannemann, P., Modellschwemme, 2002, S. 17 und o.V., Flut neuer Automodelle, 2001, S. 49 und o.V., Automobilindustrie, 2000, S. 6 und o.V. Platforms, 2005 und o.V. Platform Politics, 2004 und Tietze, O., Positionierung, 2003, S. 90 basierend auf Merlis, S.F./ Sylvester, M.E./ Newton, A.L., E-Engineering, 2000, S. 39 und Standard & Poors, World car industry, 2001, S. 64-68.

55

Firmenkundengeschäft.[253] Den Ausgangspunkt der Überlegungen bildet die Tatsache, dass das bankspezifische Produktspektrum zwar auch einem kontinuierlichen Wandel unterliegt, gleichwohl die Geschwindigkeit der Produktalterung (insbesondere der traditionellen Retail-Produkte) weit geringer ist als für industrielle Produkte.[254] Gerade vor diesem Hintergrund wird kritisiert, dass bei einem Großteil der Banken ein zu umfangreiches und insbesondere unsystematisches Leistungsangebot offeriert wird. Im genossenschaftlichen Finanzverbund werden beispielsweise nicht weniger als 410 Produkte im Jahre 1994 gezählt.[255] Im Sparkassensektor wurden 200 Produkte identifiziert, wobei dies noch eher als untertrieben eingeschätzt wird.[256] Auch in jüngster Zeit wurde für eine große deutsche Universalbank ermittelt, dass bei dieser je Geschäftsfeld eine Sortimentsbreite von mehr als 200 verschiedenen Bankprodukten existiert.[257]

Im Gegensatz zu dem industriellen Plattformkonzept sind diese Produkte jedoch oftmals nicht in eine systematische Leistungsarchitektur eingebunden, sondern stehen parallel nebeneinander. Sie weisen zahlreiche Duplizierungen respektive Überlappungen auf und bisweilen unterscheiden sie sich sogar nur hinsichtlich der Bezeichnung.[258] Dies bringt zahlreiche Probleme mit sich – insbesondere die Intransparenz für Kunden und Mitarbeiter sowie die erhöhten Kosten der parallelen Betreuung und Wartung dieses breiten, unsystematischen Leistungsangebots. Die Nachteiligkeit eines derartigen Produktportfolios spiegelt sich auch in dessen Ertragsverteilung wider (beispielhaft für eine deutsche private Großbank):

---

253 Vgl. hierzu beispielhaft Bielenberg, U., Bankmarketing, 1997, S. 122ff. und Benölken, H./ Wings, H., Lean banking, 1994, S. 200ff. und Müller, H./ Guigas, S., Total-quality-banking, 1994, S. 92ff. Das Individualkundengeschäft wie auch das Investment Banking stehen aufgrund ihrer nur begrenzten Standardisierbarkeit in diesem Kontext weniger in der Diskussion.
254 Vgl. beispielsweise Büschgen, H.E., Bankmarketing, 1995, S. 131 und Priewasser, E., Priewasser-Prognose, 1994, S. 209. Obwohl die Änderungsgeschwindigkeit mit dem Aufkommen der neuen Medien in den neunziger Jahren zugenommen hat, so ist diese im Vergleich zur Industrie, bei der in Teilen stets 60-80% des Umsatzes von Produkten erwirtschaftet werden, die nicht älter als fünf Jahre sind, noch erheblich geringer.
255 Vgl. Muthers, H./ Haas, H., Bankmanagement, 1994, S. 18f.
256 Vgl. Müller, H./ Guigas, S., Total-quality-banking, 1994, S. 92f.
257 Vgl. Schulte, H., Produktoptimierung, 2002, S. 77.
258 Vgl. Bielenberg, U., Bankmarketing, 1997, S. 122.

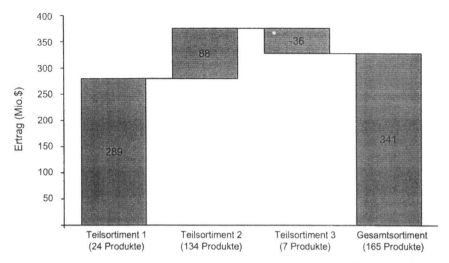

Abbildung 8: Ertragsverteilung des Leistungsangebots einer dt. privaten Großbank[259]

Es wird deutlich, dass ungefähr 15% der Produkte 85% des Gesamtertrages generieren. Demgegenüber leisten die übrigen Produkte nur einen geringen Beitrag oder erwirtschaften sogar einen Verlust und müssen quersubventioniert werden. Erscheint grundsätzlich das Angebot von nicht oder nur begrenzt rentablen Produkten in spezifischen Fällen (z.B. zur Neukundengewinnung) eine sinnvolle Strategie, so ist ein Produktportfolio mit dieser Ertragsverteilung nicht akzeptabel.

Diese Ausgangssituation bildete mithin den Anlass, eine Straffung bzw. Bereinigung und Standardisierung des Produktspektrums zu fordern respektive umzusetzen.[260] So wird für das traditionelle Retail-Geschäft die Konzentration auf ein Basis-Leistungsportfolio von 7-10 Produkten gleichsam im Sinne von Produktplattformen gefordert.[261] Diese sollen insbesondere ein Multifunktions-Girokonto, Ratenkredite, Standardsparanlagen, die Standardbaufinanzierung, Vermögensanlagen/ Investmentfonds und weitere Dienstleistungen umfassen.

Hierbei soll das Girokonto als integriertes Karten-/ Kontoführungs- und Servicepaket den Nukleus für das schlanke Produktportfolio bilden. Auf Basis dieses einfachen Grundmusters sollten dann flexible Produktvariationen erarbeitet werden; hierbei sollen im Sinne des industriellen Gleichteileprinzips standardisierte Produktkompo-

---

259 Schulte, H., Produktoptimierung, 2002, S. 85.
260 Vgl. zur Standardisierung der Leistungsinhalte auch Hein, M., Bankbetriebslehre, 1993, S. 237.
261 Vgl. Benölken, H./ Wings, H., Lean banking, 1994, S. 201 und Bielenberg, U., Bankmarketing, 1997, S. 126f. und Muthers, H./ Haas, H., Bankmanagement, 1994, S. 18. Müller/ Guigas fordern: „Weniger ist Mehr. (...) Selbst der Fachspezialist weiß mitunter nicht mehr, warum nebeneinander und durcheinander Sparzertifikate, Sparbriefe, Obligationen und Inhaberschuldverschreibungen angeboten werden. Teils sind sie dynamisch, teils aufgezinst, teils als Zero-Version, (...). Mit weniger, einfach, aber flexibel gestalteten Leistungen muss der Kunde bedient werden." (Müller, H./ Guigas, S., Total-quality-banking, 1994, S. 93).

nenten (z.B. gebührenfreie EC-Kartennutzung) verwendet werden, die in ihren verschiedenen Kombinationen die Bedürfnisse unterschiedlicher Kundengruppen abdecken. Auf diesem Wege sollen die Banken der Individualisierungskomponente im Rahmen der standardisierten Individualisierung gerecht werden.

In der bankbetrieblichen Wirklichkeit existieren zahlreiche Beispiele für Banken, die mit einer derartigen Produktstandardisierung und -individualisierung Erfolge erzielt haben. Den beinahe als richtungweisend zu bezeichnenden Erfolgsfall stellt die Citibank dar. Diese hat schon frühzeitig auf globaler Ebene ein Konzept entwickelt, nach dem sie mit ca. 20 Produkten die typische Nachfrage annähernd sämtlicher Privatkunden abdecken kann.[262] Dieses wurde auch in Deutschland mit großem Erfolg durch die Citibank Privatkunden AG umgesetzt, wobei das Girokonto CitiBest (inklusive Wertpapierdepot und Debit-/ Kreditkarte) die grundlegende Komponente des gesamten Leistungsangebots bildet und flexibel an die Kundenbedürfnisse angepasst werden kann. Darüber hinaus sieht die Citibank Privatkunden AG es auch als Bestandteil ihrer „schlanken Strategie" an, „dass [nicht] alle Produkte auch selbst entwickelt werden müssen. Eine große Fertigungstiefe bindet Ressourcen und verursacht Kosten, die dem Kunden keinen Mehrwert bringen."[263]

Eine ähnliche Strategie verfolgt der Finanzdienstleister MLP im Bereich der standardisierten Vermögensverwaltung, in dem ihm eine Vorreiterrolle zukommt. Hierbei bildet die Fondsvermögensverwaltung – neben der Kapitallebensversicherung – die grundlegende Produktplattform für den gesamten standardisierten Kapitalanlagebereich. Die Individualisierung wird insbesondere durch den Anteil an Aktienfonds erreicht, der von dem vom Kunden anzugebenden Risikoprofil abhängig ist. Mit diesem Konzept gelingt es zwar nicht, „alle individuellen Bedürfnisse eines Kunden [zu] übernehmen, aber auf die wesentlichen Elemente ab[zu]stellen und eine klar definierte Risiko-Rendite-Struktur ab[zu]bilden."[264]

Im Ergebnis lässt sich festhalten, dass das industrielle Konzept der standardisierten Individualisierung in der Produktentwicklung auch im Bankensektor zunehmend Anklang findet und Erfolge verzeichnet. Im Folgenden soll auf die zweite wesentliche Industrialisierungstendenz im Rahmen der Produktentwicklung von Banken eingegangen werden – die Automatisierung der Leistungseinführung und -verwaltung.

4.1.1.2 Automatisierung der Leistungseinführung und -verwaltung

4.1.1.2.1 Industrieller Kontext

Die in Kapitel 4.1.1.1 dargestellte standardisierte Individualisierung im industriellen Kontext zeichnet sich aufgrund der benötigten Modularität und Kompatibilität der

---

262 Vgl. Bierer, H./ Fassbender, H./ Rüdel, T., Weg zur „schlanken Bank", 1992, S. 500ff.
263 Blatter, P., Bank von morgen, 2003, S. 39.
264 Hockmann, H.J., Leistungsgestaltung im Asset Management, 1998, S. 140. Er stellt ein verwandtes Konzept für die Commerzbank dar, wobei Rente, Konservativ, Wachstum und Chance als wesentliche Risikoprofile definiert werden.

Komponenten des Leistungsprogramms durch eine hohe informatorische Komplexität aus. Darüber hinaus muss der gängigen Anforderung der Verkürzung von Durchlaufzeiten in der Produktentwicklung Rechnung getragen werden.[265] Dies begründet die Notwendigkeit einer umfassenden Unterstützung der Produktentwicklung durch moderne Informations- und Kommunikationstechnologien. Diese erfolgt mit Hilfe sogenannter Produktkonfiguratoren,[266] die die Produktentwicklung automatisieren, indem sie im Sinne der ökonomischen Paradigmen der Industrialisierung die menschliche Arbeitskraft unterstützen (Mechanisierung) oder substituieren (Automatisierung).[267] Sie stellen somit Designwerkzeuge dar, die grundsätzlich „die Kundenbedürfnisse mit den Fähigkeiten des Unternehmens in Einklang bringen."[268]

In der Regel bilden CAD-Systeme (Computer Aided Design) den Kern derartiger Produktkonfiguratoren. Diese erlauben die rechnerbasierte, geometrische Konstruktion des Produktes sowie die Gestaltung der Bauteile.[269] Dies beinhaltet die Verwaltung von Stammdaten, Stücklisten, Konstruktionsskizzen sowie weitere Zusatzfunktionalitäten unter Verwendung der Methode der Parametrisierung, d.h. der Verwendung variabler Größen, der sogenannten Parameter, für Eigenschaften und Abhängigkeiten innerhalb von und zwischen Produktmodellen.[270] Entscheidend ist hierbei die durchgängige Integration der CAD-Systeme über Schnittstellen zu relevanten Nebensystemen im Rahmen einer systematischen, technologischen Gesamtarchitektur der Produktentwicklung.[271]

Tietze stellt beispielhaft ein solches technologisches Gesamtmodell der Produktentwicklung für die Automobilindustrie vor.[272] Hierbei erfolgt eine systematische Verknüpfung einer überschaubaren Anzahl an Einzelsystemen entlang der einzelnen Entwicklungsphasen (Vorentwicklungs- bis Anlaufphase) und der Entwicklungsobjekte (Fahrzeug, Betriebsmittel, Produktionsprozess). Hierbei handelt es sich neben dem CAD- insbesondere um CAE- (Computer Aided Engineering), CAS- (Computer Aided Styling) und EDM-Systeme (Engineering Data Management). Letzteren obliegt das „unternehmens- und prozessphasen-übergreifende Manage-

---

265 Vgl. zur Umfelddynamik als Herausforderung für die Verkürzung von Produktentwicklungszeiten Glück, P., Durchlaufzeitverkürzung, 1995, S. 17f.
266 Vgl. Piller, F.T., Mass customization, 2003, S. 228.
267 Vgl. Kapitel 2.2.1.
268 Piller, F.T., Mass customization, 2003, S. 228.
269 Vgl. ergänzend zu CAD-Systemen beispielhaft Ehrlenspiel, K./ Kiewert, A./ Lindemann, U., Kostengünstig Entwickeln, 2000, S. 438f. und Fröhler, R./ Mair, R., AutoCAD, 2003, S. 13ff. und Reinertsen, D., Produktentwicklung, 1998, S. 192ff und Szczepanek, U., Konzeption und Entwicklung, 2003, S. 45ff.
270 Vgl. hierzu Grabowski, H./ Lossack, R./ Weißkopf, J., Datenmanagement, 2002, S. 39f.
271 Glück führt dazu aus: „Integrierte Informationssysteme erlauben (...) vielfältige Verknüpfungen der Informationen. Informationslücken bei Aktivitäten- und Phasenüberlappung können leichter geschlossen werden (...). In Designentscheidungen der technischen Produktentwicklung können wirtschaftliche (...) Gesichtspunkte einfließen." (Glück, P., Durchlaufzeitverkürzung, 1994, S. 98).
272 Vgl. hierzu und zum Folgenden Tietze, O., Positionierung, 2003, S. 117ff.

ment sämtlicher der im Lauf des Entwicklungsprozesses erzeugten (...) zugrunde liegenden Daten (...)."[273]

Eine derartige Architektur erlaubt eine umfassende Unterstützung und teilweise Substitution der menschlichen Arbeitskraft in der industriellen Produktentwicklung: „Die Automatisierung von Berechnungen und Entscheidungen in der Konstruktion hat seit einiger Zeit gewaltige Auswirkungen auf die Produktentwicklungsprozesse. Produktivitätssteigerungen von 10 zu 1 (...) sind keine Seltenheit."[274] Darüber hinaus bildet sie die Basis für die Entwicklung und Anwendung neuerer Konzepte zur Kosten und Zeitreduktion in der Produktentwicklung, wie z.b. des Simultaneous Engineering und des Rapid Prototypings (mit Fokus auf die Prototypenerstellung und die Testphase).[275]

Im Folgenden soll geprüft werden, inwieweit im Bankensektor vergleichbare Entwicklungen existieren.

4.1.1.2.2 Entwicklungen im Bankensektor

Zunächst kann festgehalten werden, dass die bankbetriebliche Leistungserstellung im Wesentlichen auf einem Informationsbearbeitungsprozess fusst. Annähernd jede Bankdienstleistung erfordert deshalb Applikationen, die im Hintergrund das Produktdesign respektive die -verarbeitung steuern.[276] In diesem Kontext ist der Problemdruck, die traditionell langen (bankinternen, nicht werbemäßigen) Entwicklungs- und Einführungszeiten zu verkürzen[277] und die entsprechenden Kosten zu senken, jedoch ähnlich hoch wie im industriellen Bereich. Er wird sogar noch durch die verzögernde Tatsache, dass die Banken meist noch auf historisch gewachsene, heterogene Systemarchitekturen zurückgreifen (müssen), verschärft. Diese sind insbesondere durch eine Vielzahl von oftmals nicht ausreichend integrierten Systemen je Einzelprodukt gekennzeichnet. Parallel zum Wachstum des Gesamtsortiments ist analog auch die Anzahl an Einzelsystemen und in der Konsequenz die Komplexität der Gesamtarchitektur gewachsen. Dies spiegelt sich insbesondere in den letzten Jahren in steigenden Kosten – im Folgenden beispielhaft für das Retailgeschäft einer deutschen Universalbank dargestellt – für die produktbezogenen Basisapplikationen wider. Ist der Kostensprung im Jahre 1999 auch auf den Sondereffekt umfangreicher Systemeinführungen im Online-Bereich zurückzuführen, so beträgt die durchschnittliche jährliche Steigerung der Betriebskosten in den Folgejahren immerhin ca. 10%.

---

273 Ebenda, S. 120.
274 Reinertsen, D., Produktentwicklung, 1998, S. 196.
275 Vgl. Hennings, D., Rapid prototyping, 2002, S. 73ff.
276 Vgl. zu Anwendungen respektive Applikationen auf Produktebene Meyer zu Sellhausen, H., Bankbetriebswirtschaftslehre, 2000, S. 73ff. und Vögtle, M., Bankgeschäft, 1997, S. 42ff.
277 Vgl. Strutz, E., Wertmanagement, 1993, S. 227 und Kapitel 3.2.2.

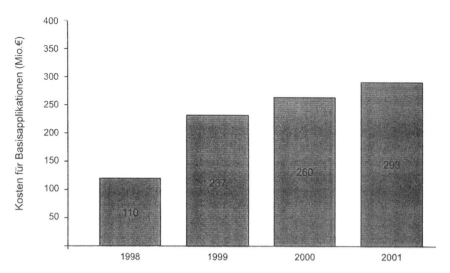

Abbildung 9: Kosten von Basisapplikationen (Retail-Bereich/ dt. Universalbank)[278]

Aus der Untersuchung wird deutlich, dass die traditionelle Systemarchitektur der Banken im Produktbereich – insbesondere durch die neueren Entwicklungen im Bereich der Informations- und Kommunikationsmedien in den neunziger Jahren – an ihre Leistungsgrenze stößt. Die Einführung und systemtechnische Anlage neuer oder veränderter Produkte ist mit hohen Kosten verbunden, da „die maschinelle Unterstützung (...) oft nicht in gewünschtem Umfang möglich [ist und] die Umsetzung (...) umfangreiche Softwareanpassungen in mehreren Anwendungssystemen sowie Datei- und Schnittstellenanpassungen [erfordert]."[279]

Das grundlegende Problemfeld ist in der Bankpraxis erkannt und Lösungsansätze werden diskutiert: „Die Branche sucht nach Wegen aus der Krise und richtet dabei den Blick auf bewährte Lösungsansätze aus anderen Wirtschaftszweigen (...). Es zeigt sich, dass das Spannungsfeld zwischen Kostensenkung und Leistungssteigerung durch neue Ansätze der Produktmodellierung und eine Optimierung der [Systeme] und Prozesse im Produktmanagement aufgelöst werden kann."[280] Den Ausgangspunkt bildet hierbei die Einsicht, dass ein integriertes System zur Steuerung der Leistungsentwicklung und -administration verwendet werden sollte. Eine der wesentlichen Anforderungen an derartige Systeme bildet eine auf standardisierten Einzelteilen basierende, hierarchisch aufgebaute Leistungsarchitektur[281], welche

---

278 In Anlehnung an Schulte, H., Produktoptimierung, 2002, S. 83.
279 Ebenda, S. 87.
280 Klein, T./ Mehlau, J.I./ Wimmer, A., Innovative Produktmodellierung, 2003, S. 196.
281 Eine Hierarchisierung kann z.B. im Rahmen eines objektorientierten Produkt-Meta-Modells erfolgen. Vgl ebenda, S. 199.

auch externe Partner mit einzubeziehen im Stande sein muss. Diese ermöglicht die standardisierte Produktindividualisierung. [282] Während solche Leistungsarchitekturen in der industriellen Welt schon seit längerem den Alltag darstellen, werden diese im Finanzdienstleistungssektor erst in den letzten Jahren stärker diskutiert.[283] Eine weitere wesentliche Anforderung an integrierte Systeme der Produktentwicklung und -administration stellt die adäquate Unterstützung des Leistungseinführungsprozesses dar – beispielsweise durch die Möglichkeit, Produktentwicklungen direkt durch Einmaleingabe in sämtliche operativen Systeme zu übertragen und somit manuelle Mehrfacheingaben durch Mitarbeiter zu verhindern.

Im Folgenden wird ein kurzer Überblick von am Markt erhältlichen Standardsoftware-Systemen gegeben, die die dargestellten Anforderungen im Bereich Leistungsentwicklung und -administration für Banken größtenteils abdecken:

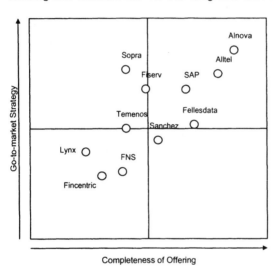

Abbildung 10: Wettbewerberüberblick – Kernbankensysteme[284]

---

282 Vgl. Kapitel 4.1.1.1.
283 Klein et al. weisen darauf hin, dass sich wesentliche Diskussionbeiträge insbesondere auf die Versicherungswirtschaft beziehen: Vgl. Klein, T./ Mehlau, J.I./ Wimmer, A., Innovative Produktmodellierung, 2003, S. 198. Vgl. darüber hinaus GDV, Produkt, 1999 und Hendlmeier, F. et al., Allianz Anwendungsarchitektur, 1995 und Kummer, P./ Grossrieder, R., Produktentwicklung der Zukunft, 1997, S. 38ff. und Leuzinger, R./ Schönsleben, P., Versicherungsprodukte, 1996. In der wissenschaftlichen Forschung im Bankensektor ist dieses Gebiet noch weniger berücksichtigt. Vgl. als wenige Beispiele Grieble, O./ Klein, R./ Scheer, A.-W., Dienstleistungsmanagment, 2002 und Leist, S./ Winter, R., Nutzung generischer Produktmodelle, 1998, S. 281ff und Schindler, M./ Brücker, J., Produktmodelle in Banken, 1998.
284 Datamonitor, Core systems, 2002, S. 10.

Die Anbieter werden gemäß der Qualität ihrer Go-to-market Strategie (Stärke und Aggressivität der Positionierung im Markt) und der Vollständigkeit ihres Angebots eingeordnet. Hierbei muss darauf hingewiesen werden, dass die dargestellten Anbieter im Regelfall umfassende, standardisierte Softwarepakete bereitstellen, die als Kernbankensysteme einen Großteil der in Banken notwendigen Funktionalitäten abdecken. Insofern bildet das Leistungsentwicklungs- und -administrationssystem zwar nur einen, jedoch einen wesentlichen, integralen Bestandteil des Gesamtsystems.

Im Regelfall beruhen derartige Entwicklungswerkzeuge zum einen auf einer sogenannten Product Factory, welcher die zentralisierte Bestandsverwaltung des kompletten Produktkatalogs, der wesentlichen Produktplattformen sowie der Gesamtheit der Eigenschaften und Charakteristika, durch die Produkte definiert werden, obliegt.[285] Der wesentliche Vorteil liegt in der einheitlichen Parametrisierung aller Produkte sowie in der zeitnahen Umsetzbarkeit von Produktänderungen in einem System: „Essentially the idea of a product factory is that a (...) developer can design a new product by adjusting various feature variables (...). This is done typically through a graphical user interface. (...) A well designed (...) product factory would mean the shortening of the product development cycle from months to weeks."[286]

Zum anderen erfolgt im Rahmen der Fee Factory die Gebührenmodellierung durch eine zentralisierte Festlegung sämtlicher Gebühren und Zinsen. Diese werden als Standardproduktkonditionen hinterlegt, wobei auf Kundenebene Individualkonditionen im Rahmen von Bandbreiten definiert und demgemäß die Standardkonditionen überschrieben werden können. Dies erlaubt die standardisierte Individualisierung bis hin zum einzelnen Kunden.

Stellt die Einführung derartiger Systeme in Verbindung mit der Ablösung der jeweiligen Altsysteme auch eine signifikante Investition dar,[287] so wird dennoch von einem verstärkten Bedeutungsgewinn von Standardsoftwarepaketen im Bereich der Leistungsentwicklung und -administration von Banken ausgegangen. Es wird ein Wachstum des Marktes für Kernbankensoftware in Höhe von mindestens 5% p.a. ab 2003 erwartet.[288] Auch aktuell stattfindende, konkrete Einführungsprojekte bei zahlreichen Kunden (z.B. SAP bei der Eurohypo, Postbank und der HypoVereinsbank sowie Alnova bei der österreichischen Bank BAWAG und der polnischen Bank PKO)

---

285 Diese Struktur findet sich beispielsweise bei Alnova als einem der führenden Kernbankensysteme. Vgl. hierzu Alnova Corporation, Produkt- und Gebührenmodellierung, 2002. Vgl. für eine ähnliche Strukturierung in Produkt- und Vertrags-Engine auch Schulte, H., Produktoptimierung, 2002, S. 88ff.
286 Datamonitor, Core systems, 2002, S. 47.
287 Vgl. Schulte, H., Produktoptimierung, 2002, S. 91. Es werden mögliche Investitionskosten für durchschnittliche Banken von mindestens 30 Mio. € bzw. 30.000 bis 80.000 Personentagen als realistisch eingeschätzt. Zu den Einführungsbarrieren vgl. Datamonitor, Core systems, 2002, S. 4ff.
288 Vgl. Datamonitor, Core systems, 2002, S. 11.

zeigen die Tendenz hin zu einer Automatisierung der Leistungseinführung und -administration.

Im Folgenden sollen in analoger Weise Industrialisierungsentwicklungen im Vertrieb von Banken aufgezeigt werden.

4.1.2 Industrialisierung im Vertrieb von Banken

Hinsichtlich des Vertriebs soll in diesem Kapitel auf zwei entscheidende Industrialisierungstendenzen – die Diversifikation und Spezialisierung des Banken-Kanalportfolios (Kapitel 4.1.2.1) sowie die Spezialisierung und Automatisierung des Vertriebs und der Vertriebsunterstützung (Kapitel 4.1.2.2) – eingegangen werden.

4.1.2.1 Diversifikation und Spezialisierung des Banken-Kanalportfolios

4.1.2.1.1 Industrieller Kontext

Im Rahmen des Vertriebs industrieller Güter herrschen – insbesondere bei relativ hohem Standardisierungsgrad der Produkte – traditionell diversifizierte, mehrstufige Vertriebssysteme vor. Im Rahmen solcher Mehrkanalsysteme (Multi-Channel-Systeme) nutzt ein Anbieter verschiedene Vertriebswege für den Absatz seiner Produkte.[289] Derartige Mehrkanalsysteme beinhalten oftmals in der Unternehmenspraxis ein komplexes Nebeneinander von herstellereigenen Vertriebsorganen im Sinne von direktem Vertrieb und herstellerfremden Vertriebsorganen im Sinne von indirektem Vertrieb.[290] Dies kann am Beispiel des Kanalportfolios eines Automobilzulieferers verdeutlicht werden:

---

289 Vgl. Bonart, T., Industrieller Vertrieb, 1999 und Schögel, M., Management, 1997 und Wirtz, B., Multi-Channel-Management, 2002, S. 676ff.
290 Vgl. Kuhlmann, E., Industrielles Vertriebsmanagement, 2001, S. 48f.

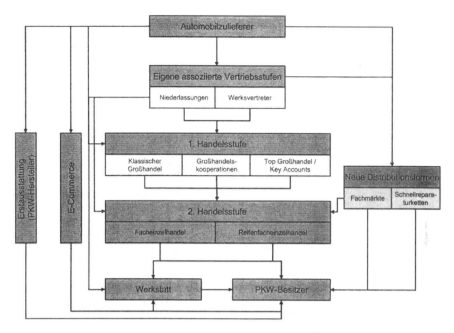

Abbildung 11: Mehrkanalsystem am Beispiel eines Automobilzulieferers[291]

Der Automobilzulieferer verwendet und steuert zahlreiche Vertriebskanäle parallel im Rahmen seines Portfolios; hierzu sind intelligente Steuerungssysteme notwendig, die Kannibalisierung und negative kanalübergreifende Spill Over-Effekte zu vermeiden helfen. Darüber hinaus kann festgehalten werden, dass die Stufigkeit des Vertriebs variiert. Der Direktvertrieb – z.b. über das Internet – wird parallel zu mehrstufigen Modellen (z.B. über Großhandelskooperationen und anschließend den Facheinzelhandel) durchgeführt. Derart breite und gestufte Kanalportfolien finden sich auch in zahlreichen anderen Branchen.[292] Bauer[293] verweist auch bei seiner Beschreibung des Distributions-Megatrends „Multikomplexe Vertriebswegesysteme" darauf, dass die industriellen Vertriebsstrukturen zunehmend vielfältiger und komplexer werden.

Bei einer eingehenden Analyse von aktuellen Trends im industriellen Kontext[294] fallen zwei im Rahmen dieser Untersuchung besonders relevante Entwicklungen auf: Zum einen gewinnt der direkte Vertrieb – insbesondere über das Internet – zunehmend an Bedeutung; dies gilt für den Automobilvertrieb ebenso wie für PCs und

---

291 Homburg, C./ Schäfer, H./ Schneider, J., Vertriebsmanagement, 2003, S. 48.
292 Vgl. beispielsweise eine Analyse für die Telekommunikationsbranche in Gerpott, T./ Winzer, P., Distributionsstrategien, 1998, S. 481-500.
293 Vgl. Bauer, H.H., Megatrends in Handel und Distribution, 2002, S. 24ff.
294 Vgl. für aktuelle Trends mit Fokus auf Verkaufsstrategien Winkelmann, P., Vertrieb, 2002, S. 282f.

Bücher.[295] In diesem Bereich haben auch einige Anbieter, die sich als Marktführer auf diesen Vertriebskanal spezialisiert haben (z.B. Dell, Amazon), die Nach-Boomphase der letzten Jahre erfolgreich überstanden. Zum anderen erfahren Spezialformen des indirekten Vertriebs, z.b. das Franchising, einen Bedeutungszuwachs. Beim Franchising trägt der Franchise-Nehmer einen Großteil des wirtschaftlichen Risikos bei der Vermarktung eines Vertriebskonzeptes, welches ihm durch den Franchise-Geber zur Verfügung gestellt wird.[296] Prominente Vertreter stellen die Franchise-Konzepte von McDonalds und Photo Porst dar. Weltweit wird derzeit eine jährliche Wachstumsrate des Vertriebsweges Franchising von 20% geschätzt und es wird davon ausgegangen, dass Franchising sich in Kürze als der bedeutendste Vertriebsweg etabliert haben wird.[297]

Im Folgenden wird geprüft, inwieweit sich im Bankensektor analoge Entwicklungen der Diversifikation und Spezialisierung im Vertrieb feststellen lassen.

4.1.2.1.2 Entwicklungen im Bankensektor

Für den Vertrieb von Bankprodukten stellt traditionell die Filiale im Sinne eines „herstellereigenen", stationären Vertriebes die dominante Vertriebsform dar.[298] Auch in 2001 hatte sie in Deutschland immer noch einen Vertriebswegeanteil von nahezu 80%.[299] Erste wesentliche Diversifizierungen der Vertriebskanalstruktur reichen jedoch unter dem Stichwort der Bankautomation bereits bis zum Ende der sechziger Jahre des vergangenen Jahrhunderts zurück. Im Jahre 1968 installierte die Sparkasse Tübingen den ersten Geldautomaten in Deutschland, der das Abheben von bis zu vier 100 DM-Noten ermöglichte. Seit 1975 prägen Selbstbedienungsautomaten (Kontoauszugsdrucker, Abfrageterminals, etc.) zunehmend flächendeckend die Vertriebslandschaft von Banken.[300] Gleichwohl geriet die Filiale erst in den letzten 10 Jahren – insbesondere aufgrund des Aufkommens neuer Medien und des zunehmenden Kostendrucks – verstärkt in die Kritik. Die Diagnose der Profitabilität des Filialnetzes einer deutschen Großbank macht die Problemstellung deutlich:

---

295 Gemäß dem Konsumforschungsinstitut GfK ist das Volumen des gesamten Online-Handels in Deutschland in 2003 auf 5,8 Mrd. € angestiegen (ca. 25%iger Anstieg gegenüber 2002). Vgl. o.V., eCommerce, 2004, S. 10.
296 Vgl. Winkelmann, P., Vertrieb, 2002, S. 384.
297 Vgl. Naisbitt, J., Franchising, 2004. Vgl. darüber hinaus Flohr, A. et al., Königsklasse von Vertriebssystemen, 2003 und Hempelmann, B., Optimales Franchising, 2000 und Schlüter, H., Franchisenehmer, 2001.
298 Vgl. auch Kapitel 3.2.3.
299 Vgl. Fries, C./ Rüdiger, P., Online-Banking, 2001, S. 14.
300 Vgl. o.V., Banking Solutions, 2003. Ihren wesentlichen Durchbruch erzielten die Bankautomaten 1982, als eine Abkopplung der Bankautomaten vom Filialstandort respektive deren Öffnungszeiten erfolgte. Derzeit gibt es in Deutschland ca. 60.000 Automaten an 40.000 Standorten (vgl. Bundesverband dt. Banken, Statistik Service, 2003). In einer repräsentativen Studie des Instituts für Demoskopie Allensbach wurde der Geldautomat (vor Mikrowelle, Handy und Computer) sogar als nützlichste technische Neuerung der letzten Jahrzehnte ausgezeichnet (vgl. o.V., Geldautomat, 2004).

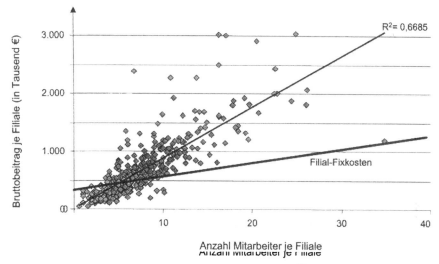

Abbildung 12: Profitabilität des Filialnetzes einer deutschen Großbank[301]

Naturgemäß ist der durchschnittliche Bruttoertrag je Filiale korreliert mit deren Größe. Bei Gegenüberstellung des Bruttoertrages je Filiale mit den jeweiligen Fixkosten wird jedoch deutlich, dass ein Großteil der Filialen – insbesondere die kleineren Vertriebseinheiten – nicht rentabel geführt werden können. Dies bildet den wesentlichen Hintergrund für die Reduktion des Filialnetzes der deutschen Banken; binnen der letzten zwei Jahre haben die privaten Kreditbanken ihre Filialanzahl um 19,9%, die Genossenschaftsbanken um 10,3% und die Landesbanken/ Sparkassen um 7,7% reduziert.[302]

Parallel haben die Banken mit dem Auf- bzw. Ausbau direkter „neuer" Vertriebskanäle und alternativer „klassischer" Kanäle begonnen.[303] Mit letzteren wird versucht, einen physischen Kundenkontakt mit im Vergleich zur Filiale geringeren Kosten sicherzustellen. Dieses Themenfeld wird auch als „Neue Filialkonzepte" diskutiert und stellt zusammen mit dem Multikanalmanagement die Top-Priorität für Entscheider im Vertrieb von Filialbanken dar.[304] In diesem Kontext werden zunehmend Shop-

---

301 Eigene Darstellung auf Basis von Jenkins, S., Distribution and marketing game, 2004.
302 Vgl. Baxmann, U.G., Kostenjäger, 2004, S. B2. Vgl. auch Engstler, M., Filiale, 2002, S. 21 und Siebertz, P./ Drechsler, D., Vertriebssystem, 1998, S. 202f.
303 In der Literatur hat sich kein einheitliches Systematisierungsschema für Vertriebskanäle von Banken durchgesetzt. Vgl. hierzu Körner, M., Vertriebswegestrategie, 1997, S. 167. Jedoch wird üblicherweise eine Abgrenzung in klassische und neue Vertriebskanäle vorgenommen, wobei erstere den stationären und mobilen Vertrieb und letztere den Direktvertrieb durch Technik- und Medienunterstützung umfassen. Vgl. hierzu Schierenbeck, H., Vertriebskanäle, 1999, S. 3.
304 In einer Untersuchung erhalten diese beiden Themen sehr hohe Prioritäten (81% bzw. 67% der Nennungen). Die detaillierte Untersuchung findet sich in Bullinger, H.-J. et al., IT-Szenarien Finanzdienstleister, 2002.

in-Shop-Modelle in Einkaufscentern, sogenannte Banken-Kioske mit großem Self Service-Bereich, Filial-Sharing-Modelle von verschiedenen Banken sowie Investment- und Beratungscenter (ohne Kassenbereich) unterhalten, die jeweils günstigere Kostenstrukturen als eine Filiale aufweisen. So hat beispielsweise die österreichische Großbank Creditanstalt ein umfassendes Bankshop-Konzept umgesetzt.[305] Während den dargestellten Konzepten gemein ist, dass die Bank weiterhin als Eigentümer des Vertriebskanals auftritt, so finden zunehmend auch franchiseähnliche Ansätze in der Bankenlandschaft Anwendung. Dies kann einerseits über unternehmensstrategische Kooperationen von Banken und Maklerorganisationen bzw. Strukturvertrieben wie z.b. MLP und AWD erfolgen.[306] Das prominenteste Beispiel bildet hierbei die Kooperation der Deutschen Bank und der DVAG (Dt. Vermögensberatungsgesellschaft); die Zusammenarbeit hat inzwischen dazu geführt, dass in 2003 ca. 18% des Nettomittelaufkommens der Deutsche Bank-eigenen Fondsgesellschaft DWS durch die DVAG eingereicht wurden. Pro Tag wurden ca. 500 neue Wertpapierdepots durch die DVAG an die Deutsche Bank vermittelt.[307] Jüngst hat darüber hinaus die Postbank eine ähnliche Kooperation mit dem börsennotierten Finanzvertrieb AWD bekanntgegeben.[308]

Im deutschen Bankenmarkt existieren jedoch auch erste Experimente des Eigenaufbaus von Franchise-Modellen durch Banken. Die inzwischen von der ING DiBa übernommene Entrium Bank begann beispielsweise im Jahre 2002 mit der Entwicklung eines Franchise-Netzes. Auch Experimente der Citibank Privatkunden AG sind bekannt. Die Großbanken folgen dieser Tendenz über den Ausbau von selbständigen mobilen Finanzberater-Netzen (z.B. die Postbank Vermögensberatungs AG nach Übernahme der deutschen Beratungseinheit der Credit Suisse). Im angelsächsischen Raum bilden die britische Großbank Abbey National, die innerhalb von drei Jahren einen Großteil ihrer 750 Filialen durch Franchise-Verkaufsstellen ersetzte, ein Beispiel; in den USA verfolgt die Fifth Third Bank eine ähnliche Strategie.[309]

Die Selektion eines geeigneten, physischen Vertriebsweges wird aus Bankensicht von verschiedenen Faktoren determiniert, wobei das regional vorhandene Potenzial an Zielkunden einer der wesentlichen Entscheidungsparameter darstellt. In Abbildung 13 wird eine beispielhafte Entscheidungsstruktur dargestellt.

---

305 Vgl. Krempler, R./ Bauer, C., Bankshop-Konzept, 2001, S. 240ff. Vgl. darüber hinaus z.B. Hambücher, H., Bankfiliale, 2001, S. 90 am Beispiel der Sparkasse Heilbronn und das Galeria-Konzept der Sparkasse Neumarkt-Parsberg in Mück, T., Banking, 2001, S. 220ff.
306 Vgl. für einen kurzen Überblick der Funktionsweise von Maklerorganisationen und Strukturvertrieben Büschgen, H.E., Bankmarketing, 1995, S. 206ff.
307 Vgl. o.V., Nettomittelaufkommen von 18%, 2004.
308 Vgl. o.V., Postbank, 2004.
309 Vgl. zu den vorher genannten Beispielen auch Jenkins, S., Distribution and marketing game, 2004.

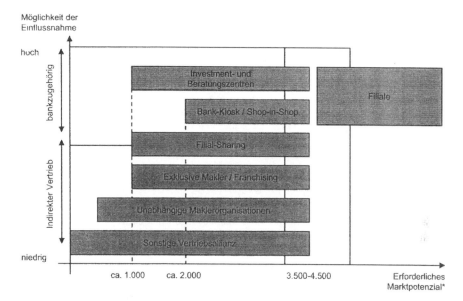

*Kundenpotenzial einer Bank im Einzugsbereich einer Filiale bei Unterstellung eines realistischen Marktanteils

Abbildung 13: Entscheidungsstruktur für regionale Vertriebswegewahl[310]

Es wird deutlich, dass insbesondere Regionen mit eingeschränktem Zielkundenpotenzial eher über innovative, „herstellerfremde" Kanaltypen bedient werden müssen. Neben der Filiale respektive den diese substituierenden physischen Kanäle gewinnen innovative Direktkanäle, z.b. Internet, Telefon und Handys/ sonstige mobile Endgeräte[311] an Bedeutung. Die Bereitstellung dieser Zugangskanäle für die Kunden ist zur „Conditio sine qua non" für jede Bank geworden. Derzeit kann davon ausgegangen werden, dass die Anzahl an Standardtransaktionen, die noch über traditionelle stationäre Kanäle ausgeführt werden, weit unter 50% – bei einzelnen Banken sogar unter 20% – gefallen ist.[312] Einige Banken haben auch eine erfolgreiche vollständige Spezialisierung auf Direktkanäle etablieren können (z.B. ING DiBa).

Zusammenfassend kann festgehalten werden, dass sich das Ausmaß der Diversifikation respektive der Kanalbreite und -vielfalt im Bankenbereich der Komplexität der industriellen Vertriebswegestruktur angenähert hat. Die Citibank Privatkunden AG

---

310 Eigene illustrative Darstellung.
311 Vgl. für einen Überblick und eine umfassende Beschreibung Ambros, H., Strukturwandel, 2001, S. 240ff.
312 Vgl. zum Anteil verschiedener Vertriebskanäle am Gesamttransaktionsvolumen Macchi, M., Effiziente Vertriebsmodelle, 2002, S. 118f.

verweist beispielsweise darauf, dass die Kunden derzeit über sieben Hauptkanäle mit ihr in Kontakt treten können und setzt somit ebenfalls verstärkt auf multikomplexe Vertriebswegesysteme.[313] Im Folgenden wird in analoger Weise auf die Spezialisierung und Automatisierung des Vertriebs und der Vertriebsunterstützung als Industrialisierungstendenz eingegangen.

4.1.2.2 Spezialisierung und Automatisierung von Vertrieb und Vertriebsunterstützung

4.1.2.2.1 Industrieller Kontext

Unter Spezialisierung und Automatisierung im Vertrieb soll insbesondere auf zwei relevante Aspekte eingegangen werden. Zum einen herrscht traditionell beim Vertrieb industrieller, insbesondere standardisierter Güter eine umfassende Spezialisierung der Vertriebseinheiten auf Vertriebsaktivitäten (inklusive Beratung und Kundenservice) vor (z.B. in Warenhäusern oder im Fachhandel). Im Gegensatz zum traditionellen Vertriebsmodell für Finanzdienstleistungen (siehe folgendes Kapitel) werden verwaltende und produktionsunterstützende Aktivitäten weitgehend vom Vertrieb getrennt.

Zum anderen erfolgt zunehmend eine systematische, automatisierte Unterstützung von Vertriebsaktivitäten und Kundenbeziehungsmanagement. Hierbei steht insbesondere die Gewinnung und Auswertung von Kundendaten im Vordergrund, die über sogenannte CRM-Systeme (Customer Relationship Management) ermöglicht wird.[314] Diese Systeme gewährleisten eine zielgenauere Ansprache des Kunden, z.B. im Rahmen von Kampagnen. In diesem Kontext kann festgehalten werden, „[that] the financial services industry has been a leading adopter of customer relationship management technology. (...) The financial services industry has been leading the way in CRM adoption."[315] Vor diesem Hintergrund soll im Folgenden direkt auf die entsprechenden Entwicklungen im Bankensektor eingegangen werden.

4.1.2.2.2 Entwicklungen im Bankensektor

In Kapitel 4.1.2.1.2 wurde bereits dargestellt, dass die Filiale der traditionell dominante Vertriebstyp in der Bankenwelt darstellt. Ein wesentliches Problemfeld in diesem Kontext stellt die Tatsache dar, dass die Filialmitarbeiter einen großen Teil ihrer Zeit für nicht-vertriebsbezogene Aktivitäten (z.B. Archivierung von Kundenanträgen, Dateneingaben zur Produktabwicklung, etc.) aufwenden müssen. Dieses Problemfeld ist umso mehr in das Blickfeld von Entscheidern in Banken gerückt, weil „im

---

313 Vgl. Blatter, P., Bank von morgen, 2003, S. 38.
314 Vgl. zum Thema Kundenbeziehungsmanagement respektive Customer Relationship Management außerhalb der Finanzdienstleistungsbranche z.B. Biesel, H.H., Kundenmanagement im Multi-Channel-Vertrieb, 2002, S. 26ff., S. 95ff. und S. 167ff sowie Sengpiehl, J./ Schmahl, J., Customer Relationship Management, 2002, S. 11ff.
315 Gartner Research, CRM in financial services, 2003, S.1.

Hinblick auf den schärfer werdenden Wettbewerb im Privatkundengeschäft (...) eine konsequente Vertriebsorientierung mehr denn je gefragt [ist]."[316] Eine spezifische Messgröße, welche das Ausmaß der Vertriebsorientierung in Banken misst, ist die sogenannte „Nettoberatungszeit", welche die Zeit eines Kundenberaters, die er für Kundenbetreuung aufbringt, in das Verhältnis zu dessen gesamter Zeitkapazität setzt. In der deutschen Bankenlandschaft schneidet bezogen auf diese Größe regelmäßig die Citibank Privatkunden AG am besten ab. Mindestens 50%-70% ihrer Zeit verbringen deren Kundenberater im Kundengespräch, während der Branchendurchschnitt bei ca. 20%-30% liegt.[317]

Germann stellt das Erfolgsgeheimnis der Citibank folgendermaßen dar: „(...) die Citibank (...) hat ihre Filialen von jeglicher Administration befreit [und] konsequent auf Selbstbedienung gesetzt (...). Alle Nebentätigkeiten wie Kundenbriefe oder Ähnliches werden in zentralen Back-Office-Zentren erledigt. Unterlagen werden konsequent gescannt und digital archiviert, so dass sie den Kundenberatern beim nächsten Gespräch mit einem Handgriff zur Verfügung stehen. Der für Operations zuständige Citibank-Vorstand Peter Blatter, ein ehemaliger Kawasaki-Manager, spricht deshalb auch von der Industrialisierung seiner Bank."[318] Er weist darüber hinaus darauf hin, dass „das Potenzial, das wir [Anmerkung: die Citibank] hier heben, (...) die Initialzündung für eine industrielle Revolution im Bankenwesen [ist]."[319]

Auch auf europäischer Ebene wurde anhand einer Analyse der durchschnittlichen Anzahl an Mitarbeitern nach Tätigkeitsfeld je Filiale der Trend bestätigt, dass eine Entkopplung von Vertrieb und Administration eingesetzt hat.[320] Folgerichtig stellt die Geschäftsprozessoptimierung im Spannungsfeld zwischen Verkauf und Produktabwicklung eines der derzeit am stärksten an Bedeutung gewinnenden Projekte im Filialkontext von Banken dar.[321]

Neben der Spezialisierung von Vertriebseinheiten auf ihre originäre, vertriebliche Funktion erfolgt zunehmend eine automatisierte Vertriebsunterstützung im Sinne von Customer Relationship Management (CRM). Dies stellt die systematische Planung

---

316 Germann, U., Vertrieb, 2004, S. 16.
317 Vgl. Blatter, P., Bank von morgen, 2003, S. 39. Diese Größe wird vereinzelt auch als „Vertriebseffektivität" definiert. Vgl. hierzu Merbecks, A., Wachstum im Retailgeschäft, 2004, S. 35 und für den Branchendurchschnitt Hambücher, H., Bankfiliale, 2001, S. 86f. Schon 1993 erfolgte durch Schierenbeck die Diskussion des Tätigkeitsprofils in einer Bankfiliale. Er weist darauf hin, dass „(...) nicht zuletzt die fehlende Trennung von Beratungs- und Abwicklungsaktivitäten auch zu einer passiven und verkäufermarktorientierten Bankbeamtenmentalität der Mitarbeiter [geführt hat]." Vgl. hierzu Schierenbeck, H., Vertriebssysteme, 1993, S. 10. Vgl. auch Kuhn, W., Zweigstellen, 1995, S. 161f.
318 Germann, U., Vertrieb, 2004, S. 17. Konzeptionell wird zwischen Massen- und Beratungsprozessen unterschieden. Während erstere industriell (z.B. im Call Center) abgewickelt werden, werden letztere weiterhin durch die Filialmitarbeiter gesteuert. Dies wird eingehender – mit Fokus auf Call Center-Abläufe – in Grummel, B., Kundenanfragen industriell abwickeln, 2004, S. 48f. erläutert. Weitere Beispiele für Tätigkeiten, die zentralisiert werden sollten, finden sich in Hambücher, H., Bankfiliale, 2001, S. 87.
319 Blatter, P., Bank von morgen, 2003, S. 39.
320 Vgl. Celent Communications, Trends in European banking, 2004, S. 23.
321 Vgl. Engstler, M., Filiale, 2002, S. 23.

und Steuerung von Kundenbeziehungen über definierte CRM-Prozesse auf Basis einer umfassenden EDV-technischen CRM-Infrastruktur dar.[322] Im Vordergrund stehen hierbei üblicherweise die Prozesse der Marketingplanung (Kundensegmentierung, Kampagnenplanung, etc.), des Vertriebs (insbesondere Kundenansprache, Bedarfsanalyse, Verkauf) sowie der dauerhaften Betreuung respektive Bindung von Kunden (inkl. Beschwerdemanagement).

Die moderne Informationstechnologie ist hierbei „der Enabler für die Umsetzung innovativer Konzepte im Customer Relationship Management."[323] Wesentliche Informationskategorien (z.b. Kunden- Produkt-, Kampagnen- und Service-informationen) müssen über verschiedene Informationssysteme/ -kanäle (z.b. Internet, Call Center-Client, Berater-Frontend) entlang der CRM-Prozesse automatisiert abrufbar sein. Dies erfordert eine integrierte Datenbasis, welche in sogenannten Data Warehouses verwaltet und auf die im Rahmen von Data Mining-Verfahren zugegriffen wird. Konkret kann dies beispielsweise bedeuten, dass bei Aufruf von Kundendaten durch einen Kundenberater oder Call Center-Agenten automatisch ein Vorschlag für den Verkauf eines nächsten Produktes dem Bankmitarbeiter bereitgestellt wird. Dieser Vorschlag basiert auf einer Kundenprofildefinition und -auswertung, die kontinuierlich auf Basis einer Erfassung des Verkaufserfolgs kalibriert wird.[324]

Die wesentlichen Zielsetzungen von CRM-Konzepten liegen in einer Erhöhung der Neukundengewinnung, der Kundenbindung bzw. des sogenannten Cross Sellings (z.B. gemessen über den Ertrag je Kunde). Erste Erfolge wurden von einzelnen Banken bereits vermeldet.[325] Darüber hinaus belegt eine aktuelle Studie des Fraunhofer-Instituts für Arbeitswirtschaft und Organisation (IAO) die steigende Bedeutung von CRM-Systemen:

---

322 Auf Basis der schematischen Darstellungsweisen von Customer Relationship Management in der Bankenlandschaft in Moormann, J., CRM in Banken, 2002 und Schmid, R.E./ Bach, V., CRM bei Banken, 1999, S. 16ff. Für einen Überblick von frühen Definitionen von CRM vgl. beispielhaft Kunz, H., Beziehungsmanagement, 1996.

323 Schmid, R.E./ Bach, V., CRM bei Banken, 1999, S. 33.

324 Ein vergleichsweise triviales, doch wesentliches Themengebiet des CRM stellt Merbecks dar (vgl. Merbecks, A., Wachstum im Retailgeschäft, 2004, S. 35f.): Ein Praxisbeispiel ergab, dass bei der telefonischen Kundenansprache ca. 50% der Kunden schon vor der Terminvereinbarung verloren gehen. Dies lag schlicht an der schlechten Datenqualität (lückenhafte oder falsche Kontaktdaten). Ein wesentliches Ziel von CRM-Systemen ist eine dauerhaft hohe Datenqualität sicherzustellen. Bei der Stadtsparkasse Köln wurde dagegen ein System entwickelt, welches zu gewissen kritischen Zeitpunkten bei Produkten, z.B. der Fälligkeit einer Lebensversicherung, den Berater auffordert, den Kunden zu kontaktieren (z.B. zum Zwecke der Diskussion einer Wiederanlage).

325 So hat beispielsweise der Director of Group Customer Management von Lloyds TSB folgendermaßen Stellung bezogen: „Our CRM pilot increased sales by 12%." Darüber hinaus wird über starke Steigerungen der Antwortraten auf Kampagnen berichtet. Vgl. hierzu Jenkins, S., Distribution and marketing game, 2004, S. 16.

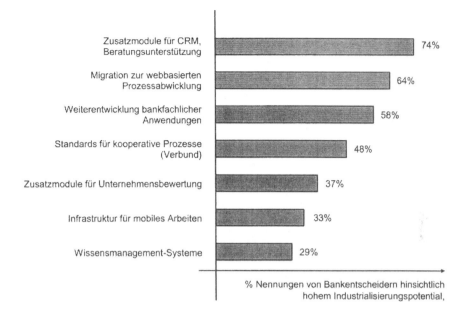

Abbildung 14: Geplante Weiterentwicklungen des Bankarbeitsplatzes[326]

Es wird deutlich, dass die weitere Unterstützung des Bankarbeitsplatzes mit automatisierten CRM-Modulen mit ca. 85% an Nennungen die mit Abstand wesentliche Priorität respektive den wesentlichen Investitionsschwerpunkt darstellt.

Parallel zur steigenden Bedeutung von Customer Relationship Management in Banken hat sich ein eigenständiges Marktsegment an Software-Anbietern entwickelt, die geeignete Lösungen zur Unterstützung der bankbetrieblichen CRM-Prozesse anbieten. Typischerweise sind diese Lösungen komplexe Softwarepakete, die jeweils unterschiedliche Schwerpunkte aufweisen. Gartner Research gibt einen umfassenden Überblick von Anbietern unterteilt nach verschiedenen bankspezifischen Geschäftsfeldern.

---

326 Engstler, M., Bankarbeitsplatz, 2004, S. 68. Engstler greift hierbei auf die Ergebnisse der IAO-Studie „Banken im Umbruch" zurück (Doppelnennungen sind im Rahmen der Studie möglich).

Privatkunden- Geschäft (Retail)	Firmenkunden- geschäft	Private Banking
• AIT • Argo Data • Amdocs • Chordiant • DWL • Eontec • E.phiphany • Fidelity • Fiserve • Harland • Harte-Hanks • Iflex • Jack Henry • London Bridge • Marketsoft • Metavente • Nuedge • Onyx Software • Pegasystems • Peoplesoft • S1 • SAP • SAS • Siebel Systems • Systems Access • Temenos • Teradata • Webstone	• Interface Software • JD Edwards • Onyx Software • Peoplesoft • S1 • SAP • Siebel Systems • Sungard	• AIT • Amdocs • Chordiant • DWL • E.piphany • Marketdata • Onyx Software • Oracle • Pegasystems • Peoplesoft • SAP • SAS • Siebel Systems • Sungard • Teradata

Abbildung 15: CRM-Softwareanbieter für Banken[327]

Aus dem breiten Spektrum an möglichen Lösungsanbietern bilden derzeit SAP und Siebel Systems die marktdominierenden Unternehmen.

Zusammenfassend kann festgehalten werden, dass im Sinne einer Verbreiterung des Kanalportfolios von Banken, einer Entkopplung von administrativen und vertrieblichen Aufgaben in der Filiale sowie einer Automatisierung der Vertriebsunterstützung durchaus von einer Industrialisierung in der Vertriebsfunktion von Banken gesprochen werden kann.

Im Folgenden erfolgt eine Analyse der Industrialisierung in der Abwicklung von Banken. Hierbei wird zwischen zwei wesentlichen Industrialisierungsentwicklungen, der „Standardisierung und Automatisierung der Abwicklung" (Kapitel 4.1.3.1) sowie der „Spezialisierung und Reduktion der Fertigungstiefe" (Kapitel 4.1.3.2), differenziert.

---

327 Eigene Darstellung basierend auf Gartner Research, CRM vendor options, 2003, S. 2.

4.1.3 Industrialisierung in der Abwicklung von Banken

4.1.3.1 Standardisierung und Automatisierung der Abwicklung

4.1.3.1.1 Industrieller Kontext

Es wurde bereits darauf hingewiesen, dass unter Abwicklung der bankenspezifische Fertigungsbereich, d.h. das Analogon zur industriellen Produktion, verstanden wird (vgl. Kapitel 3.2.1 und Kapitel 3.2.4). Darüber hinaus wurde in den Kapiteln 2.2.1 und 2.2.2 über die Darstellung von Standardisierung, Automatisierung und Spezialisierung als entscheidende Paradigmen der industriellen Produktion der derzeitige Stand der Gestaltung industrieller arbeitsorganisatorischer Prozesse (Fließfertigung, Industrieroboter) sowie dessen Wirkungen (Verkürzung Durchlaufzeiten, etc.) kurz umrissen. An dieser Stelle soll somit keine weitere Vertiefung der industriellen Ausprägungen von Produktionssystemen erfolgen und stattdessen direkt die Anwendung der dargestellten Prinzipien in der Bankenabwicklung diskutiert werden.[328]

4.1.3.1.2 Entwicklungen im Bankensektor

Erste zaghafte Anwendungen industrieller Produktions- und Fertigungsprinzipien in der Bankenlandschaft werden bereits seit Anfang der neunziger Jahre des letzten Jahrhunderts in der Wissenschaft diskutiert werden.[329] Gleichwohl hat die Auseinandersetzung mit diesem Problemfeld – insbesondere in der Bankenpraxis – erst in den letzten zwei Jahren unter den Schlagworten „Industrialisierung", „Bankfabriken" bzw. „Abwicklungsbanken" ihren vorläufigen Höhepunkt erreicht,[330] wobei letztere bankinterne oder eigenständige Einheiten darstellen, die Bankabwicklungsleistungen „standardisiert und mit Hilfe von IT-Systemen automatisiert"[331] anbieten.
Eine Fabrik ist also „(...), wie der Name Fabrik schon sagt, (...) gekennzeichnet durch einen hohen Grad der Standardisierung und Automatisierung, verbunden mit einem sehr hohem Transaktionsvolumen."[332] Musäus weist in diesem Kontext sogar darauf hin, dass „die Industrialisierung des Kreditgewerbes (...) nicht mehr umkehrbar [sei]."[333] Hierbei sei das wesentliche Ziel, die Produktivität durch Standardisierung und Automatisierung zu verbessern, wobei Musäus dem Wertpapiergeschäft, dem

---

328 Als weiterführende Literatur zur Gestaltung industrieller Fertigungssysteme vgl. u.a. Dankert, U., Planung, 1995 und O'Grady, P.J., Fertigungssysteme, 1988 und Reinhardt, G.O., Flexible Fertigungssysteme, 1999 und Tempelmeier, H./ Kuhn, H., Flexible Fertigungssysteme, 1993.
329 Vgl. insbesondere Bösch, G., Produktionsmanagement im Bankbetrieb, 1992 und Hofmann, O., Bankproduktion nach industriellen Erkenntnissen, 1996 und Hug, D., Produktionsbereiche von Banken, 1989.
330 Vgl. als kleinen Auszug der Publikationen in diesem Themenbereich Bösch, M., Outsourcing im Transaction Banking, 2004, S. 125-129 und Holtmann, C.-F./ Kleinheyer, N., Kreditfabrik, 2003 und Lamberti, H.-J., Industrialisierung des Bankgeschäfts, 2004, S. 370-375 und o.V., Bank-Fabrik, 2004, S. 47 und Voigtländer, D., Industrialisierung, 2004, S. 8f.
331 Vgl. Lamberti, H.-J./ Pöhler, A., Industrialisierung des Backoffice, 2003, S. 5.
332 Bearing Point, Kreditbackoffice-Dienstleistungen, 2003, S. 11. Zur Diskussion um verwandte Begriffe vgl. beispielsweise Bongartz, U., Transaktionsbanking, 2003, S. 39.
333 Musäus, N., Industrialisierung, 2002, S. 12. Vgl. im Folgenden ebenda, S. 12ff.

inländischen Zahlungsverkehr sowie der Konsumenten- und Hypothekenkreditabwicklung die größten Potenziale einräumt.

Aufgrund des digitalen Charakters zahlreicher Bankprodukte wird die Automatisierung im Sinne eines Ersatzes von menschlicher durch maschinelle Arbeitskraft im Bankensektor häufig auch als Straight Through Processing (STP) bezeichnet. STP umschreibt eine Automatisierung, die im Wesentlichen zwei Prämissen folgt:[334] Zum einen werden Transaktionsdaten (z.B. Wertpapierkenn-Nummern, Kundendaten) nur einmal elektronisch erfasst. Zum anderen erfolgt eine (weitgehend) automatisierte Verarbeitung dieser Daten bis an das Ende des Transaktionszyklus unter konsequenter Vermeidung von Medienbrüchen. Dies soll eine erhöhte Datenqualität respektive -konsistenz, reduzierte Fehlerquoten sowie kürzere Durchlaufzeiten gewährleisten.

Aus diesen Ausführungen wird bereits deutlich, dass die durchdachte und kostenorientierte Ausgestaltung der Abwicklungsprozesse eine der wesentlichen Anforderungen an industrialisierte Abwickler im Bankenumfeld darstellt. Die DZ Bank hat dies umgesetzt, indem sie „das bei produzierenden Industrieunternehmen unter dem Begriff „design to cost" bekannte methodische Vorgehen (...) auf bankenspezifische Besonderheiten (...) adaptiert [hat]."[335] Zunehmend finden auch die aus dem industriellen Bereich bekannten Verfahren des Prozess-(Re-)designs, insbesondere Business Process Reengineering (BPR) und der kontinuierliche Verbesserungsprozess (KVP), Anwendung.[336]

Im Folgenden soll kurz auf die wesentlichen Abwicklungsbereiche (Zahlungsverkehr, Kredit, Wertpapier)[337] von Banken eingegangen werden. Untersuchungen hierzu belegen, dass sämtlichen dieser Bereiche – mit besonderer Priorität der Konsumentenkreditabwicklung – hohe Industrialisierungspotenziale eingeräumt werden.

---

334 Vgl. hierzu Unseld, S., Straight Through Processing, 2003. Vgl. darüber hinaus die Straight Through Processing-Broschüre des Software-Anbieters im Wertpapierbereich Omgeo, Straighttalk, 2004.
335 Voigtländer, D., Industrialisierung, 2004, S. 8.
336 Vgl. Sokolvsky, Z., Industrialisierung, 2004, S. 10.
337 Vgl. hierzu auch Kapitel 3.2.4.

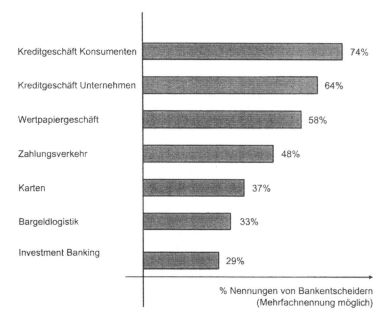

Abbildung 16: Industrialisierungspotenzial von Abwicklungsbereichen[338]

Der Zahlungsverkehr besitzt traditionell schon einen relativ hohen Standardisierungs- und Automatisierungsgrad. Dies liegt vor allem im Charakter eines hochvolumigen Mengengeschäfts begründet. Das europäische Marktvolumen liegt bei ca. 45 Mrd. Transaktionen, die jährlich im Zahlungsverkehr abgewickelt werden.[339] Es kann festgehalten werden, dass sowohl verändertes Kundenverhalten (stärkere Nutzung von beleglosem Zahlungsverkehr) als auch neue Verfahren (z.B. automatische Beleglesung, integrierte Lösungen für Rücklastschriften, Korrekturerfassungen)[340] den Anteil der „straight-through", d.h. ohne menschliche Eingriffe abgewickelten Zahlungsverkehrstransaktionen, stark erhöht haben.[341]

Mit etwas zeitlicher Verzögerung gegenüber den anderen bankbetrieblichen Abwicklungsbereichen, findet seit wenigen Jahren auch eine Automatisierung in der Kreditabwicklung (Konsumenten- und Hypothekenkredit)[342] statt: „Die Kreditfabrik ist

---

338 O.V., Industrialisierungspotenzial, 2005, S. 4.
339 Vgl. Bongartz, U., Transaktionsbanking, 2003, S. 46 (Daten für 2002).
340 Vgl. hierzu und für einen Überblick weiterer, noch nicht automatisierter Prozesse auch Bearing Point, Payment services, 2003, S. 16ff.
341 Vgl. Lamberti, H.-J./ Pöhler, A., Industrialisierung des Backoffice, 2003, S. 29f.
342 Eine Volumensabschätzung für diesen Markt ist ungleich schwieriger als in den anderen Abwicklungsbereichen, da kein Clearing zwischen den Instituten erforderlich ist. Für das Segment der Hypothekendarlehen wird von einem Stückbestand von ca. 320 Mio. auf europäischer Ebene ausgegangen. Vgl. Bongartz, U., Transaktionsbanking, 2003, S. 46 (Daten für 2002).

keine Zukunftsvision mehr, sondern tägliches Geschäft."[343] Hierbei erfolgt eine umfassende Standardisierung sämtlicher Neugeschäfts-, Bestands- und Prolongationsprozesse. Diese umfassen beispielsweise Kredit- und Sicherheitenverwaltung, Rückzahlung, Sicherheitenprüfung, Bonitätsprüfung, Mahnwesen, Tilgungsaussetzung, Sicherheitenverwertung, etc. Hierbei werden eine Reduktion der Produktvarianten, eine IT-technische Unterstützung über den gesamten Kreditbearbeitungs-Workflow sowie oftmals auch der Einsatz vereinfachter Kompetenzregelungen angestrebt.[344] Zwar ist ein Straight Through Processing in „Reinkultur" aufgrund der eingeschränkten Standardisierbarkeit von Einzelprozessen (z.B. Sicherheitenänderung) nur begrenzt umsetzbar; gleichwohl wird die systemtechnische Unterstützung entlang eines strukturierten Workflows bereits als wesentlicher Fortschritt und Effizienzgewinn angesehen.

Der Markt für Wertpapierabwicklung umfasst auf europäischer Ebene ein geschätztes Volumen von 540 Mio. Bruttotransaktionen p.a. (vor Netting).[345] Hierbei beinhaltet die Wertpapierabwicklung im Wesentlichen sämtliche Prozesse ab dem Point of Sale, insbesondere Ordermanagement (inklusive Ordererfassung), Handel, Clearing, Settlement, Bestandsführung, Terminservice und Verwahrung. Diese werden für verschiedene Instrumente angeboten (z.B. Derivate, Aktien). Diese Prozesse sind in den letzten Jahren stark automatisiert worden, indem sie „überwiegend auf elektronische Handelssysteme"[346] transferiert worden sind. In den letzten zwei Jahren haben die Abwickler darüber hinaus die zentrale Lagerstellenfunktion übernommen, welches „zu einer Reduzierung der Fehlerquote im Settlementprozess" geführt hat.[347] Erfolgreiche Automatisierungsbemühungen werden darüber hinaus auch im Orderrouting der Fondsabwicklung verzeichnet.[348]

Im Rahmen der Analyse der instrumentellen Unterstützung von bankbetrieblichen Fabriken im Sinne der verwendeten Software fällt auf, dass in sämtlichen Abwicklungsbereichen zunehmend der Einsatz von Standardsoftwarepaketen gegenüber der Eigenentwicklung bevorzugt wird: „Industrielle Anwendungssysteme haben gezeigt, dass der Einsatz von Standardsoftware in Bereichen mit standardisierten Abläufen sehr vorteilhaft sein kann."[349]

So hat beispielsweise die DZ Bank wesentliche ihrer Kernsysteme (z.B. die Anwendungen für das Geldmarktgeschäft) an die SAP AG übergeben.[350] Dieser Trend kann

---

343 Musäus, N., Industrialisierung, 2002, S. 1.
344 Vgl. Holtmann, C.-F./ Kleinheyer, N., Kreditfabrik, 2003, S. 4.
345 Vgl. Bongartz, U., Transaktionsbanking, 2003, S. 45 (Daten für 2002).
346 Gissel, R., Wertpapierbereich, 2004, S. 17. Vgl. darüber hinaus die Architektur einer Wertpapierabwicklungsplattform im Vergleich „Central Counterparty" vs. „Non-Central Counterparty" in Lamberti, H.-J./ Pöhler, A., Industrialisierung des Backoffice, 2003, S. 24f.
347 Vgl. Gissel, R., Wertpapierbereich, 2004, S. 17.
348 Beispielsweise stellt FORSS (Fund Order Routing Software Solution) ein in diesem Bereich unterstützendes System dar. Dies ist bei der etb (European Transaction Bank) im Einsatz. Vgl. Lamberti, H.-J./ Pöhler, A., Industrialisierung des Backoffice, 2003, S. 25f.
349 O.V., Standardsoftware, 2003, S. 1144.
350 Vgl. ebenda, S. 1145. Für ein Vorgehensmodell zur Auswahl der optimalen IT Plattform einer Transaktionsbank vgl. Nitz, R./ Fürst, T./ Gutzwiller, T., Transaktionsbanken, 2003, S. 263ff.

auch auf europäischer Ebene bestätigt werden. So stieg der Anteil der Standardanwendungen an den insgesamt durch Banken in Betrieb genommenen Neuanwendungen von 9% in 2000 auf 24% in 2004.[351] Für einen Überblick der wesentlichen, am Markt erhältlichen Kernbankensysteme, die ebenfalls die angesprochenen Abwicklungsprozesse unterstützen, wird auf Kapitel 4.1.1.2.2 (Abbildung 10) verwiesen. Bei der Untersuchung der Wirkungen der dargestellten Standardisierungs- und Automatisierungsaktivitäten dominieren weitgehend positive Erfahrungsberichte. Es wird insbesondere auf die Reduktion von Durchlaufzeiten[352] sowie die Verringerung der Stückkosten durch geringere benötigte Personalkapazitäten verwiesen (vgl. Abbildung 17).

	Zahlungsverkehr /Kontoführung (Beispiel: Eröffnung Girokonto)	Kredit (Beispiel: Bestandsmanagement Hypothekenkredit p.a.)	Wertpapier (Beispiel: Abwicklung Standard-Xetra-Transaktion)
Industrialisiert	20 €	81 €	1,40 €
Nicht-industrialisiert	40 €	130 €	9,50 €

Abbildung 17: Stückkosten ausgewählter Bankabwicklungs-Prozesse[353]

Es wird deutlich, dass je nach Abwicklungstätigkeit signifikante, wenn auch im Ausmaß variierende Senkungen der Stückkosten z.T. schon realisiert bzw. noch erzielbar sind. Standardisierung und Automatisierung in der Bankabwicklung scheinen somit die Kostenbasis positiv zu beeinflussen, d.h. zu reduzieren.

Die organisatorische bzw. branchenorientierte Sicht im Sinne einer Spezialisierung von Abwicklungsdienstleistungen im Bankensektor wurde bisher bewusst ausgeklammert. Sie soll im Folgenden als eigenständige Industrialisierungsentwicklung – der Spezialisierung und Reduktion der Fertigungstiefe – behandelt werden.

4.1.3.2 Spezialisierung und Reduktion der Fertigungstiefe

4.1.3.2.1 Industrieller Kontext

In Kapitel 2.2.1 wurde bereits die Spezialisierung im Sinne einer Zuordnung von verwandten respektive gleichartigen Tätigkeiten zu einer Stelle als Paradigma der industriellen Leistungserstellung dargestellt. Die industrieökonomische Ausprägung der Spezialisierung – zu verstehen als systematische Planung bzw. Reduktion der

---

351 Vgl. Celent Communications, Trends in European banking, 2004, S. 21.
352 So verweisen beispielsweise die Sparkassen auf Variationsbreiten der Bearbeitungszeit für einen Kreditantrag je nach Standardisierungs- und Automatisierungsgrad von 836 bis zu 4.525 Minuten. Vgl. hierzu Holtmann, C.-F./ Kleinheyer, N., Kreditfabrik, 2003, S. 3.
353 Eigene Darstellung basierend auf Voigtländer, D., Industrialisierung, 2004. Die dargestellten Kosteneinsparungen beinhalten die Wirkung der in Kapitel 4.1.3.2 dargestellten Spezialisierung und Reduktion der Fertigungstiefe (insbesondere Volumensbündelungseffekte – economies of scale).

79

Fertigungstiefe und Outsourcing[354] in Industrieunternehmen – wurde in Kapitel 2.2.3 behandelt. Letztere Überlegungen sollen zunächst kurz vertieft werden, bevor ihre Relevanz für den Bankensektor dargestellt wird. Ebenso wie die grundlegende Existenz von Banken (vgl. Kapitel 3.1.1), lässt sich die Auslagerung von Wertschöpfungsschritten durch Unternehmen aus der Neuen Institutionenökonomie, insbesondere der Transaktionskostentheorie, heraus erklären.[355] Vereinfacht gilt hierbei die Entscheidungsregel, dass Funktionen dann ausgelagert werden, wenn die Kosten des Leistungsbezugs sowie die anfallenden Transaktionskosten (z.b. Informations- und Verhandlungskosten) die Kosten der Eigenerstellung unterschreiten.[356] In diesem Kontext bilden die Faktorspezifität (z.b. inwiefern die die Leistung erstellenden Mitarbeiter unternehmensspezifisches Wissen benötigen), die Produkt- bzw. Prozesskomplexität sowie die Verhaltensunsicherheit gegenüber dem externen Dienstleister wesentliche Determinanten, die die Transaktionskosten erhöhen und somit gegenläufig zum möglichen Produktionskostenvorteil des Drittanbieters wirken.[357]

Offenbar ist im industriellen Bereich diese Entscheidungsregel zugunsten des Fremdbezugs oftmals erfüllt; dies spiegelt sich beispielsweise in der sich kontinuierlich verringernden Fertigungstiefe von Unternehmen, z.B. in der Automobilindustrie, wider (vgl. Abbildung 2 in Kapitel 2.3). Hierbei beschränkt sich die Auslagerung nicht nur auf isolierte Kleinteile und Halberzeugnisse, sondern umfasst im Sinne von Modul- und Systemlieferanten auch komplexe, ggf. vormontierte Gesamtkomponenten (z.B. das Lenkfunktionsmodul inklusive Lenkrad, -stange, Prallelemente und Lenkgetriebe).[358] Die hiermit einhergehenden Anforderungen an Automobilzulieferer haben zu einer starken Professionalisierungs- und Konzentrationstendenz innerhalb des Zulieferermarktes geführt (vgl. Abbildung 4 in Kapitel 2.3). Die Vorteilhaftigkeit des Outsourcings in der Automobilindustrie im Sinne eines Rückgriffs auf Modul- und

---

354 Für einen Überblick der weiteren begrifflichen Verwendungsmöglichkeiten und Ursprünge von Outsourcing (Outside Resource Using) vgl. Arnold, K., Dimensions of outsourcing, 2000, S. 23.

355 Für die theoretische Herleitung von Auslagerungsmaßnahmen unter Verwendung weiterer Theorien (z.B. Core Competencies, Resource-based Theory, etc.) vgl. u.a. Arnold, K., Dimensions of outsourcing, 2000, S. 23ff. und Freytag, P.V./ Kirk, L., Strategic sourcing, 2003, S. 135ff.

356 Vgl. Vining, A./ Globerman, S., Understanding the outsourcing decision, 1999, S. 646. Es wird darauf hingewiesen, dass bei Eigenerstellung Transaktionskosten (z.B. Verhandlungskosten mit den jeweiligen Arbeitnehmergremien) anfallen.

357 Vgl. Dibbern, J./ Güttler, W./ Heinzl, A., Theorie der Unternehmung, 2001, S. 681ff. und Vining, A./ Globerman, S., Understanding the outsourcing decision, 1999, S. 648.

358 Vgl. Wolters, H., Modul- und Systembeschaffung, 1995, S. 72ff. Dieses Phänomen wird auch mit den angelsächsischen Begriffen „System Sourcing" und „Modular Sourcing" umschrieben. Wolters weist anhand einer Analyse der Struktur des Beschaffungsvolumens auch nach, dass die Modul- bzw. Systembeschaffung zunehmend an Relevanz gewinnt: Vgl. ebenda, S. 81. Vgl. darüber hinaus als weiterführende Literatur Barth, T., Outsourcing, 2003 und Baur, C., Make-or-Buy, 1990 und Diehlmann, G., Vorentwicklungsmanagement, 1997 und Fermerling, C., Auslagerungsplanung, 1997 und Göltenboth, M., Global Sourcing, 1997 und Hosenfeld, W.-A., Wertschöpfungs-, Innovations- und Logistiktiefe, 1993 und Weiß, M., Fertigungstiefe, 1993 und Welker, C.B., Produktionstiefe, 1993.

80

Systemlieferanten wurde in mehreren empirischen und theoretischen Studien auch bereits bestätigt.[359]

Bei der Analyse weiterer Branchen kann sogar festgehalten werden: „Firms as diverse as Nike, Sun Microsystems, Mattel, Calvin Klein and DuPont now engage in extensive outsourcing. Outsourcing has grown rapidly during the 1990s (...). Some firms outsource the core of their primary activities on the value chain so extensively that they do not engage in "production" as it has been traditionally understood."[360] Darüber hinaus erfolgt zunehmend die Auslagerung von – im Regelfall nicht-strategiekritischen – Querschnittsfunktionen.[361] Hierbei handelt es sich insbesondere um die Finanzbuchhaltung, die Beschaffung, personalnahe Dienstleistungen (z.B. Abrechnung)[362] sowie IT-Dienstleistungen (z.B. Rechenzentrums-Betrieb).[363]

Auf die umfangreiche wissenschaftliche Auseinandersetzung über die makroökonomischen Folgen des grenzüberschreitenden Outsourcings (z.B. Lohn-Dumping) soll nicht ausführlich eingegangen werden.[364] Stattdessen soll im Folgenden untersucht werden, inwieweit analoge Auslagerungsentwicklungen in der Abwicklung von Banken anzutreffen sind.

4.1.3.2.2 Entwicklungen im Bankensektor

Die Spezialisierung von Abwicklungsaktivitäten im Bankensektor sowie die Reduktion der Wertschöpfungstiefe hat begonnen und weist bereits eine starke Dynamik auf: „Noch vor wenigen Jahren war es eine Zukunftsvision, heute bereits Realität: Die Wertschöpfungskette im Banking beginnt aufzubrechen."[365] Dies spiegelt sich insbesondere in einem immer höheren Umfang an zugekauften Leistungen respektive in einem immer umfangreicheren Outsourcing wider. Eine Untersuchung des E-Finance Labs verdeutlicht, dass das durchschnittliche jährliche Wachstum an Outsourcing-Dienstleistungen im Finanzdienstleistungsbereich bei 45% p.a. über die letzten ca. zehn Jahre lag.

---

359 Vgl. Anderson, W./ Glenn, D./ Sedatole, K.L., Sourcing parts, 2000, S. 723ff.

360 Vining, A./ Globerman, S., Understanding the outsourcing decision, 1999, S. 645. Vgl. ergänzend für die Telekom-Branche Berggren, C./ Bengtsson, L., Rethinking outsourcing, 2004, S. 211ff. und für die Pharma-Branche Clark, D.E./ Newton, C.G., The quiet revolution, 2004, S. 493f.

361 Zur Abgrenzung von Aktivitäten mit unterschiedlicher Strategierelevanz vgl. Alexander, M./ Young, D., Strategic outsourcing, 1996, S. 116ff.

362 Zu den größten Outsourcing-Anbietern zählen in Europa z.B. Accenture, ACS und ADP. Vgl. hierzu Gartner Research, Human Resources BPO in Europe, 2004, S. 4f. Vgl. hierzu auch Gilley, K.M./ Greer, C.R./ Rasheed, A.A., Human resource outsourcing, 2004, S. 232ff.

363 Hinsichtlich der Optimierung des Outsourcings im Umfeld der Informationstechnologie ist inzwischen eine breite Literaturbasis vorhanden. Vgl. u.a. Aubert, B.A./ Rivard, S./ Patry, M., IT outsourcing, 2004, S. 921ff. und Bahli, B., IT outsourcing, 2003, S. 1ff. und Kern, T./ Kreijger, J./ Willcocks, L., ASP as sourcing strategy, 2002, S. 153ff. und Oxygon, Outsourcing, 2004, S. 12ff. und Yang, C./ Huang, J.-B., IS outsourcing, 2000, S. 225ff. und York, P.T., Offshore outsourcing, 2004, S. 304ff.

364 Vgl. u.a. Chen, Y./ Ishikawa, J./ Yu, Z., Trade liberalization, 2004, S. 419ff. und Deavers, K.L., Low wages, 1997, S. 503ff. und Falk, M./ Goebel, B.M., Labour demand, 2002, S. 567ff. und Feenstra, R.C./ Hanson, G.D., Inequality, 1996, S. 240ff.

365 O.V., Industrialisierung, 2002, S. 15.

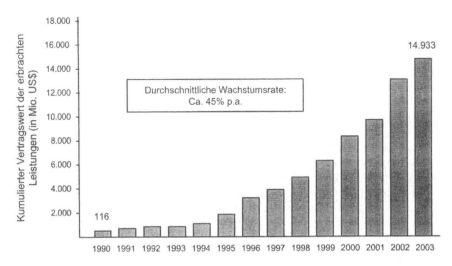

Abbildung 18: Kumulierter Vertragswert – Outsourcing-Leistungen[366]

Eine nach Unternehmen differenzierte Analyse macht deutlich, dass hierbei den Banken die wichtigste Bedeutung zukommt. Ca. 53% des Gesamtvolumens der Outsourcing-Leistungen werden im Bankensektor erbracht.[367] Naturgemäß ist mit der Zunahme an Outsourcing-Aktivitäten unmittelbar eine Reduktion der (traditionell hohen) Wertschöpfungstiefe von Banken verknüpft. Die deutschen Banken jedoch weisen heute noch eine vergleichsweise hohe Wertschöpfungsstiefe auf, die ca. zwischen 60% und 80% liegt.[368] Dies ist insbesondere darauf zurückzuführen, dass das Ausmaß an Outsourcing-Aktivitäten in der deutschen Finanzindustrie im internationalen Vergleich noch als relativ moderat einzuschätzen ist. Gleichwohl ist auch in Deutschland die Wertschöpfungstiefe der Banken in den letzten Jahren bereits um ca. 10% gesunken.[369] Jedoch sind „die in dem Bereich vorhandenen Potenziale nur vereinzelt ausgeschöpft"[370] und es ist von einer weiteren starken Reduktion auszugehen.

---

366 E-Finance Lab, Outsourcing-Ankündigungen, 2004, S. 8.
367 Vgl. E-Finance Lab, Outsourcing, 2004, S. 9. In der Grundgesamtheit der Untersuchung befinden sich weitere Finanzdienstleister, insbesondere Versicherungen und Börsen. Vgl. für einen Überblick wichtiger Outsourcingtransaktionen im Bankbereich Lacity, M./ Willcocks, L./ Feeny, D., Outsourcing, 2004, S. 127ff. und Quelin, B./ Duhamel, F., Strategic outsourcing, 2003, S. 651 (insbesondere angelsächische Banken).
368 Vgl. Buchard, U., Universalbank, 1997, S. 4ff. und Friedrich, L. et al., Intelligentes Sourcing, 2004, S. 11 und Lamberti, H.-J., Industrialisierung des Bankgeschäfts, 2004, S. 371.
369 Weisser stellt auf das „Beharrungsvermögen" älteren Datenmaterials ab und weist nach, dass in den letzten Jahren bereits die Wertschöpfungstiefe im deutschen Kreditgewerbe zurückgegangen sei (vgl. Weisser, N., Leistungstiefe, 2004, S. 48ff.). Dies ändert jedoch nichts an der Aussage, dass noch umfassende Auslagerungsschritte bevorstehen.
370 Lamberti, H.-J., Industrialisierung des Bankgeschäfts, 2004, S. 371.

Im Folgenden soll ein kurzer Überblick einer Umfrage zur Bewertung der wesentlichen Auslagerungsmotive gegeben werden. Hierbei fällt auf, dass neben Kostenreduktion und Flexibilitätserhöhung durch Substitution von fixen durch variable Kosten der Zugang zu spezialisiertem Know How des Outsourcing-Partners aus Sicht der auslagernden Banken im Vordergrund steht.

Abbildung 19: Bewertung der wichtigsten Motive von Outsourcing-Vorhaben[371]

Darüber hinaus verdeutlicht die Auswertung, dass die Leistungssteigerung im Kerngeschäft sowie die bessere Plan- und Steuerbarkeit von Kosten wesentliche ergänzende Motivkategorien darstellen. Grundlage für die Kosteneinsparungen bilden Größenvorteile (economies of scale), die aufgrund von Volumensbündelungen bei dem Dienstleister realisierbar sein sollten.[372] Qualitäts- respektive wachstums-

---

371 Köhler, T./ Fink, D., Innovationspartnerschaft, 2003, S. 6ff. (%-Nennungen von Entscheidern).
372 Vgl. hierzu Breuer, W./ Mark, K., Sparkassen-Finanzgruppe, 2003, S. 12 und S. 14.

orientierte Zielsetzungen sind hingegen von nachgelagerter Relevanz.[373] Dies wird auch durch die kommunizierten Zielsetzungen des bisher größten Auslagerungsprojektes in der deutschen Bankenlandschaft (Auslagerung der Informationstechnologie der Deutschen Bank an IBM) bestätigt.[374]

Im Folgenden wird kurz – beginnend mit dem Zahlungsverkehr – auf den Status der Auslagerung in den wesentlichen bankbetrieblichen Abwicklungsbereichen eingegangen. Im Zahlungsverkehrsbereich hatten sich bereits bis Mitte 2003 einige Zahlungsverkehrsfabriken (insbesondere das Transaktionsinstitut für Zahlungsdienstleistungen – TAI – als Tochter der DZ Bank für den genossenschaftlichen Sektor mit einem Marktanteil von ca. 22%)[375] etabliert. Die Initialzündung aus Industrialisierungsgesichtspunkten bildet jedoch mit Sicherheit die Abgabe der hauseigenen Zahlungsverkehrsabwicklung der Deutschen Bank und der Dresdner Bank an die Postbank im Jahre 2004. Mit diesem Schritt erreicht die Postbank im deutschen Markt für Zahlungsverkehrsabwicklung einen Marktanteil von 16%, wobei „Vorstandsvorsitzender Wulf von Schimmelmann (...) das Interesse, als Abwickler für weitere Banken tätig zu werden, [bekräftigt hat]."[376] Hierbei setzt die Postbank eine SAP-Standardsoftware für das Zahlungsverkehrs-Massentransaktionsgeschäft ein.[377] Die erste „säulen-übergreifende"[378] Auslagerungstransaktion wurde Ende 2003 durch die Hypovereinsbank geplant, welche sowohl den beleghaften als auch den beleglosen Zahlungsverkehr an das Sparkassen-Servicezentrum Bayern auslagern wollte; in den Verhandlungen konnte jedoch keine Einigung erzielt werden.[379]

Im Bereich der Kreditabwicklung existieren ebenfalls mehrere Abwicklungsdienstleister respektive Kreditfabriken am Markt. Zu diesen zählen unter anderem Aareal Hypothekenmanagement AG, Proceed Portfolio Services GmbH, prompter (Tochtergesellschaft der Eurohypo AG), Stater Deutschland GmH & Co. KG und das VR Kreditwerk.[380] Diese bieten im Regelfall die Abwicklung des Neugeschäfts (von der Sicherheitenprüfung bis zur Auszahlung) sowie die Bestandsbearbeitung (z.B. Kontoführung, Sicherheitenwechsel) für verschiedene Kreditarten (z.B. Standard-Baufinanzierung) an.[381] Derzeit erwägt auch die Kreditanstalt für Wiederaufbau

---

373 Für eine Diskussion weiterer Auslagerungsmotive vgl. z.B. Baden-Fuller, C./ Targett, D./ Hunt, B., Outsourcing, 2000, S. 285 und Theurl, T., Outsourcing, 2003, S. 19ff.

374 Vgl. Lamberti, H.-J., Industrialisierung, 2003, S. 307.

375 Ca. 1.250 Genossenschaftsbanken wickeln ihre Überweisungen und Lastschriften im In- und Ausland über das TAI ab. Dies entspricht einem Marktanteil von 22% (inklusive der Transaktionen der in 2004/05 zu migrierenden West LB). Vgl. o.V., Business Process Outsourcing, 2004, S. 40.

376 O.V., Zahlungsverkehr, 2004, S. 20. Für einen Leistungsvergleich möglicher „Insourcer" der Zahlungsverkehrsabwicklung im deutschen Markt vgl. Bearing Point, Payment services, 2003, S. 16ff.

377 Vgl. o.V., Bank-Fabrik, 2004, S. 47.

378 Im Sinne der drei Säulen der deutschen Bankenlandschaft (private Banken, genossenschaftlicher Verbund und öffentlich-rechtliche Sparkassen).

379 Vgl. Kipker, I., Konsolidierung, 2004, S. 32.

380 Vgl. für einen Überblick von detaillierten Anbieterprofilen Bearing Point, Kreditbackoffice-Dienstleistungen, 2003, S. 16ff.

381 Für einen Überblick des möglichen Leistungsspektrums von Kreditfabriken im Neugeschäft vgl. Holtmann, C.-F./ Kleinheyer, N., Kreditfabrik, 2003, S. 6f.

(KfW), eine eigene Kreditfabrik mit dem Ziel niedrigerer Transaktionskosten im Fördergeschäft zu schaffen. In diesem Kontext merkt jedoch Axel Weber (Präsident der Dt. Bundesbank) an, „er hätte erhebliche Bedenken gegen eine allumfassende staatliche Kreditfabrik. Denn es gibt, wenn auch noch entwicklungsfähig, bereits etablierte Anbieter auf dem Markt für Kreditbearbeitung."[382] Der Kreditfabriken-Markt befindet sich also derzeit noch in einem vergleichsweise frühen Stadium; den oftmals als kritische Größe formulierten Schwellenwert von einer Millionen[383] Konten erreicht im deutschen Markt derzeit nur das VR Kreditwerk aufgrund seiner breiten Positionierung im genossenschaftlichen Verbund.

Der Markt für Wertpapierabwicklung in Deutschland besitzt hingegen schon einen höheren Reifegrad. Dies verdeutlicht beispielsweise die historische Entwicklung der European Transaction Bank (etb) als Abwicklungsbank, welche originär eine Deutschen Bank-interne Abwicklungseinheit war.

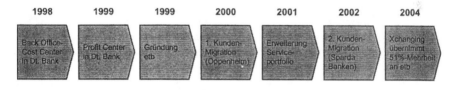

Abbildung 20: Entwicklungspfad der European Transaction Bank (etb)[384]

Es kann festgestellt werden, dass eine evolutionäre Entwicklung von einer internen Spezialisierung als Cost bzw. Profit Center hin zu einer eigenständigen Abwicklungsfabrik mit Drittkundengeschäft stattgefunden hat, wobei die Unabhängigkeit von der Deutschen Bank schrittweise zugenommen hat. Die Übernahme der „etb" durch den ausländischen Abwicklungsspezialist „Xchanging" stellt bereits einen weiteren Konsolidierungsschritt im Wertpapierabwicklungsmarkt dar. Neben der etb/ Xchanging existiert im deutschen Markt derzeit ein Angebot von ca. 15 standardisierten Wertpapiertransaktionsplattformen, die für Dritte am Markt angeboten werden. Ihr aggregierter Marktanteil wird auf 50% (gemessen an Wertpapierdepots) bzw. 40% (gemessen an Transaktionen) geschätzt – mit steigender Tendenz.[385]

---

382 Weber, A.A., Deutschland, 2004, S. 5.
383 Vgl. Krichel, M./ Schwind, K., Immobilienfinanzierungsgeschäft, 2003, S. 7.
384 Eigene Darstellung basierend auf Lamberti, H.-J./ Pöhler, A., Industrialisierung des Backoffice, 2003, S. 10 und o.V., Xchanging, 2004, S. 17.
385 Vgl. Bösch, M., Outsourcing im Transaction Banking, 2004, S. 125. Bösch stellt jedoch darüber hinaus klar: „Volumsmäßig wird bei den Transaktionsbanken der Löwenanteil aber nach wie vor innerhalb des Konzerns bzw. der Gruppe erbracht oder aber als reine IT-Dienstleistung. Bereinigt sinkt das „echte Drittgeschäft" der Transaktionsbanken (...) auf wenige Prozentpunkte."

Neben der etb stellt die Deutsche Wertpapierbank (DWP) einen zweiten großen Anbieter dar, der das Ergebnis einer ersten Welle an Marktkonsolidierungen – konkret einer säulenübergreifenden Fusion der genossenschaftlichen BWS sowie der öffentlich-rechtlichen WPS im Jahre 2003 – darstellt.[386] Die DWP hat Ende 2003 auch die Dresdner Bank als ersten Kunden aus dem privaten Bankenbereich gewonnen.[387] Weitere Konsolidierungsschritte sind in der Branche bereits durchgeführt worden (z.b. die Fusion von Plusbank und LB Transaktionsbank zur TxB) bzw. werden diskutiert (z.b. Commerzbank und LBBW). In den nächsten Jahren wird damit gerechnet, dass noch fünf eigenständige Akteure in der Wertpapierabwicklung verbleiben.[388] Die dargestellten Entwicklungen der Spezialisierung und Reduktion der Fertigungstiefe weisen Analogien zur Entwicklung von System- und Modullieferanten in industriellen Branchen auf – insbesondere die Notwendigkeit einer umfassenden Integration und Abstimmung des leistungsbeziehenden Unternehmens und des Dienstleisters (z.b. bei der Weiterentwicklung von Produkten und IT-Systemen). Neben der Auslagerung von bankspezifischen Abwicklungsprozessen reduzieren Banken – ebenfalls analog zu Industrieunternehmen – derzeit ihre Fertigungstiefe auch in weiteren Funktionsbereichen.[389] Hierbei steht die Auslagerung der Informationstechnologie (Rechenzentrums-Betrieb oder Anwendungsentwicklung) sowie administrativer Querschnittsfunktionen im Vordergrund.[390]

Jüngste Beispiele bilden die Auslagerung der Informationstechnologie von der Deutschen Bank an IBM bzw. die der Beschaffungsfunktion von der Deutschen Bank an Accenture.[391] Grundsätzlich wird bei den Auslagerungsaktivitäten von unterschiedlichsten Gestaltungsoptionen Gebrauch gemacht. Die wesentlichen Handlungsdimensionen stellen hierbei der Auslagerungsumfang, die Art der Erfolgsbewertung (input- vs. outputabhängig), der Zeitrahmen, die Risikoteilung, die geographische Struktur der Leistungserbringung (z.B. offshore vs. onshore) sowie die Art des Vergütungsmodells dar.[392]

---

386 Vgl. Kipker, I., Konsolidierung, 2004, S. 32.
387 Vgl. o.V., Schleppende Konsolidierung, 2004, S. 20. Es wird darauf hingewiesen, dass die Partnerschaft zwischen DWP und Dresdner Bank bisher holprig verlaufen sei. Von geplanten 340 Mitarbeitern hätten nur 50 gewechselt.
388 Vgl. Gissel, R., Wertpapierbereich, 2004, S. 19.
389 Für einen Strukturierung möglicher Auslagerungsbereiche von Banken vgl. Lamberti, H.-J., Industrialisierung des Bankgeschäfts, 2004, S. 372.
390 Im angelsächsischen Raum wird die Auslagerung des IT Betriebs als „IT Infrastructure Outsourcing", der Anwendungsentwicklung bzw. -wartung als „Application Development und Maintenance Outsourcing" und einzelner administrativer Funktionen als „Administrative Process Outsourcing" bezeichnet. Die bereits dargestellte Auslagerung von bankspezifischen Abwicklungsprozessen wird häufig als „Business Process Outsourcing" bezeichnet. Vgl. Friedrich, L. et al., Intelligentes Sourcing, 2004, S. 14ff.
391 Vgl. o.V., Deutsche Bank, 2003, S.1. Vgl. darüber hinaus zum Outsourcing im Rechnungswesen z.B. Bearing Point, Rechnungswesen, 2004.
392 Vgl. für eine detaillierte Darstellung der Gestaltungsdimensionen Friedrich, L. et al., Intelligentes Sourcing, 2004, S. 16ff. Bösch liefert darüber hinaus eine Strukturierung möglicher Outsourcing-Modelle (vgl. Bösch, M., Outsourcing im Transaction Banking, 2004, S 127ff.). Hierbei sind einschlägige juristische Regelungen zu berücksichtigen (§ 6 Abs. 2 KWG – Grundsatz ordnungsgemäßer Geschäftsführung, § 25a Abs. 1 KWG – Grundsatz ordnungsgemäßer

86

Zusammenfassend kann festgehalten werden, dass Banken weltweit und zunehmend auch in Deutschland wesentliche Abwicklungs- und Unterstützungsaktivitäten an spezialisierte Anbieter auslagern und somit ihre Fertigungstiefe reduzieren. Hierbei stehen die Realisierung von Kosteneinsparungen sowie die Flexibilitätserhöhung durch Variabilisierung der Fixkosten als wesentliche Motive in der Praxis im Vordergrund.[393]

Im Folgenden werden Industrialisierungsentwicklungen im Transformationsbereich von Banken dargestellt.

4.1.4 Industrialisierung in der Transformation von Banken

Der Transformationsbereich von Banken stellt eine primär bankenspezifische Funktion dar; vor diesem Hintergrund besitzt die Industrialisierungsanalogie nur eingeschränkte Gültigkeit. Gleichwohl sind die in Kapitel 2.2 definierten Paradigmen der Industrialisierung im Sinne von Standardisierung, Spezialisierung und Automatisierung auch in diesem Kontext relevant. Im weiteren Verlauf sollen zwei – gemäß dieser Eigenschaften als Industrialisierungstendenzen bezeichenbare – Entwicklungen unterschieden werden: Zum einen geht es in Kapitel 4.1.4.1 um die Automatisierung der Bankdisposition im Sinne einer Unterstützung oder eines Ersatzes von Menschen im Rahmen der einzelnen Kredit- und Handelsentscheidung; zum anderen beschäftigt sich Kapitel 4.1.4.2 mit der Standardisierung und Automatisierung im Rahmen der Steuerung der Gesamtbank.

Bevor auf die jeweiligen Industrialisierungstendenzen eingegangen wird, soll noch ein knapper Überblick von relevanten Forschungsansätzen, die die menschliche Disposition bzw. das Entscheidungsverhalten im ökonomischen Kontext beschreiben, gegeben werden. Im Vordergrund steht hierbei der bereits in Kapitel 3.3.4 kurz referenzierte Behavioral Finance-Ansatz,[394] welcher Vorgänge auf Finanzmärkten unter Einbeziehung des menschlichen Verhaltens zu erklären sucht. Dessen wesentliche Aussage ist, dass der Mensch im Rahmen seiner auf Informationsaufnahme und -aufbereitung sowie Erwartungsbildung beruhenden Entscheidungs-

---

Organisation, § 25a Abs. 2 KWG – Regelungen für die Auslagerungen von Unternehmensbereichen). Präzisiert wird dies im Rundschreiben des (ehemaligen) Bundesaufsichtsamts für das Kreditwesen vom November 2001. Vgl. hierzu sowie zur Mehrwertsteuerproblematik bei Auslagerungen im Bankbereich Ketterer, K.-H./ Ohmayer, E., Transaktionsbank, 2003, S. 9ff.

393 Eine empirische Bestätigung der Vorteilhaftigkeit von Outsourcing steht jedoch noch aus. Eine Untersuchung des E-Finance Lab unter Verwendung der Signalling-Theorie kommt zu dem Ergebnis, dass Outsourcing-Ankündigungen keinen pauschal positiven Einfluss auf den Aktienkurs sowohl des übernehmenden als auch des ausgliedernden Unternehmens haben. Vgl. hierzu Kapitel 5.2.1.3. sowie E-Finance Lab, Outsourcing, 2004, S. 15ff.

394 Im Gegensatz zur Erwartungsnutzentheorie entsprechend Bernoulli respektive Neumann/ Morgenstern werden auch Methoden der Psychologie und der Soziologie im Rahmen des Behavioral Finance-Ansatzes berücksichtigt. Vgl. hierzu z.B. Oehler, A., Erwartungsnutzentheorie, 1992, S. 97ff. und Roßbach, P., Behavioral Finance, 2001.

findung aufgrund wesentlicher physischer, mentaler und neuronaler Beschränkungen nicht vollständig rational handeln kann.[395]

Es treten systematische Verhaltensmuster auf, welche signifikant von den in der Kapitalmarkttheorie definierten Annahmen des homo oeconomicus[396] abweichen; diese werden auch als Verhaltensanomalien bezeichnet. Hierbei zählen zu den Informationswahrnehmungsanomalien z.b. die Verfügbarkeitsheuristik (einfach zugängliche Informationen gehen stärker in die Entscheidungsfindung ein) oder das Priming (erstgenannte Argumente gehen stärker in die Entscheidungsfindung ein).[397] Unter die Informationsverarbeitungsanomalien fallen sowohl die Komplexitätsreduktion durch Vereinfachung von Sachverhalten als auch Urteilsheuristiken (z.b. die Überschätzung von Wahrscheinlichkeiten aufgrund repräsentativer Ereignisse).[398] Anomalien im Rahmen der eigentlichen Entscheidung sind ebenfalls in zahlreichen Ausprägungen festgestellt worden (z.b. kognitive Dissonanzen).[399]

Im Kontext der Industrialisierung der Transformation besitzt der Behavioral Finance-Ansatz insofern Relevanz, als dass mit der Standardisierung und Automatisierung von Entscheidungen respektive Dispositionen in Banken die dargestellten Anomalien zumindest in Teilen verhindert werden (sollen) (z.b. bei der Kreditentscheidung). Dies wird im Folgenden thematisiert und spiegelt sich später im zu entwickelnden Modell der Industrialisierung von Banken wider (vgl. Kapitel 5.2.2).

4.1.4.1 Automatisierung der Bankdisposition

Im Rahmen der Disposition von Banken kommt der Kreditentscheidung – insbesondere vor dem Hintergrund der massiven Verluste zahlreicher Banken im Kreditbereich in den letzten Jahren sowie der künftigen neuen Anforderungen im Kontext von Basel II[400] – eine hohe Bedeutung zu. Vor diesem Hintergrund soll in diesem Kapitel ausführlich zunächst auf die Disposition im Kreditbereich eingegangen werden. Im Mittelpunkt stehen hierbei die Verbesserung der objektiven Bonitätseinschätzung des potenziellen oder aktuellen Kreditnehmers und die Verknüpfung dieser Bonitätseinschätzung mit Regeln und Algorithmen zur Kreditvergabeentscheidung.

---

395 Vgl. hierzu z.B. De Bondt, W.F.M., Investor psychology, 1995, S. 7ff. und Rapp, H.-W., Behavioral Finance, 2000, S. 94ff.

396 Vgl. hierzu auch Kapitel 3.1.1.

397 Vgl. hierzu Goldberg, J./ von Nitzsch, R., Behavioral Finance, 2000, S. 59ff. und Rapp, H.-W., Behavioral Finance, 2000, S. 95ff. Dort werden weitere Heuristiken dieser Kategorie dargestellt (z.B. selektive Wahrnehmung, Kontrasteffekt, Herdeneffekt).

398 Für weitere Anomalien aus dieser Kategorie (z.B. Mental Accounting, Anchoring, Repräsentativität, Überschätzungen, Konditionierung, Attributionstheorien) vgl. Kieling, H., Behavioral Finance, 2001, S. 48ff. und Shefrin, H., Behavioral Finance, 2000, S. 30ff. und Zimbardo, P.G./ Gerrig, R.J., Psychologie, 1999, S. 209ff.

399 Vgl. zu kognitiven Dissonanzen sowie zu weiteren Theorien im Kontext von Entscheidungsanomalien (Kontrolltheorie, Bewertung von Gewinnen und Verlusten, etc.) Goldberg, J./ von Nitzsch, R., Behavioral Finance, 2000, S. 140ff.

400 Zu den regelmäßig anfallenden Herausforderungen von Banken im Kreditbereich vgl. z.B. Varnholt, B., Kreditrisikomanagement, 1997, S. 13ff.

Der Kreditwürdigkcitsprüfung stellt „nichts anderes als einen komplexen Informationsverarbeitungsprozess"[401] dar. Hierbei kann eine Differenzierung nach Automatisierungsgrad in traditionelle Verfahren und neuere Verfahren vorgenommen werden.[402] Zu ersteren gehören beispielsweise die klassische Bilanzanalyse (bei Firmenkunden) bzw. die Analyse von Haushaltseinkommen und -vermögen (bei Privatkunden) sowie die Bewertung weiterer qualitativer Faktoren (z.B. Management-Risikobewertung).[403] Diese Verfahren sind flächendeckend, jedoch meist isoliert nebeneinander über lange Zeit eingesetzt worden.[404] Die wesentlichen Kritikpunkte an den traditionellen Verfahren umfassen unter anderem die mangelnde systematische Berücksichtigung qualitativer Informationen, die fehlende Ermittlung eines Gesamturteils sowie die mangelnde Vergleichbarkeit.[405]

Neuere Verfahren der Kreditwürdigkeitsprüfung nutzen oftmals eine breitere Basis von Daten und standardisierten Auswertungsverfahren (z.B. ergänzende statistische Kontendatenanalysen, Diskriminanzanalysen) und aggregieren diese insbesondere über Scoring-Modelle, die in EDV-basierten Expertensystemen hinterlegt werden.[406] Dies „soll vor allem die logische Arbeitsweise eines solchen Systems in den Vordergrund rücken und die menschliche und damit intuitive Komponente in den Hintergrund stellen."[407] Dies bedeutet nichts anderes als den Versuch, menschliche Verhaltensanomalien im Sinne des Behavioral Finance-Ansatzes im Rahmen der einzelnen Kreditentscheidung weitgehend auszuschalten. Derartige standardisierte und automatisierte Scoring-Modelle finden in der Unternehmenspraxis inzwischen weiten Einsatz.[408] So kann festgehalten werden, dass „Scoring-Verfahren zur standardisierten Bonitätsbeurteilung und zur Unterstützung der Kreditentscheidung im Privatkundengeschäft (...) zunehmend zum Wettbewerbsfaktor [werden]."[409] Folgerichtig hat auch die Dresdner Bank für ihr Privat- und Firmenkundengeschäft ein solches Instrument entwickelt – den Credit Risk Indicator.

---

401 Grof, E., Kreditwürdigkeitsprüfung, 2002, S. 95.
402 Vgl. Küting, K./ Weber, C.-P., Bilanzanalyse, 1993, S. 414. Für alternative Differenzierungen von Kreditprüfungsverfahren (z.B. in logisch-deduktive und empirisch-induktive) vgl. Büschgen, H.E., Bankmanagement, 1999, S. 940ff. und Schierenbeck, H./ Hölscher, H., BankAssurance, 1998, S. 438ff.
403 Für einen Überblick der traditionellen Verfahren vgl. z.B. Grof, E., Kreditwürdigkeitsprüfung, 2002, S. 111ff.
404 Dies belegt eine Studie über den Grad der Verwendung von Instrumenten zum Kreditrisikomanagement. Vgl. Bruckner, B., Bonitätsbeurteilung, 1996, S. 46.
405 Vgl. Grof, E., Kreditwürdigkeitsprüfung, 2002, S. 122f.
406 Für einen Überblick neuerer, insbesondere statistischer Systeme der systematischen Bonitätsbeurteilung (z.B. Z-Score Modelle, etc.) vgl. Manessinger, H., Konkurs-Frühwarnsysteme, 2002, S. 43ff.
407 Leins, H., Bonitätsbeurteilung, 1993, S. 90.
408 Schon Mitte der neunziger Jahre wurden derartige oder ähnliche Systeme in 42% der Banken eingesetzt. Vgl. Bruckner, B., Bonitätsbeurteilung, 1996, S. 46. Gleichwohl begann erst danach die stärkere Verbreitung und Verfeinerung dieser Systeme. Einen Überblick solcher Systeme gibt auch Meyer zu Selhausen, Bankbetriebswirtschaftslehre, 2000, S. 239ff.
409 Bochenek, T., Scoring, 2002, S. 482.

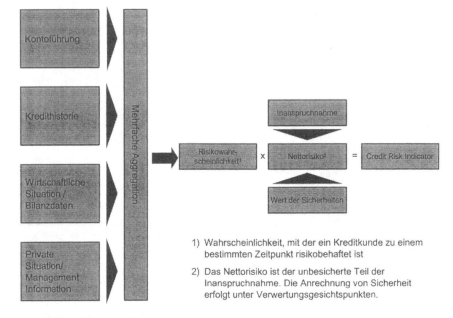

Abbildung 21: Systematik des Credit Risk Indicators der Dresdner Bank[410]

Hierbei kann festgehalten werden, dass unterschiedliche Risikodaten-Kategorien erhoben und im Rahmen von mehrfachen Aggregationen automatisiert verknüpft und verarbeitet werden. Die resultierende Risikowahrscheinlichkeit bewertet das Risikoprofil des Privat- oder Firmenkunden. Über eine Verknüpfung mit dem Nettorisiko als unbesicherter Teil der Inanspruchnahme wird der erwartete Verlust errechnet. Durch die Standardisierung und Automatisierung mit Hilfe des Credit Risk Indicators „wird [...] der Prüfungsprozess aktiv unterstützt, wodurch erhebliche Effizienzsteigerungen und Kosteneinsparungen erzielt werden können."[411]

Die dargestellte Tendenz ist in der Terminologie der Industrialisierung (vgl. Kapitel 2.2.1) als „Mechanisierung" zu interpretieren, weil die jeweiligen Scoring-Systeme den Mitarbeiter unterstützen, jedoch nicht ersetzen. Im Privatkundenbereich hat jedoch schon eine vollständige Automatisierung des Kreditprüfungs- und -entscheidungsprozesses stattgefunden. Das ursprünglich von der Norisbank entwickelte und inzwischen durch den genossenschaftlichen Sektor übernommene Konsumentenkredit-Produkt „EasyCredit" basiert auf einer vollständig automatisierten Kreditentscheidung ohne jegliche „Hygieneeingriffe" des „Faktors Mensch" mit seinen Verhal-

---

410 Buttler, M., Management von Risiken, 2002, S. 178. Vgl. für ein detailliertes Kriterienraster eines Scoring-Modells Barrer, R., Kreditgeschäft, 2000, S. 121. Ein umfassender Überblick von Softwareinstrumenten für Banken-Ratings findet sich in Everling, O./ Leyder, M.-J., Ratingsoftware, 2005, S. 66f.
411 Buttler, M., Management von Risiken, 2002, S. 178.

tensanomalien. Die Integration geht so weit, dass die zur Kreditprüfung verwendeten Softwareprodukte (z.B. die Software Kreditsoft)[412] von der Schufa-Abfrage über das Scoring und die Kreditentscheidung bis hin zum Vertragsdruck und -versand sämtliche Prozesse automatisiert durchführen.

Andererseits ist es jedoch interessant festzustellen, dass zumindest in Einzelfällen ein rückläufiger Trend im Sinne einer „Wiederentdeckung" der Vorteilhaftigkeit einer menschlichen Einflussnahme in der Kreditprüfung stattgefunden hat. Die FinanzIT als einer der zentralen Dienstleister im Bereich Informationstechnologie für den Sparkassensektor hat beispielsweise ihre Software „Finanzdienstleistungsfiliale (FDL)" überarbeitet; entgegen der ursprünglichen Automatisierung kann jetzt ein autorisierter Bankmitarbeiter wieder in Grenzfällen („Ampelfarbe: Gelb") „die Maschine überstimmen"[413] und den Kredit bewilligen:

„FDL stellt den Sparkassen ein (...) System für die standardisierte, automatisierte Bearbeitung von Kreditanfragen zur Verfügung. Liegen nach einer Überprüfung des Antragsstellers Negativmerkmale vor, (...) wird die Kreditvergabe abgelehnt. Jedes Institut kann über Institutsparameter die Negativmerkmale einstellen und so deren „Härtegrad" festlegen. Der Berater hat[te] bewusst keine Möglichkeit eine Gegenentscheidung zu treffen. Die Kreditvergabe erfolgt so unter objektiven, institutsindividuellen Gesichtspunkten. Die standardisierte, rein systemseitige Kreditentscheidung entsprach jedoch nicht (...) den Bedürfnissen derjenigen Institute, die einen größeren Spielraum bevorzugen. Durch FDL abgelehnte Kreditanträge sollten unter gewissen Voraussetzungen positiv entschieden werden können."[414]

Auch für Dispositionen im Handelsbereich von Banken erfolgt eine umfassende Systemunterstützung. Diese ermöglicht die Kommunikation mit Geschäftspartnern, die Anzeige von Marktinformationen, die Positionsführung der gehandelten Instrumente, Limit-Auslastungsanzeigen, die Berechnung des Händler-Erfolgsbeitrags sowie Back Office-Aufgaben.[415] Einer der Marktführer in diesem Software-Segment ist die Firma Sungard. Die endgültige Disposition obliegt hierbei im Regelfall noch dem Händler; gleichwohl bieten die Systeme beispielsweise automatisierte, modellgestützte Anzeigen von Arbitragemöglichkeiten und Vorschläge für Hedging-Transaktionen, die ihrerseits die Disposition von Händlern beeinflussen.

Es kann festgehalten werden, dass auf Einzelgeschäftsebene durchaus von einer zunehmenden Standardisierung und Automatisierung der Dispositionsunterstützung, bisweilen sogar der Disposition in Banken an sich gesprochen werden kann, auch wenn teilweise gegenläufige Tendenzen existieren. Im Folgenden soll auf die zweite Industrialisierungstendenz im Transformationsbereich eingegangen werden – die Standardisierung und Automatisierung im Rahmen der Gesamtbanksteuerung.

---

412 Vgl. ABC Systemhaus, Software, 2004.
413 Vgl. o.V., Ampelkredit, 2004, S. 10.
414 Vgl. ebenda.
415 Vgl. hierzu Meyer zu Selhausen, Bankbetriebswirtschaftslehre, 2000, S. 284ff.

4.1.4.2 Standardisierung und Automatisierung im Rahmen der Gesamtbanksteuerung

Die Gesamtbanksteuerung[416] zielt auf die aktive Steuerung der Transformationsleistung (Risiken, Fristen, Losgrößen) einer Bank ab. Sie stellt eine der jüngeren Entwicklungen in Theorie und Praxis der Bankenwelt dar, welche – auch vor dem Hintergrund erweiterter aufsichtsrechtlicher Anforderungen – eine Abkehr von einer isolierten Betrachtung einzelner Risikoarten, Unternehmensbereiche und Regionen postuliert und Ansätze und Instrumente für eine integrierte Betrachtung bereitstellt.[417] Es hat sich die Erkenntnis durchgesetzt, dass „ein umfassendes Gesamtbanksteuerungssystem notwendig ist, das die Dimensionen Risiko und Ertrag integriert und gleichzeitig internen betriebswirtschaftlichen und externen Anforderungen gerecht wird. Die zentrale Problemstellung der Umsetzung liegt in der Bewältigung der methodischen Komplexität."[418]. „Erst eine sinnvolle Verknüpfung aller Systeme innerhalb einer Bank-IT-Landschaft führt zu Kostenersparnis und zur Nutzung von Synergieeffekten."[419] Die geforderte Integration befördert und postuliert umfassende Standardisierungs- und Automatisierungsentwicklungen.

Es existieren verschiedene empirische Arbeiten, die den Status des Einsatzes materieller Verfahren der Gesamtbanksteuerung in der Bankenpraxis respektive deren Standardisierung untersuchen.[420] Neuere Studien legen hierbei den Schluss nahe, dass eine zunehmende Standardisierung der angewandten Methoden stattfindet. Hierbei gilt es darauf hinzuweisen, dass diese Form der Standardisierung einen unternehmens- und branchenübergreifenden Charakter besitzt und vor diesem Hintergrund von der einzelwirtschaftlichen, industriellen Standardisierung abzugrenzen ist. Am Beispiel der Risikomessung dominiert inzwischen insbesondere der Value at Risk als quantilsabhängiges Risikomaß; dies zeigt eine Untersuchung von Grimmer für das Handelsbuch:

---

416 Vgl hierzu die Beschreibung der Transformationsfunktion in Kapitel 3.2.5. Vgl. darüber hinaus zu Hintergründen der Gesamtbanksteuerung auch Rolfes, B., Gesamtbanksteuerung, 1999, S. 3. Er stellt drei Dimensionen in den Vordergrund: Risikoadjustierte Ertragsbewertung in allen Geschäftsbereichen, vollständige Erfassung und Steuerung des Risikos und Erwirtschaften einer angemessenen Verzinsung.

417 Vgl. Kapitel 3.2.5. Im angelsächsischen Raum wird dies auch als „integrated" oder „consolidated risk management" bezeichnet. Vgl. Cumming, C./ Hirtle, B., Risk Management, 2001, S. 1f.

418 Schumacher, M./ Goebel, R., Gesamtbanksteuerung, 2002, S. 22.

419 o.V., Gesamtbanksteuerung, 2003, S. 2.

420 Vgl. Droste, K.D. et al., Ergebnisinformation, 1983, S. 313 und James, C., RAROC, 1996, S. 20ff. und Penthor, J., Asset Liability Management, 1995 und Varnholt, B., Kreditrisikomanagement, 1997, S. 93-96 und Wills, S., Rewards, 1999, S. 52ff. und Wuest, G., Geschäftsfeldlenkung, 1997, S. 55-64.

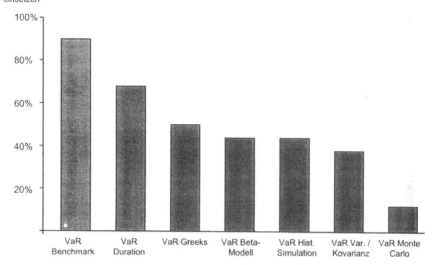

Abbildung 22: Risikomessverfahren im Handelsbuch[421]

Es wird deutlich, dass unterschiedliche Ausprägungen des Value at Risk-Verfahrens in bis zu 90% der befragten Banken im Handelsbereich Anwendung finden. Darüber hinaus wenden mehr als 30% der befragten Banken Value at Risk-Verfahren auch bei der Steuerung des Zinsbuches an.[422] Somit lässt sich festhalten, dass zahlreiche Banken existieren, die „Gesamtmodelle zur Value at Risk-Berechnung der zentralen Risikoportfolios einsetzen."[423] Hierbei unterscheidet sich die jeweilige Berechnung je Risikoportfolio in den genutzten Konfidenzniveaus, Haltedauern und Korrelationen. Die Verwendung von standardisierten Verfahren im Rahmen der Gesamtbanksteuerung ermöglicht die Durchführung von strategischen und operativen Entscheidungen auf Basis einer ermittelten gesamtbankbezogenen Risikoposition unter Berücksichtigung von Klumpenrisiken respektive Korrelationen; dies wird auch als Vision des „Risikoleitstandes"[424] bezeichnet. Obwohl die Verfahrensstandardisierung voranschreitet, setzt ein Großteil der Banken (62%) noch starre (Nominal-)Volumen-

---

421 In Anlehnung an Grimmer, J.U., Gesamtbanksteuerung, 2003, S. 231.
422 Vgl. ebenda, S. 234.
423 Ebenda, S. 237.
424 Vgl. Buttler, M., Management von Risiken, 2002, S. 163f. Schumacher/ Goebel verweisen für die Sparkassen-Finanzgruppe auch darauf, dass „die Management- und Controllinginstrumente für die verschiedenen Risikobereiche (...) eine identische Basiskonzeption, die eine Zusammenführung der Bereiche erlaubt, [benötigen]. Diese Aggregation kann bei derzeitigem Stand der Praxis nur auf höchster Ebene erfolgen. Eine Verknüpfung von Marktpreis-, Adressen- sowie operativem und Geschäftsfeldrisiko auf Einzelgeschäftsebene scheitert derzeit sowohl noch konzeptionell als auch daten- und informationstechnisch." Vgl. hierzu Schumacher, M./ Goebel, R., Gesamtbanksteuerung, 2002, S. 22.

limite je Geschäftstyp im Rahmen der Ausfallrisikosteuerung ein; „dagegen stellt der exklusive Einsatz von VaR-Limiten in der Ausfallrisikosteuerung noch eine Ausnahme dar. (...) Das zeigt, dass nur wenige Institute die Umsetzung einer VaR-Kreditportfoliosteuerung vollzogen haben. (...) Für die Zukunft bleibt zu fordern, dass die Limitsysteme parallel zur Entwicklung der Risikomessverfahren der Ausfallsteuerung verbessert werden."[425] Hierbei wird im Sinne von Basel II – insbesondere von den größeren Bankinstituten – zunehmend auf interne Datenquellen und Methoden (IRB-Ansätze) zurückgegriffen.[426]

Die dargestellte Methodenstandardisierung sowie Aggregation z.B. von Risikoinformationen stellt umfassende datentechnische und Automatisierungsanforderungen an die informationstechnische Infrastruktur von Kreditinstituten. Zum einen müssen immer größere (historische) Datenbestände vorgehalten werden; zum anderen müssen Daten zeitnah aus verschiedensten bankeigenen (z.B. Kontoführungssystem) und bankfremden Systemen (z.B. Schufa, externe Datenzulieferer wie z.B. Reuters) in sogenannten dispositiven Systemen (Controlling, Bilanzierung, Aktiv-Passiv-Steuerung) zusammengeführt und konsistent auf Basis einheitlicher Methoden verwertet werden. Hierbei bilden Datenkonsistenz, Redundanzfreiheit, zentrale Methodenverwaltung und Ergebnisablagen sowie eine standardisierte Datenbelieferung die wesentlichen Anforderungen.[427] Die folgende Abbildung stellt ein System der Gesamtbanksteuerung am Beispiel des „Bank Analyzers" der Softwarefirma SAP dar.

---

425 Grimmer, J.U., Gesamtbanksteuerung, 2003, S. 242f.
426 Vgl. zum IRB-Ansatz z.B. Elschen, R., Neues Aufsichtsrecht, 2002, S. 23ff.
427 Vgl. Euroforum, Banken, 2003, S. 13.

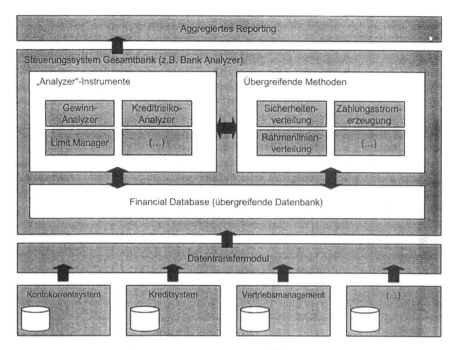

Abbildung 23: Systemarchitektur einer Gesamtbanksteuerung[428]

Auf unterster Ebene werden Daten aus den jeweiligen operativen Systemen zugeliefert (z.B. Kontokorrentsystem). Diese Daten werden über ein Datentransfermodul in eine aggregierte übergreifende Datenbank (im Falle von SAP: Financial Database) mit einheitlicher Datenstruktur überführt. „Die Financial Database stellt eine vorgefertigte Infrastruktur für die zentrale, konsolidierte Haltung von Finanzdaten zur Verfügung, wie z.b. Bestände, Geschäftsvorfälle und Bestandsdaten."[429]
Auf diesem normalisierten Datenbestand setzen standardisierte Methoden (z.B. Value at Risk-Berechnung) sowie verschiedene Auswertungsinstrumente (z.B. Kreditrisiko-Analyzer) auf. Hierbei kann festgehalten werden, dass die „betriebswirtschaftliche Integration [der Daten] (...) einer semantischen Normierung des Datenhaushaltes und einer normierten Steuerung von Prozessen bzw. Geschäftsvorfällen"[430] bedarf. Wesentliche Banken, die dieses Software-Produkt einsetzen, sind in Deutschland insbesondere die HypoVereinsbank, Volkswagen Financial Services und die West LB. So bemerkt ein Vertreter von Volkswagen Financial Services: „Analytische Anwendungen gab es zwar schon vor der Einführung von SAP (...),

---

428 Eigene Darstellung in Anlehnung an ebenda.
429 Färber, G./ Kirchner, J., Gesamtbankinfrastruktur, 2003, S. 28.
430 Ebenda, S. 9.

aber heute ist der Datenfluss einfacher, die zentralisierte Datenversorgung hat die Daten- und damit die Analysequalität verbessert."[431]

Somit lässt sich festhalten, dass – auch wenn die Industrialisierungsanalogie für den originär bankspezifischen Prozess der Transformation nur begrenzt wirksam ist – gleichwohl die ökonomischen Paradigmen der Industrialisierung wirken. Dies findet sowohl auf Ebene der einzelnen Disposition als auf Gesamtbank-Steuerungsebene statt.

Im Folgenden wird abschließend auf Bankprozess-übergreifende Industrialisierungsentwicklungen überblicksweise eingegangen. Hierbei stehen Qualitätsmanagement in Banken sowie die Konzentrationsprozesse innerhalb des globalen Bankensystems als industrieökonomische Entwicklungstendenz im Vordergrund (vgl. Kapitel 2.2. und 2.3 hinsichtlich der analogen industriellen Entwicklungen).

4.2 Prozessübergreifende Industrialisierungsentwicklungen

4.2.1 Qualitätsmanagement in Banken

Qualitätsmanagement stellt ein Paradigma der industriellen Leistungserstellung dar, welches komplementär zu Standardisierung, Spezialisierung und Automatisierung wirkt.[432] In zahlreichen jüngeren Publikationen wird die Übertragung qualitätsorientierter Konzepte auf die Bankenbranche gefordert, erläutert respektive nachgewiesen.[433] Diese umfassen sowohl Qualitätsmanagement im Sinne einer ISO-Zertifizierung als auch die Anwendung von Konzepten wie z.B. Total Quality Management und Six Sigma. Letzteres erlangte insbesondere durch die erfolgreiche Anwendung bei dem amerikanischen Unternehmen General Electric ab dem Jahr 1995 große Bekanntheit. Eine umfassende empirische Untersuchung der Anwendung von Six Sigma in der deutschen Bankenlandschaft bestätigt die Tatsache, dass Qualitätsmanagementinstrumente in Banken verwendet werden. Eine flächendeckende Verbreitung kann jedoch nicht nachgewiesen werden:

---

431 SAP, Volkswagen Financial Services, 2003, S. 3.
432 Vgl. Kapitel 2.2.2.
433 Vgl. beispielhaft Bergmann, M., Qualitätsmanagement in Kreditinstituten, 1996 und Hügginger, S., TQM bei Kreditinstituten, 1995 und Hügli, J., Zertifizierung, 1997 und Klee, J., Qualitätsmanagementsysteme, 2002 und Lieber, K./ Moormann, J., Six Sigma, 2004, S. 28-33 und Mohandas, P., Six Sigma, 2003 und Perger, E., Total Quality Management, 2002 und Roth-Herren, M., Total Quality Management, 1994 und Schmitz, G., Qualitätsmanagement, 1994 und Töpfer, A., Six Sigma, 2003 und Ulrich, T., Qualitätsmanagement, 1996.

1,9% der befragten Banken
wenden Six Sigma an.

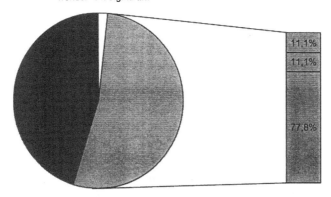

45,3% der befragten   52,8% der befragten Banken
Banken kennen Six   kennen Six Sigma, aber
Sigma nicht   wenden es nicht an.

Abbildung 24: Bekanntheitsgrad und Einführungshindernisse von Six Sigma[434]

Die Untersuchung offenbart, dass ca. 2% der Banken Six Sigma bereits einsetzen; darüber hinaus prüfen mehr als 5% der Banken die Einführung. Den prominenten Vorreiter für einen unternehmensweiten Einsatz stellt die Citibank dar; diese hat originär Six Sigma im Bankenbereich „hoffähig" gemacht. Weitere Anwender finden sich insbesondere im amerikanischen Raum – u.a. JP Morgan Chase, AIG Insurance, HSBC, Credit Suisse, Bank of America, SunTrust Bank.[435]

Ein ähnlicher Verbreitungsgrad kann für analoge Qualitätsmanagementkonzepte wie z.B. Total Quality Management konstatiert werden. Es kann festgehalten werden, dass – von einer relativ niedrigen Ausgangsbasis aus – „immer mehr Banken (...) [Qualitätsmanagement-]Konzepte zur kontinuierlichen Prozessverbesserung in Richtung Null-Fehler-Qualität [verwenden]."[436] Dies liegt insbesondere an der zunehmenden Bedeutung der Qualitätsdimension von Finanzdienstleistungen aufgrund der verstärkten Produktstandardisierung sowie der erhöhten Wechselbereitschaft von Kunden.[437] Von zahlreichen Banken sind positive Ergebnisse der Umsetzung dieser Konzepte kommuniziert worden. So berichtet die Citibank beispielsweise von einer Erhöhung der Verfügbarkeit der Geldausgabeautomaten von 97% auf 99%.[438]

Im Folgenden soll abschließend auf die Konzentrationsprozesse in der Bankenlandschaft als letzte prozessübergreifende Industrialisierungsentwicklung von Banken eingegangen werden.

---

434 Lieber, K./ Moormann, J., Six Sigma, 2004, S. 31.
435 Vgl. ebenda.
436 Töpfer, A., Six Sigma, 2003, S. 6.
437 Vgl. Perger, E., Total Quality Management, 2002, S. 3.
438 Vgl. ebenda, S. 9.

4.2.2 Konzentrationsprozesse in der Bankenlandschaft

In Kapitel 2.3 wurde die branchenbezogene Herstellerkonzentration als industrieökonomisches Paradigma der Industrialisierung dargestellt. Historisch besitzt die Bankenbranche aufgrund gesetzlicher Restriktionen respektive Markteintrittsbarrieren einen geringen Konzentrationsgrad.[439] Zeitlich nachgelagert zu den industriellen Konzentrationsprozessen haben jedoch seit den achtziger Jahren auch im Bankensektor umfassende Konsolidierungen – im Regelfall zunächst im Binnenmarkt und anschließend grenzüberschreitend – stattgefunden.

Für den US-Bankenmarkt kann beispielsweise festgehalten werden, dass, „während die Fusionswelle in den [80er und] 90er Jahren durch die Erzielung von Größenvorteilen und die Lockerung gesetzlicher Rahmenbedingungen [z.B. Interstate Banking and Branching Efficiency Act von 1994] geprägt war, standen bei den jüngsten Zusammenschlüssen [z.B. Bank of America und Fleet Boston Financial] die Stärkung des Privatkundengeschäfts und die geografische Ausweitung des Filialnetzes im Vordergrund."[440] Gleichwohl ist der amerikanische Bankenmarkt mit ca. 8.000 privaten Instituten noch relativ fragmentiert; die größten zehn Banken kontrollieren jedoch inzwischen einen Marktanteil von 62% der Vermögenswerte und 47% des Kapitals mit steigender Tendenz.[441]

Die Dynamik der Konsolidierung schlägt sich auch im Marktanteil der größten 25 Banken weltweit nieder; dieser ist – gemessen an der Bilanzsumme der größten 1.000 Banken – in den letzten neun Jahren von 31% auf 37% gestiegen. Franke hält deshalb fest: „Die anhaltende Konsolidierung der größten Banken kündigt eine neue Ära an: das Zeitalter der Banktitanen."[442] Auch auf einzelstaatlicher Ebene im europäischen Raum hat die Konzentration stark zugenommen; so weisen insbesondere der britische (Barclays, HSBC, Lloyds TSB, Royal Bank of Scotland), der spanische (SCH, BBVA, La Caixa), der italienische (Unicredito, Banca Intesa, San Paolo IMI) und der französische Bankenmarkt (BNP, Societe General, Credit Agricole) einen relativ hohen Konzentrationsgrad auf. Die größten fünf Institute erreichen jeweils einen Marktanteil von mindestens 60%.[443]

In diesem Vergleich ist der deutsche Markt aufgrund der noch vorhandenen strikten „Säulentrennung" in hohem Maße fragmentiert; jedoch setzen sich z.B. im Landesbanksektor – auch mit politischer Billigung – zunehmend die Konzentrationstendenzen durch. Insofern erscheint es zulässig, auch die Konzentration als gültiges ökonomisches Paradigma der Industrialisierung im Bankenbereich anzusehen.

---

439 Vgl. Goedeckemeyer, K.-H., Konsolidierungsdruck, 2004, S. 296.
440 Vgl. ebenda.
441 Vgl. ebenda, S. 297.
442 Vgl. Franke, D., Banken der Welt, 2004, S. 33.
443 Vgl. Bundesverband deutscher Banken, Banken 2004, 2004, S. 8ff.

4.3 Zusammenfassung der Industrialisierungsentwicklungen bei Banken

In diesem Kapitel wurde primär anhand der Wertschöpfungskette von Banken geprüft, inwieweit Industrialisierungsentwicklungen im Sinne der definierten Paradigmen der Industrialisierung im Bankensektor festzustellen sind. Es kann festgehalten werden, dass die vielfältige Verwendung von industriellen Nomenklaturen in Bankpraxis und -wissenschaft eine Berechtigung besitzt. Sowohl in Produktentwicklung, Vertrieb, Abwicklung als auch in der Transformation von Banken greifen zunehmend Standardisierung, Automatisierung und Spezialisierung. In diesem Kontext werden verstärkt industrielle Konzepte als Vorbilder herangezogen. Abbildung 25 gibt einen zusammenfassenden Überblick der identifizierten Industrialisierungstendenzen im Bankensektor.

Kategorie	Prozess	Industrialisierungsentwicklung im Bankensektor
Prozess-spezifisch	Produkt-entwicklung	Standardisierte Individualisierung des Leistungsangebots
		Automatisierung der Leistungseinführung und -verwaltung
	Vertrieb	Diversifikation und Spezialisierung des Bankenkanalportofolios
		Spezialisierung und Automatisierung von Vertrieb (-sunterstützung)
	Abwicklung	Standardisierung und Automatisierung der Abwicklung
		Spezialisierung und Reduktion der Fertigungstiefe
	Transformation	Automatisierung der Bankdisposition
		Standardisierung/ Automatisierung der Gesambanksteuerung
Prozessübergreifend		Etablierung von Qualitätsmanagement in Banken
		Wettbewerbliche Konzentration in der Bankenlandschaft

Abbildung 25: Identifizierte Industrialisierungsentwicklungen im Bankensektor[444]

Im Folgenden soll die Frage beantwortet werden, welche Wirkungen diese Entwicklungen – insbesondere auf den Erfolg von Banken – haben respektive welche Chancen und Risiken hiermit verbunden sind. Ist gegebenenfalls eine gedankenlose Übertragung industrieller Prinzipien sogar gefährlich? Dies soll im folgenden Kapitel analysiert werden. Hierbei liegt der Schwerpunkt auf der Wirkungsanalyse und Bewertung der prozessspezifischen Industrialisierungstendenzen von Banken.

---

444 Eigene Darstellung.

V. Wirkungsanalyse und Bewertung der Industrialisierung von Banken

5.1 Grundlagen

In Kapitel 4 wurde ein umfangreiches Spektrum an teilweise interdependenten Industrialisierungsentwicklungen von Banken erarbeitet. Es wurden darüber hinaus – im Regelfall positive – Ergebnisberichte als erste Wirkungsindikationen dargestellt. Im Folgenden soll eine erweiterte Wirkungsanalyse und Bewertung erfolgen. Die Betriebswirtschaftslehre als theoretische und als angewandte Wissenschaft stellt in diesem Kontext verschiedene Methoden der Wirkungsanalyse bereit.[445] Im Rahmen der empirisch-realistischen Theorie werden über die Anwendung von induktiven oder statistischen Verfahren Erkenntnisse über den Einfluss spezifischer Variablen auf andere gewonnen. In Kapitel 5.2.1 wird diesem Vorgehen gefolgt, indem empirisch-statistische Analysen der Kapitalmarkt- und Erfolgswirkung der Industrialisierung von Banken vorgenommen werden. Diese Methodik stößt jedoch bei komplexen Ursachezusammenhängen an Grenzen – es können primär einfache Ursache-Wirkungs-Relationen abgebildet und geprüft werden. Vor diesem Hintergrund wird in Kapitel 5.2.2 der exakten betriebswirtschaftlichen Theorie gefolgt und ein Modell zur Analyse von Industrialisierungswirkungen bei Banken entwickelt. Abschließend erfolgt in Kapitel 5.3 eine zusammenfassende Bewertung der Chancen und Risiken der Industrialisierung von Banken.

5.2 Wirkungsanalysen der Industrialisierung von Banken

5.2.1 Empirische Wirkungsanalysen

5.2.1.1 Industrialisierung und Bankergebnis

5.2.1.1.1 Untersuchungsziele und -vorgehen

In einem ersten Schritt soll untersucht werden, inwieweit die Industrialisierung von Banken deren wirtschaftlichen Erfolg fördert. Vereinfacht gilt es, die Frage zu beantworten, ob stärker industrialisierte Banken erfolgreicher sind. Um dies adäquat analysieren zu können, ist eine standardisierte Datenbasis für eine hinreichend große Grundgesamtheit an Banken notwendig. Diesen beiden Anforderungen wird nur die im Rahmen des externen Rechnungswesens respektive Jahresabschlusses[446] publizierte Datenbasis gerecht.

Innerhalb des Jahresabschlusses werden typischerweise zwei Größen im Rahmen der Gewinn- und Verlustrechnung („Income Statement" im angelsächsischen Raum)

---

445 Vgl. hierzu und zum Folgenden Wöhe, G., Allgemeine Betriebswirtschaftslehre, 2002, S. 34ff.
446 Vgl. Kapitel 3.3.1.

veröffentlicht, die aus dem Blickwinkel der Industrialisierung von Banken interpretierbar sind. Der Verwaltungsaufwand wird getrennt nach Personalaufwand („Personnel Expenses") und Sonstiger Nicht-Zinsaufwand (Sachaufwand bzw. „Other Non-Interest Expenses") ausgewiesen. Folgerichtig kann der Quotient „Sachaufwand / (Personalaufwand+Sachaufwand)" in industrieller Terminologie als Kapitalintensität der Leistungserstellung bzw. als (1-Arbeitsintensität der Leistungserstellung) ausgelegt werden.

Er stellt somit eine aggregierte Meßgröße der Industrialisierung dar, da nahezu sämtliche der Industrialisierungsentwicklungen entsprechend Kapitel 4 zu einem Ersatz von menschlicher durch maschinelle Arbeitskraft (z.b. Automatisierung der Leistungseinführung) führen. Auch Entwicklungen wie z.b. die Reduktion der Fertigungstiefe führen zu einer Transformation von Personal- durch Sachkosten. Insofern kann zunächst vereinfacht festgehalten werden: Hat eine Bank einen höheren Quotient „Sachaufwand / Gesamtaufwand" als eine andere mit vergleichbarem Geschäftsmodell, so ist erstere stärker industrialisiert.

Im Folgenden wird eine lineare Regressionsanalyse[447] durchgeführt, um den Zusammenhang zwischen dieser Meßgröße der Industrialisierung und einer Erfolgskennzahl der jeweiligen Banken zu verdeutlichen. Hierbei stellt der Quotient „Sachaufwand / Gesamtaufwand" die unabhängige Variable dar. Als abhängige Variable oder Zielvariable wird die Eigenkapitalrentabilität gewählt. Von den in der Breite öffentlich zugänglichen Erfolgskennzahlen einer Bank bietet diese die höchste, wenngleich durch rechnungswesentechnische Spielräume bereits eingeschränkte Aussagekraft.

Inwieweit die unabhängige Variable (der „Industrialisierungsgrad" einer Bank) die abhängige Variable (ihren wirtschaftliche Erfolg definiert über die Eigenkapitalrentabilität) beeinflusst, wird durch das Bestimmtheitsmaß (auch: Determinationskoeffizient) R^2 angegeben. Dies stellt das Quadrat des Korrelationskoeffizienten dar und kann Werte zwischen 0 und 1 annehmen. Nähert sich der Wert 0 an, so sind die abhängige und unabhängige Variable unkorreliert respektive die abhängige lässt sich nicht aus der unabhängigen heraus erklären;[448] je stärker sich der Wert der Zahl 1 annähert, um so mehr ist das Gegenteil der Fall.

Die dargestellte Untersuchung wird für die größten 45 europäischen Banken durchgeführt. Um kurzfristige Schwankungen aus der Untersuchung zu eliminieren, wird sowohl für die abhängige als auch für die unabhängige Variable der Durchschnitt der Jahre 1997-2003 verwendet.[449] Die Daten sind der Branchendatenbank für Banken „Bankscope" entnommen. Im Folgenden werden die Ergebnisse der Regressionsanalyse dargestellt.

---

447 Vgl. für statistische Grundlagen der Regressionsanalyse – in diesem Falle einer Einfachregression – Bleymüller, J./ Gehlert, G./ Gülicher, H., Statistik, 2004, Kapitel Regressionsanalyse I, S. 139ff. Die verwendeten Inputdaten sind im Anhang zusammengefasst.
448 Hierbei ist darauf hinzuweisen, dass keine Prüfung nicht-linearer Abhängigkeiten erfolgt.
449 Wenn zum Zeitpunkt der Analysedurchführung die Daten für 2003 noch nicht vorlagen, wurden die jeweils aktuellsten Daten für die Durchschnittsbildung herangezogen.

102

5.2.1.1.2 Untersuchungsergebnisse

Zunächst wurden – wie in Kapitel 5.2.1.1.1 dargestellt – der Quotient „Personalaufwand / Gesamtaufwand" als unabhängige Variable und die Eigenkapitalrentabilität der betrachteten Bankinstitute als abhängige Variable verwendet. Die Ergebnisse im Sinne einer Punktwolke sind in der folgenden Abbildung dargestellt.

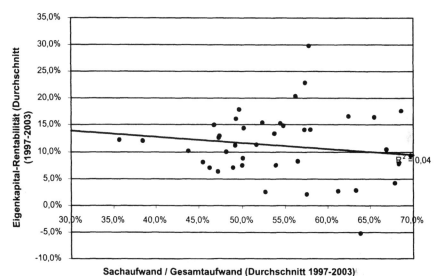

Abbildung 26: Eigenkapitalrentabilität vs. Sachaufwand / Gesamtaufwand[450]

Bereits die Anordnung der Punktwolke verdeutlicht, dass ein sehr schwacher Zusammenhang – sogar ein leicht negativer – zwischen der unabhängigen und der abhängigen Variable existiert. Der Wert des Bestimmtheitsmaß R^2 beträgt 0,04. Die Variablen sind somit weitgehend unkorreliert. Die Untersuchung liefert keinen Hinweis, dass die Industrialisierung von Banken im Sinne eines Ersatzes von Personal- durch Sachaufwand durch Automatisierung und Outsourcing positiv das Ergebnis von Banken beeinflusst.

In diesem Zusammenhang muss darauf hingewiesen werden, dass je nach Schwerpunkt der Geschäftätigkeit von Banken der Anteil von Personalaufwand am Gesamtaufwand variiert. So haben beispielsweise Banken, die vornehmlich Investment Banking betreiben, aufgrund der Geschäfts- und Gehaltsstruktur im Regelfall sehr viel höhere Personalaufwands-Anteile als traditionelle Filialbanken.[451] Die Grundgesamtheit der einbezogenen Banken bildet überwiegend Banken mit signifi-

---

450 Eigene Darstellung.
451 Dieser Wert lag beispielsweise bei knapp 70% für Merrill Lynch im Jahre 2003. Vgl. Merrill Lynch, Consolidated Statement of Earnings, 2003.

kantem Filialgeschäft ab und ist in dieser Hinsicht einigermaßen homogen. Es wurde darüber hinaus die analoge Untersuchung für spezifische Bankengruppen (z.B. Online-Banken in Deutschland, Investment Banken, Privatbanken, etc.) durchgeführt; diese bestätigen jeweils die aufgezeigten Ergebnisse. Darüber hinaus ist bezogen auf die unabhängige Variable kritisch anzumerken, dass ein höherer Sachaufwandsanteil in der Aufwandsstruktur von Banken nicht per se „besser" ist; so können nicht erfolgreiche Outsourcing-Maßnahmen zu einer Substitution von Personalkosten durch höhere Sachkosten führen, was sich in einer starken Erhöhung des Sachkostenanteils widerspiegeln würde.

Insofern lässt sich festhalten, dass für den Grad der Industrialisierung und das Bankergebnis keine wesentliche Beeinflussung ermittelt werden kann, so dass keine Interpretation in die eine oder andere Richtung auf dieser Basis vorgenommen werden sollte. Gegebenfalls wirkt die Industrialisierung von Banken jedoch stärker auf die Effizienz der Leistungserstellung im Sinne von Input-Output-Betrachtungen als auf das Bankergebnis; dies soll im nächsten Schritt geprüft werden.

5.2.1.2 Industrialisierung und Effizienz der Leistungserstellung

5.2.1.2.1 Untersuchungsziele und -vorgehen

Die Effizienz von Leistungserstellungsprozessen stellt das Verhältnis von Faktoreinsatz (Input) und Ausbringung (Output) dar, wobei jedes Effizienzmessverfahren die Existenz eines Vergleichsmaßstabes bzw. einer Vergleichsgruppe voraussetzt.[452] Hierbei ist die Effizienzanalyse für Banken seit Mitte der achtziger Jahre in einer Vielzahl wissenschaftlicher Arbeiten behandelt worden.[453] Die wesentliche Kennzahl der Effizienz für Banken ist die Cost Income Ratio (CIR, operative Aufwands-Ertrags-Relation); sie setzt die durch eine Bank verursachten Kosten in das Verhältnis zu den generierten Erträgen abzüglich der Zuführung zur Risikovorsorge. Sie liefert eine quantitative Aussage über die Effizienz der Leistungserstellung einer Bank.

Zielsetzung der zweiten empirischen Untersuchung ist die Validierung der Hypothese, dass industrialisierte Banken effizienter arbeiten. Hierbei wird erneut eine Regressionsanalyse durchgeführt, in der der Zusammenhang zwischen einer unabhängigen Industrialisierungsvariable und einer abhängigen Effizienzvariable von Banken ermittelt wird. Die Industrialisierung wird analog dem Kapitel 5.2.1.1 durch den Quotient „Sachaufwand / (Sachaufwand + Personalaufwand)" repräsentiert. Als abhängige Variable wird diesmal jedoch die Cost Income Ratio als Effizienzmaß verwendet.

Die dargestellte Untersuchung wird ebenfalls für die größten 45 europäischen Banken durchgeführt, wobei sowohl für die abhängige als auch für die unabhängige

---

452 Vgl. Pham-Puong, D., Leistungsfähigkeit, 2004, S. 5.

453 Vgl. für einen umfassenden Gesamtüberblick inklusive einer Zusammenfassung verschiedener Verfahren (z.B. der Data Envelopment Analysis) Berger, A.N./ Humphrey, D.B., Efficiency of financial institutions, 1997, S. 175ff.

Variable der Durchschnitt der Jahre 1997-2003 verwendet wird. Die Daten sind der Branchendatenbank für Banken „Bankscope" entnommen. Im Folgenden werden die Ergebnisse erläutert.

5.2.1.2.2 Untersuchungsergebnisse

In der folgenden Abbildung wird die Punktwolke der Regressionsanalyse dargestellt. Diese verdeutlicht, dass eine negative Beeinflussung zwischen der Industrialisierungsvariable des Sachaufwandsanteils und der jeweiligen Cost Income Ratio anzutreffen ist.

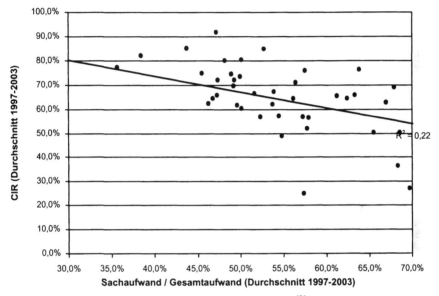

Abbildung 27: Cost Income Ratio vs. Sachaufwand / Gesamtaufwand[454]

Dies erlaubt die Interpretation, dass Industrialisierung die Effizienz der Leistungserstellung von Banken erhöht. Mit einem Bestimmtheitsmaß von $R^2=0,22$ liefern die Ergebnisse auch eine höhere – wenngleich immer noch moderate – Korrelation und Aussagekraft als die Analyse des wirtschaftlichen Erfolgs einer Bank im Sinne der Eigenkapitalrendite. Somit kann festgehalten werden, dass eine erste – wenn auch schwache – Indikation für die positive Wirkung der Industrialisierung von Banken ermittelt werden konnte. Gleichwohl sind – wie bereits angedeutet – mit beiden Regressionsanalysen signifikante methodische Probleme verbunden:

- **Selektion/ Interpretation der unabhängigen Variable:** Die Personalintensität der Produktion ist in mehrfacher Hinsicht ein problematisches Maß. Zum einen

---

454 Eigene Darstellung.

ist diese durch das Geschäftsmodell (Retail- vs. Investment Banking) stark determiniert. Zum anderen beinhaltet die Verwendung implizit die Hypothese der Industrialisierungseffizienz, d.h. ein sachkosten-erhöhendes, jedoch ineffizientes Outsourcing verfälscht die Ergebnisinterpretation.

- **Selektion/ Interpretation der abhängigen Variable:** Auch die abhängige Variable, in diesem Fall die Eigenkapitalrentabilität, weist Schwächen, z.b. aufgrund möglicher buchhalterischer Verzerrung, auf.
- **Selektion der Grundgesamtheit:** Die Grundgesamtheit an Banken mit einem vergleichbaren Geschäftsmodell ist aus statistischer Sicht gering; darüber hinaus verfälschen unterschiedliche Marktgegebenheiten (z.b. ertragsseitige Oligopolgewinne bei britischen Banken) die Ergebnisse.

Während bei den zwei dargestellten empirischen Analysen das Zahlenmaterial des externen Rechnungswesens im Vordergrund stand, soll in Kapitel 5.2.1.3 untersucht werden, wie der Kapitalmarkt auf Industrialisierungsentwicklungen von Banken reagiert.

5.2.1.3 Industrialisierung und Kapitalmarkteinschätzung

Hinsichtlich der Analyse der Kapitalmarktreaktion auf Industrialisierungsmaßnahmen von Banken existiert nur eine umfangreichere Untersuchung in den letzten Jahren. Diese ist durch das E-Finance-Lab[455] durchgeführt worden und soll in diesem Kapitel kurz dargestellt werden. Die Untersuchung behandelt die Forschungsfrage, wie der Kapitalmarkt auf die Ankündigung von Maßnahmen zur Verringerung der Fertigungstiefe (Outsourcing) im Sinne einer Industrialisierung der Abwicklungsfunktion von Banken reagiert. Hierfür sind ca. 250 Outsourcing-Ankündigungen im Rahmen einer Ereignisstudie (Signalling Theory) analysiert worden. Hierbei wird die Über- bzw. Unterrendite einer Bank im Zeitraum der Outsourcing-Ankündigung (Ereignisfenster) mit der erwarteten Rendite in diesem Zeitraum verglichen; letztere wird aus einem Schätzmodell auf Basis der letzten 360 Tage ermittelt. Die folgende Abbildung stellt die Häufigkeitsverteilung der Überrenditen sowohl für das abgebende Unternehmen (Outsourcer) als auch für das aufnehmende Unternehmen (Insourcer) dar:

---

455 Vgl. hierzu und für das gesamte Kapitel E-Finance Lab, Outsourcing, 2004.

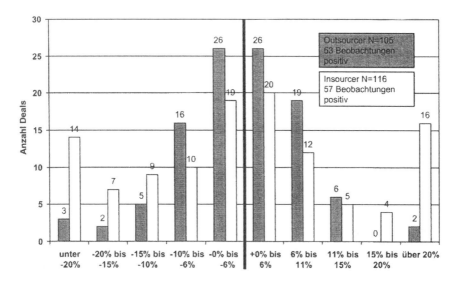

Abbildung 28: Verteilung der Überrenditen bei Outsourcing-Ankündigungen[456]

Es wird deutlich, dass die Überrenditen sowohl für die auslagernde Bank als auch für das aufnehmende Unternehmen annähernd symmetrisch verteilt sind. Insofern kann nicht von einer pauschal positiven Wertschätzung der entsprechenden Industrialisierungsmaßnahme am Kapitalmarkt ausgegangen werden. Vor diesem Hintergrund wurden durch das E-Finance-Lab 42 Operationalisierungskriterien definiert und untersucht, inwieweit bei Gültigkeit dieser Kriterien positive Überrenditen existieren. Im Ergebnis kann festgehalten werden, dass die Größe, Profitabilität und spezifische Erfahrung des Insourcers hochsignifikante Einflussfaktoren für eine positive Kapitalmarktreaktion beim Outsourcer darstellen. Dies lässt die Interpretation zu, dass die Verringerung der Fertigungstiefe an sich nicht honoriert wird, sondern nur wenn ein hohes Vertrauen in die Leistungsfähigkeit des neuen Lieferanten existiert. Umgekehrt bilden die Größe des Outsourcers sowie das Transaktionsvolumen die wesentlichen Determinanten einer positiven Kapitalmarktentwicklung des Insourcers.

Auch diese empirische Untersuchung liefert kein eindeutiges, sondern ein stärker differenziertes Bild der Vorteilhaftigkeit der Bankenindustrialisierung. Die Industrialisierung von Banken scheint aus Effizienzsicht leicht vorteilhaft zu wirken, wobei z.B. im Rahmen des Outsourcings spezifische Grundvoraussetzungen für eine positive Wirkung vorhanden sein müssen. Auf jeden Fall ist kein pauschaler empirischer Nachweis der Vorteilhaftigkeit bzw. Schädlichkeit der Industrialisierung von Banken erreicht. Vor diesem Hintergrund soll im nächsten Kapitel – der „exakten betriebswirtschaftlichen Theorie" folgend – ein Modell entwickelt werden, welches die grundsätzlichen Wirkungen von verschiedenen Industrialisierungsmaßnahmen darstellt.

---

456 Ebenda.

5.2.2 Modell zur Analyse der Industrialisierungswirkung

Das vorliegende Modell wurde gemeinsam mit Steffen Krotsch (Technische Universität Chemnitz) entwickelt. Dies wird – insbesondere die konkrete Ausgestaltung der einzelnen Modellparameter sowie die mathematische, formelbasierte Herleitung – ausführlich in dessen Dissertation „Industrialisierung von Banken – Ein Modell zur Analyse der Industrialisierung in der Abwicklungs- und Transformationsfunktion" dargestellt.[457] An dieser Stelle erfolgt eine überblicksweise Zusammenfassung.

5.2.2.1 Modellziele und -grundlagen

Grundlegendes Ziel dieses Modells stellt die Analyse der Wirkung der Industrialisierung von Banken dar. Hierbei steht im Vordergrund, wie sich spezifische Industrialisierungsmaßnahmen auf das Ergebnis bzw. die risikoadjustierte Performance von Banken und deren Risikoposition auswirken. Neben dem absoluten Ergebnis soll auch analysiert werden, wie sich die Volatilität der Bankperformance in unterschiedlichen Marktzuständen bei industrialisierten versus gering-industrialisierten Banken verhält. Gegebenenfalls könnten Banken mit umfassender Automatisierung z.B. im Transformationsbereich anfälliger für Marktschocks sein.

Das Modell soll ein Partialmodell der Industrialisierung darstellen. Es soll die Industrialisierung im Abwicklungs- und insbesondere im Transformationsbereich von Banken parametrisieren; auf die Abbildung des Vertriebs- und Produktentwicklungsbereichs wird jedoch bewusst verzichtet. Dies liegt in der Tatsache begründet, dass erstere komparativ bedeutsamere Bereiche der Industrialisierung von Banken darstellen und darüber hinaus die Komplexität des Modells in Grenzen gehalten werden soll.

In der bisherigen wissenschaftlichen Auseinandersetzung ist dem Autor kein Modell bekannt, das die Industrialisierung von Banken über Parametrisierungen abbildet. Ein Überblick grundlegender Ansätze zur Modellierung des Bankverhaltens wurde in Kapitel 3.3.4 gegeben. Im Folgenden wird ein Modell der Kategorie der „stochastischen einperiodigen Modelle" aufgrund ihrer flexiblen Einsetzbarkeit für Zwecke der Industrialisierungsanalyse entwickelt.

Der Fokus der modellierten Bank soll im Einlagen- und Kreditgeschäft mit Firmenkunden, welches für die Bank mit einem Bonitäts-, Zinsänderungs- sowie Zinsspannenrisiko (Überhang gegenüber Einlagen) verbunden ist,[458] liegen. Darüber hinaus soll das Handelsgeschäft mit festverzinslichen Wertpapieren und Aktien – verknüpft mit ihrem jeweiligen Zinsänderungs- bzw. Kursrisiko – abgebildet werden.

Die folgende Abbildung stellt den grundlegenden Aufbau des zu entwickelnden Modells dar.

---

457 Vgl. Krotsch, S., Industrialisierung von Banken – Ein Modell, 2005.
458 Vgl. zu den Risikoarten einer Bank auch Kapitel 3.3.

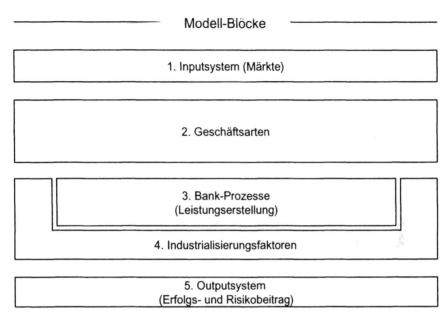

Abbildung 29: Grundlegende Struktur des Industrialisierungsmodells für Banken[459]

Den ersten Modellblock bildet das Inputsystem, welches eine Abbildung der Inputfaktoren bzw. Märkte, in denen die Bank tätig ist, vornimmt. Dies soll in der Lage sein, stabile und stark volatile Marktzustände abzubilden. Der zweite Modellblock repräsentiert die Produkte respektive Geschäftsarten, mit Hilfe derer eine Bank Risiko-, Fristen- und Losgrößentransformation durchführt und auf den Märkten auftritt. Die Prozesse der bankinternen Leistungserstellung werden im 3. Modellblock beschrieben. Dieser stellt eine modellspezifische Konkretisierung der in Kapitel 3.2 dargestellten Prozesse dar.

Die modellhafte Abbildung der Industrialisierungsfaktoren gemäß Kapitel 4.1.3 und 4.1.4 und gleichermaßen die Zusammenführung dieser mit den Bankprozessen erfolgt durch eine Parametrisierung der Bankprozesse mit den jeweiligen Faktoren im 4. Modellblock (Industrialisierungsfaktoren). Die Modellblöcke 2-4 können auch als Leistungssystem der Modellbank definiert werden. Die abschließende Wirkungsanalyse der zusammengeführten Untersuchungsobjekte erfolgt über die definierten Maße des Bankerfolges respektive -outputs gemäß Kapitel 3.3 (5. Modellblock: Outputsystem). Im Folgenden wird die Modellausgestaltung – orientiert an der dargestellten blockweisen Struktur – beschrieben.

---

459 Krotsch, S., Industrialisierung von Banken – Ein Modell, 2005.

5.2.2.2 Modellausgestaltung

5.2.2.1 Inputsystem

Das Inputsystem des Modells hat zwei wesentliche Anforderungen zu erfüllen. Zum einen sollen die relevanten Kapitalmärkte für Unternehmensrisiken (Unternehmens-Marktwert-/ Aktienkursrisiko) und Zinsrisiken (Zinsänderungsrisiko) im Sinne der Risikotransformationsfunktion abgebildet werden. Zum anderen soll es die Modellierung extremer Marktzustände wie Schocks erlauben. Hierbei wird grundsätzlich von der Annahme vollkommener, insbesondere liquider Märkte ausgegangen.[460] Ein Kapitalmarkt in diesem Verständnis des Inputsystems kann als Aktienmarkt bzw. Anleihen- oder Rentenmarkt beschrieben werden.[461] Das Marktrisiko in Kapitalmärkten kann durch die beobachtete Schwankung der Preise bzw. Renditen abgebildet werden.[462] Sofern es sich um normalverteilte Renditen handelt, kann zur Messung die Standardabweichung der Renditeverteilung herangezogen werden. Empirische Studien belegen hierzu, dass Wochen- und Zwei-Wochenrenditen die Anforderungen einer Normalverteilung besser erfüllen als Tages- und Monatsrenditen.[463] Zusätzlich muss zur Charakterisierung und Modellierung eines Kapitalmarktes seine Korrelation zu anderen Märkten angegeben werden. Somit kann festgehalten werden, dass das geforderte Inputsystem durch die entsprechenden Märkte mit ihrer Renditeverteilung, einem Maß ihrer Volatilität und ihrer Korrelation untereinander unter Verwendung der Annahme einer Normalverteilung näher charakterisiert werden kann.

Extreme Marktzustände wie z.B. Schocks und sogenannte Bubbles in Finanzmärkten werden in einer Vielzahl empirischer Untersuchungen analysiert.[464] Hauptsächliche Untersuchungsobjekte stellen dabei die Preisentwicklung der Märkte, extreme Volatilitäten und Veränderungen der Korrelationen („correlation break downs") dar. Kaminsky und Reinhart untersuchen die Preisentwicklung internationaler Zins-, Währungs- und Aktienmärkte vom 1. Juli 1997 bis zum 14. Oktober 1998.[465] Hierbei werden beispielsweise kumulierte Änderungen der Aktienpreise im asiatischen Raum von -56,11% im Zeitraum vom 1. Juli 1997 bis zum 17. August 1998 verzeichnet. Im zweiwöchigen Zeitraum vom 17. August 1998 bis zum 1. September 1998 verlieren die europäischen Aktienmärkte 14,02%.

---

460 Vgl. Kapitel 3.1.1.
461 Vgl. Kapitel 3.1.1 und Obst/ Hintner/ von Hagen, J./ Stein, J.H., Geld-, Bank- und Börsenwesen, 2000, S. 361ff.
462 Vgl. Obst/ Hintner/ von Hagen, J./ Stein, J.H., , Geld-, Bank- und Börsenwesen, 2000, S. 298ff.
463 Vgl. ebenda sowie Campell, R./ Huisman, R./ Koedijk, K., Optimal portfolio selection, 2001.
464 Beispiele für empirische Studien über Marktschocks beinhalten Kaminsky, G.L./ Reinhart, C.M., Financial markets, 2002 und Rigobon, R., Shocks, 2003. Siehe auch Franke, D., Dynamik des Crashs, 2004.
465 Vgl. Kaminsky, G.L./ Reinhart, C.M., Financial markets, 2002. In dieser Zeitspanne sind die Asienkrise (Thailand) im Juli 1997, die Russlandkrise im Juli 1998 und der Konkurs der LTCM im September 1998 anzusiedeln.

Schock	Zeitraum ("high volatility window")	Varianzänderung der hauptsächlich betroffenen Marktindizes
Mexikanische Krise	09.01.1995 - 31.03.1995 (< 3 Monate)	4,32 (Märkte in Lateinamerika)
Asienkrise (Hong Kong)	27.10.1997 - 28.10.1997 (1 Tag)	11,63 (Märkte in Südostasien)
Asienkrise (Korea)	01.12.1997 - 30.1.1998 (< 2 Monate)	6,72 (Märkte in Südostasien)
Rußlandkrise	03.08.1998 - 15.10.1998 (< 3 Monate)	5,30 (OECD Märkte)

Abbildung 30: Ausgewählte Schocks am Kapitalmarkt[466]

In Abbildung 30 werden verschiedene Diskussionen zusammengefasst und es wird aufgezeigt, dass – während extremer Marktzustände – extreme Varianzänderungen bis zur 12-fachen Höhe der üblichen, normalen Marktvarianz erreicht werden. Das entspricht einer Erhöhung der Standardabweichung des Marktes um mehr als 300%. Darüber hinaus wird deutlich, dass sich die zeitliche Ausdehnung von Schocks auf wenige Wochen bzw. Monate erstreckt.

Folgerichtig wird die Anforderung der Abbildung extremer Marktzustände im Rahmen des Modells durch die Definition eines stabilen und eines volatilen Marktszenarios berücksichtigt, wobei bei der konkreten Parameterwahl das volatile Marktszenario um ca. 400% höhere Volatilitäten innerhalb gewisser Schockperioden aufweist. Die Korrelationen zwischen den Märkten werden bei extremen Marktzuständen aus Vereinfachungsgründen konstant gehalten.

Im Rahmen der konkreten Modellausgestaltung wird eine Bank betrachtet, die auf vier aktivseitigen Märkten agiert bzw. vier aktivseitige Titel in ihrem Portfolio hält. Dies umfasst zwei unterschiedlich risikoreiche Titel im Bankbuch (Kredit 1 und Kredit 2 – Firmenkunden) und zwei Titel im Handelsbuch (Aktie, Festverzinsliches Wertpapier), zwischen denen sie Allokationen vornehmen kann. Hierbei wird Neugeschäft nicht berücksichtigt, d.h. die Gesamtvolumina über alle Titel bleiben konstant. Der Volumensvektor der Portfolioelemente lässt sich somit wie folgt darstellen:

$$V = \begin{pmatrix} V_{K1} \\ V_{K2} \\ V_A \\ V_{FW} \end{pmatrix} = \begin{pmatrix} V(Kredit1) \\ V(Kredit2) \\ V(Aktie) \\ V(Festverz.WP) \end{pmatrix}$$

Für jedes der genannten Portfolioelemente werden stochastisch Renditen unter Berücksichtigung der jeweiligen Korrelationen und unter der Annahme der Normalverteilung ermittelt. Dies erfolgt zunächst über die Erzeugung eines standardnormalverteilten Zufallsvektors mit dem Nullvektor als Erwartungswert und der Einheitsmatrix als Korrelationsmatrix:[467]

---

466 Krotsch, S. Industrialisierung von Banken – Ein Modell, 2005. Die Volatilitätsänderung wurde über die Kovarianz-Matrix der Marktindizes der Länder der jeweils betroffenen Region berechnet und anschließend über die Euklidische Norm wieder aggregiert. Eine Zahl von 1200% beschreibt damit eine 12fach höhere Volatilität der Aktien-Länderindizes im beschriebenen Zeitraum.
467 Vgl. Theiler, U., Risk-/Returnsteuerung, 2002, S. 264f.

$$x_{SN} = \begin{pmatrix} x_{1SN} \\ x_{2SN} \\ x_{3SN} \\ x_{4SN} \end{pmatrix}$$

Anschließend wird der standardnormalverteilte Zufallsvektor x_{SN} mittels Cholesky-Transformation in den Vektor mit der gewünschten Korrelation transformiert:

$$x_C = \begin{pmatrix} x_{1SN} \\ x_{2SN} \\ x_{3SN} \\ x_{4SN} \end{pmatrix} \rightarrow A \rightarrow \begin{pmatrix} x_{1C} \\ x_{2C} \\ x_{3C} \\ x_{4C} \end{pmatrix}$$

Im letzten Schritt wird der Vektor x_C mittels Verknüpfung mit den historischen Parametern μ (Erwartungswert) und s (Standardabweichung) in für die Portfolioelemente spezifische Asset-Renditen bzw. Zinsänderungsraten transformiert. Hierbei wird ein „Störfaktor" F_s einbezogen, der die Volatilitätserhöhung in stark volatilen Märkte in der Transformation parametrisiert:

$$r = \begin{pmatrix} x_{1C} * \sigma_1 * F_s + \mu_1 \\ x_{2C} * \sigma_2 * F_s + \mu_2 \\ x_{3C} * \sigma_3 * F_s + \mu_3 \\ x_{4C} * \sigma_4 * F_s \end{pmatrix} = \begin{pmatrix} r_1 = Assetrendite\_für\_Kredit1 \\ r_2 = Assetrendite\_für\_Kredit2 \\ r_3 = Aktienrendite \\ r_4 = Zufällige\_Zinsänderung \end{pmatrix}$$

Die Wahl der konkreten Parameterausprägungen (Volatilitäten, Korrelationen, Renditen) erfolgt wirklichkeitsnah anhand von beobachtbaren Werten (z.b. Wochenrenditen) im deutschen Markt.[468]

Nach dieser überblicksweisen Beschreibung des Inputsystems der Modellbank soll im Folgenden deren Leistungssystem beginnend mit den Geschäftsarten dargestellt werden.

5.2.2.2.2 Leistungssystem der Modellbank

5.2.2.2.2.1 Geschäftsarten

In Kapitel 5.2.2.1 wurden bereits wesentliche, im Rahmen des Modells abzudeckende Geschäftsarten (Kredit- und Handelsgeschäft) definiert. Aus Veranschaulichungsgründen sollen diese zunächst in eine vereinfachte Bankbilanz integriert werden. Auf der Aktivseite befinden sich die Kredite (Firmenkunden) und die Handelspositionen der Bank. Auf der Passivseite werden hingegen die Einlagenpositionen sowie das Eigenkapital notiert. Die Nettoposition aus Forderungen und Verbindlichkeiten gegenüber anderen Kreditinstituten (Interbanken-Markt) befindet sich ebenfalls auf

---

468 Im Rahmen dieser überblicksweisen Modellbeschreibung soll nicht explizit auf die konkrete Wertermittlung für die einzelnen Parameter eingegangen werden. Vgl. hierzu Krotsch, S., Industrialisierung von Banken – Ein Modell, 2005.

112

der Passivseite. Folgende Abbildung verdeutlicht die vereinfachte Bilanz[469] der Modellbank.

Aktiva	Passiva
Kredite an Firmen (fester Sollzins)	Einlagen (fester Habenzins)
Festverzinsliche Wertpapiere	Netto-Interbanken-Position
Aktien	Eigenkapital

Abbildung 31: Vereinfachte Bilanz der Modellbank[470]

Die Geschäftsarten Kredit- und Einlagengeschäft lassen sich in diesem Kontext als kundenbezogene Geschäftsarten definieren; im Gegensatz hierzu kann der Erfolg aus Handelsgeschäften mit Aktien und festverzinslichen Wertpapieren – repräsentiert durch die jeweiligen Wertänderungen in der Periode – dem Zentralgeschäft respektive der Treasury-Abteilung zugeordnet werden. Der risikotragende Parameter für Aktienpositionen ist die stetige Aktienkursrendite, für festverzinsliche Papiere hingegen die stetigen Veränderungsraten des Marktzinses, wobei die Preise der Zinspositionen mittels des Barwertkonzeptes ermittelt werden.[471] Wie bereits bei der Beschreibung des Inputsystems dargestellt, wird jeweils von einer Normalverteilung ausgegangen.[472]

Das Kreditgeschäft hingegen zeichnet sich dadurch aus, dass Wertveränderungen insbesondere auf Änderungen der Qualität der Position im Sinne von Ausfall- bzw. Bonitätsrisiken in Bezug auf den Kreditnehmer beruhen. Von den wesentlichen bekannten Modellen zur Modellierung des Kreditrisikos (Default- und Mark-to-Market-Modelle)[473] wird aufgrund der hohen Datenverfügbarkeit, der granularen Darstellungsmöglichkeit des Risikobeitrages und der Unterstützung liquider Märkte für Kreditpositionen CreditMetrics[474] als der Mark-to-Market-Kategorie zugehöriges Kreditrisikomodell verwendet. Hierbei werden zufällige Asset-Renditen aus einer multivariaten Normalverteilung mit gegebenen Korrelationen simuliert und anschließend in Rating-Szenarien übersetzt.

Aus modelltechnischer Sicht werden die Geschäftsarten folgendermaßen abgebildet: Für die Kreditpositionen erfolgt die Transformation des erhaltenen Renditevektors r respektive der Vektorelemente r_1 sowie r_2 in Rating-Änderungen des Kreditnehmers sowie eine Neubewertung der Kreditpositionen und nachfolgend eine Transformation in die Ergebnisbeiträge e_1 und e_2 sowie die Verlustbeiträge l_1 und l_2.

---

469 Reserve-Positionen aufgrund Hinterlegungspflichten bei der EZB sollen unberücksichtigt bleiben.
470 Krotsch, S. Industrialisierung von Banken – Ein Modell, 2005.
471 Im engeren Sinne bezeichnet der Marktzins die Veränderung der stetigen Zerobond-Renditen. Vgl. Schierenbeck, H., Band 2, 2003, S. 310.
472 Vgl. Albrecht, P., Mathematische Modellierung, 2000.
473 Es werden verschiedene Bezeichnungen für die Modellkategorien verwendet. So verwendet Wahrenburg die Notation der Ausfallraten- und Asset Value Modelle, wobei letztere auf die Interpretation eines Kredits als Put Option auf die Assets des kreditnehmenden Unternehmens verweisen sollen. Vgl. Wahrenburg, M./ Niethen, S., Analyse alternativer Kreditrisikomodelle, 2000, S. 1.
474 Vgl. ebenda.

113

Bei der Aktienposition wird eine Transformation des erhaltenen Renditevektorelements r_3 in einen Verlustbeitrag l_3 vorgenommen. Dieser ist wie folgt definiert worden:

$$l_3 \quad = Erwartungswert - tatsächlich\ realisierter\ Wert$$

$$= V_A * (1 + \mu_3) - V_A * r_3$$

Für die Zinsposition ergibt sich analog eine Transformation des erhaltenen Renditevektorelements r_4 in den Verlustbeitrag l_4, der wie folgt definiert worden ist:

$$l_4 \quad = Erwartungswert - tatsächlich\ realisierter\ Wert$$

$$= PV\ (W_N,\ r_z,\ l_z\text{-}1,\ E(z_{t+1})) - PV\ (W_N,\ r_z,\ l_z\text{-}1,\ z_{t+1})$$

mit PV... Gegenwartswert, W_N...Nominalwert, r_z...Rate, l_z...Restlaufzeit, z_t...laufzeitabhängiger Zins (Zerobond) zum Zeitpunkt t; E...Erwartungswertoperator, $z_{t+1} = z_t * (1 + r_4)$ ...simulierter laufzeitabhängiger Zins zum Zeitpunkt t+1

Abschließend wird eine Aggregation der jeweiligen Erfolgs- und Verlustpositionen zum Erfolgsvektor **e** bzw. Verlustvektor **L** vorgenommen:

$$e = \begin{pmatrix} e_1 \\ e_2 \\ e_3 \\ e_4 \end{pmatrix}; L = \begin{pmatrix} l_1 \\ l_2 \\ l_3 \\ l_4 \end{pmatrix}$$

Im Folgenden wird gemäß der Modellstruktur ein Überblick der modellierten Bankprozesse gegeben.

5.2.2.2.2 Bankprozesse

Wie bereits ausgeführt, werden im Rahmen des Modells die Transformation sowie die Abwicklung als bankspezifische Prozesse dargestellt. Im Folgenden soll zunächst kurz auf die Transformation eingegangen werden. Diese hat im Sinne des Kapitels 3.2.5 die bankweite, integrierte Steuerung von Risiko und Rendite in der Bank – gegeben die jeweilige Risikodeckungsmasse – zur Aufgabe, wobei mehrere Risikoarten unter Berücksichtigung von Korrelationen zwischen diesen einzubeziehen sind. Im Rahmen des Modells wird insbesondere aus Gründen der geringeren Umsetzungskomplexität und der besseren Abbildungsmöglichkeit von Industrialisierungsfaktoren das klassische Entscheidungsprinzip basierend auf dem Erwartungswert der Rendite sowie der Standardabweichung als Optimierungsalgorithmus ausgewählt.[475] Die Grundlage hierfür bildet eine Nutzenfunktion als Entscheidungsrichtlinie für die Auswahl des präferierten Portfolios. Der Transformationsprozess kann über folgende Schritte modelliert werden:

---

475 Für eine Analyse der Vorteilhaftigkeit gegenüber anderen Optimierungsansätzen (z.B. dem (μ, CVAR)-Ansatz vgl. Krotsch, S., Industrialisierung von Banken – Ein Modell, 2005.

114

1. Berechnung der Kovarianzen und mittleren Renditen aus simulierten Renditeverteilungen der Portfolioelemente sowie Berechnung der mittleren Renditen der Portfolioelemente.
2. Minimierung der Portfoliovarianz durch Variieren der durch die Bank gehaltenen Volumina und Auswahl des individuell präferierten Portfolios unter Verwendung der Nutzenfunktion.
3. Re-Allokation des Bankportfolios. Das optimierte Portfolio im Sinne des (μ, s)-optimierte Volumensvektors **V'** kann wie folgt dargestellt werden:

$$V' = \begin{pmatrix} V_{K1}' \\ V_{K2}' \\ V_{A}' \\ V_{FW}' \end{pmatrix}$$

4. Berechung des VaR getrennt für Bankbuch (V_{K1}, V_{K2}), Handelsbuch (V_A, V_{FW}) sowie für die Gesamtbank (V_{K1}, V_{K2}, V_A, V_{FW}) durch Abzählen und ordnen der Verlustbeiträge L_i.[476]
5. Berechnung der Penalty-Cost: übersteigt der aktuelle VaR die verfügbaren Risikodeckungsmassen auf Bank-/ Handelsbuchebene und/ oder auf Gesamtbankebene, so wird eine Penalty-Cost auf den Differenzbetrag verrechnet. Es entsteht der Penalty-Cost-Vektor **KP**.

Der Abwicklungsbereich wird im Rahmen des Modells – stark vereinfacht – durch einen Kostenblock abgebildet, der – je nach Reagibilität der Kosten – aus einem fixen (z.B. Gebäude, Personal) und einem variablen Kostenanteil (z.B. Drittdienstleister) besteht.

Für den variablen Kostenanteil kann ein parametrisierter Kostendegressionsfaktor zur Abbildung von Lernkurveneffekten definiert werden. Die Kostenblöcke können für das Bank- und das Handelsbuch unterschiedlich parametrisiert werden. Der Kostenvektor lässt sich wie folgt darstellen:

$$K = \begin{pmatrix} k_{Bankbuch} \\ k_{Handelsbuch} \end{pmatrix}$$

Die parametrisierbaren Kostensätze werden im Rahmen des Modells wirklichkeitsnah anhand des deutschen Marktes ausgestaltet.

Nachdem überblicksweise das Input-System, die Geschäftsarten und die wichtigsten Bankprozesse dargestellt sind, wird im Folgenden auf den Kern des Modells – die Industrialisierungsfaktoren – eingegangen. Dabei geht es um die quantitative Darstellung im Sinne einer Parametrisierung der Wirkzusammenhänge zwischen den

---

476 Vgl. hierzu Schierenbeck, H., Band 2, 2003, S. 73ff und S. 442ff. Der Index i bedeutet hier die Anzahl der Stichproben.

Bankprozessen und Paradigmen der Industrialisierung wie Standardisierung, Automatisierung und Spezialisierung.

5.2.2.2.2.3 Industrialisierungsparameter

Die Definition der Industrialisierungsparameter setzt unmittelbar an den identifizierten Industrialisierungstendenzen in Abwicklung und Transformation gemäß der Beschreibung in Kapitel 4.1.3 und 4.1.4 an (siehe Abbildung 32).

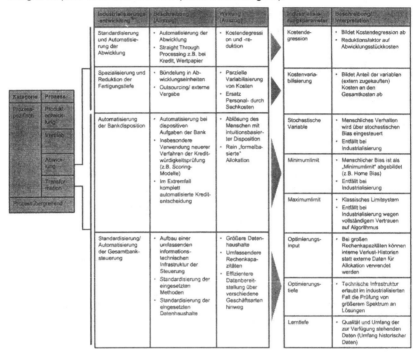

Abbildung 32: Modelltechnische Abbildung von Industrialisierungstendenzen[477]

Es wird deutlich, dass für jede der praxisbezogenen Industrialisierungsentwicklungen in Abwicklung und Transformation spezifische parametrisierbare Faktoren im Modell definiert worden sind, die die unterschiedlichen Industrialisierungszustände abbilden können. Diese sollen im Folgenden – beginnend mit der Abwicklung – beschrieben werden:

Im Rahmen der Abwicklung steht aufgrund des überwiegend digitalen Charakters von Bankprodukten die durchgängige automatisierte Unterstützung von Abwicklungsprozessen bis hin zur Eliminierung manueller Eingriffe respektive zum Straight Through Processing im Vordergrund. Wirkungen dieser Industrialisierungs-

---

477 Eigene Darstellung.

tendenz wurden mit geringeren Kosten und ggf. höherer Qualität beschrieben. Modellhaft soll diese Tendenz durch eine Kostendegression der variablen Kosten der Leistungserstellung abgebildet werden. In eine ähnliche Richtung wirkt die Reduktion der Wertschöpfungstiefe durch Bündelung bzw. durch Erreichung von Größenvorteilen. Letztere Tendenz wird insbesondere durch einen zweiten Industrialisierungsfaktor – den Anteil variabler Kosten – abgebildet, der durch Industrialisierungsmaßnahmen wie z.B. Outsourcing von Abwicklungsschritten tendenziell erhöht wird. Zusammenfassend können die abwicklungsspezifischen Industrialisierungsfaktoren folgendermaßen dargestellt werden:[478]

- **Kostendegression durch Bündelung von Abwicklungsleistungen (auch über mehrere Banken hinweg) und Straight Through Processing**: Dieser Effekt wird im Modell über den Degressions-Faktor abgebildet. Bei einem Degressionsfaktor von 0% liegt keine Kostendegression vor, bei 50% würde der variable Stückkostensatz hingegen um 50% verringert werden.
- **Kostenvariabilisierung durch eine Verringerung der Wertschöpfungstiefe (z.B. Auslagerung von Geschäftsfunktionen)**: Dieser Effekt wird im Modell durch die Variation eines Variabilisierungsfaktors realisiert. Liegt dieser bei 0% so sind aus Sicht der betrachteten Bank alle Kosten fix; bei 100% sind dagegen alle Kosten variabel und somit nur vom derzeitigen Volumen der Positionen abhängig.

Im zweiten Schritt sollen die Industrialisierungsparameter des Modells im Transformationsbereich dargestellt werden. In Kapitel 4.1.4 wurden zwei wesentliche Industrialisierungstendenzen bei Banken erarbeitet: die Automatisierung der Bankdisposition sowie die Standardisierung und Automatisierung im Rahmen der Gesamtbanksteuerung. Dabei spannt sich die Automatisierung der Bankdisposition von einer Unterstützung des Menschen durch geeignete Instrumente (z.B. Analyseverfahren und -tools) bis hin zur vollständigen Eliminierung von manuellen Prozessschritten durch eine vollautomatisierte Disposition. Diese Industrialisierungstendenz soll modellhaft insbesondere durch zwei wesentliche Mechanismen abgebildet werden:

- Menschliche Einflüsse und Biases werden durch stochastische Störgrössen in dem Optimierungsalgorithmus modelliert. Im industrialisierten Fall werden diese eliminiert.
- Notwendige Kontrollmechanismen bei manueller Disposition werden über volumensbezogene Limite modelliert. Im industrialisierten Fall werden diese nicht mehr benötigt.

Die zweite Tendenz, die Standardisierung und Automatisierung der Banksteuerung, wird mit der Modellierung einer umfassenden Gesamtbanksteuerung unter Berück-

---

478 Die 1:1-Zuordnung von Industrialisierungstendenzen und -parametern in Abbildung 32 ist aus Gründen der Vereinfachung gewählt worden. Es ist im Modell ein gleicher variabler Kostensatz für Bank- und Handelsbuch angenommen. Dies schränkt die Aussagekraft des Faktors „Variabilisierung" ein. Vgl. hierzu Krotsch, S., Industrialisierung von Banken – Ein Modell, 2005.

sichtigung z.B. von Korrelationen zwischen den Portfoliotiteln einbezogen. Darüber hinaus werden höhere Datenverfügbarkeit bzw. -qualität sowie höhere zur Verfügung stehende Rechenleistung im Sinne einer effizienten Infrastruktur der Gesamtbanksteuerung u.a. durch veränderten bzw. verbesserten Dateninput für den Optimierungsalgorithmus berücksichtigt.

Konkret werden folgende, transformationsbezogene Industrialisierungsfaktoren im Bankmodell definiert und parametrisiert:

- **Verbleibende Einflüsse des Menschen als stochastische Variable:** „Treasury und Risikomanagementkonzepte können noch so ausgefeilt sein – deren Umsetzung steht und fällt mit den beteiligten Mitarbeitern".[479] Das Verhalten der handelnden Personen bei der Investitionsentscheidung wird über einen stochastischen Bias eingesteuert. Er verändert im Rahmen gewisser Ober- und Untergrenzen den optimalen Volumensvektor. Dieser Bias ist zunächst im Einklang mit der Hypothese effizienter Märkte, da er einen langfristigen Mittelwert von Null aufweist. Im industrialisierten Fall entfällt dieser.

- **Minimumlimit:** Mit diesem Parameter wird ein Behavioral Finance-Effekt simuliert. Ein Bias wird im Modell durch ein Minimum-Limit für die Volumina aller Positionen definiert. Ein Minimumlimit größer als Null deutet wieder auf manuelle Entscheidungsprozesse hin. Ist das Minimumlimit gleich Null so kann von einer industrialisierten Investitionsentscheidung ausgegangen werden. Zwecks Interpretation kann das gesamte Spektrum der verhaltenswissenschaftlichen Behavioral Finance-Verhaltensanomalien herangezogen werden.[480]

- **(Maximal-)Limitsystem:** Die Risikobegrenzung in der Transformationsfunktion erfolgt heute vielfach über klassische Limitsysteme (Volumens-, Risiko- oder Eigenkapitallimite). Im Modell kann ein traditionelles, „starres" Volumenslimit gesetzt werden. Ein Maximallimit = 0 deutet dabei auf ein vollständiges „Vertrauen" in die automatisierte Entscheidungsfindung bzw. Optimierung und somit auf Industrialisierung hin. Maximallimit > 0 deutet hingegen auf bewusst eingegangene Restriktionen der Entscheidungsfindung hin, wie es im Regelfall bei manuellen Prozessen angewandt wird.

- **Optimierungsinput:** Zur Modellierung der Verarbeitungskapazität wird der Parameter Optimierungsinput eingeführt. Ist die Rechenkapazität gering, so können zwar externe Marktdaten in die Analyse einbezogen werden, eine komplette Historie aller intern realisierten Verluste kann aber nicht damit verknüpft werden.[481] Bei hoher Rechenkapazität werden die internen Verluste tagggleich mit den Marktdaten verknüpft. Dazu wird die Kovarianz-Matrix entweder über den Marktinput, also die tatsächlich am Markt messbaren Volatilitäten der Positionen oder über die Verluste, also die Volatilität des transformierten

---

479 Vgl. Eller, R., Gesamtbanksteuerung, 2001, S. 625.
480 Dieser Bias kann über die unterschiedlichen Theorien des Behavioral Finance-Ansatzes erklärt werden (z.B. Verfügbarkeitsheuristiken oder ein Home Bias). Vgl. hierzu Kapitel 4.1.4.
481 Die Renditeverteilungen werden zur VaR-Bestimmung in Verlustverteilungen umgerechnet.

Marktinputs berechnet. Eine Optimierung über Marktinputs deutet darauf hin, dass die Bank nicht die Speicherkapazität für insbesondere die Abbildung taggleicher, realisierter Verlustpositionen im Kreditbereich hat und sich über am Markt verfügbare Volatilitäten behilft. Eine Optimierung auf Verlustpositionen deutet hingegen auf ausgeprägte technische Industrialisierung hin. Darüber hinaus bestehen Analogien zu einem Übergang zum IRB-Einsatz gemäß Basel II bei Nutzung interner Daten als Optimierungsinput.

- **Optimierungstiefe:** Die Qualität der Risiko-Return-Steuerung soll mit dem Parameter Optimierungstiefe simuliert werden. Im Modell kann der Optimierungs-Algorithmus unterschiedliche „Gütestufen" der Optimierung darstellen. Während eine niedrige Optimierungstiefe nur eine begrenzte Zahl an möglichen Lösungsvektoren für das Volumen erlaubt, so ist das Spektrum an Lösungen bei hoher Optimierungstiefe nahezu unbegrenzt. Insofern beinhaltet dieser Industrialisierungsparameter eine Aussage, wie granular (z.B. durch Verbriefung kleinteiliger Portfolien) ein Bankportfolio gesteuert werden kann. Darüber hinaus wird eine höhere Optimierungstiefe eine effizientere Infrastruktur im Sinne der notwendigen Rechenkapazität erfordern.
- **Lerntiefe/ „Lernende Bank":** Die Qualität der Datenverfügbarkeit bzw. Rechenkapazität soll mit dem Parameter Lerntiefe beschrieben werden. Ist die Lerntiefe gering, so können nur wenige historische Daten verarbeitet werden und in die Analyse und Entscheidung einfließen. Ist die Lerntiefe hingegen hoch, so können beliebig viele historische Daten verarbeitet und in die Entscheidung einbezogen werden. Dazu wird die historische Kovarianz-Matrix der Bank mit unterschiedlicher Tiefe über die vergangenen Durchläufe/ Perioden berechnet. Eine Tiefe von 10% würde die Kovarianz-Matrix lediglich aus Daten der letzten 10% der Simulationen berechnen und könnte darauf hindeuten, dass die untersuchte Bank nicht über die notwendigen Speicher- und Rechenkapazitäten verfügt, um die gesamte Historie auszuwerten. Eine Tiefe von 100% hingegen würde alle bisherigen Durchläufe/ Perioden der Bank in die Berechnung einbeziehen und deutet auf eine hocheffiziente, moderne Infrastruktur der Gesamtbanksteuerung hin.

Die Modellierung des Leistungssystems der Bank im Sinne der Geschäftsarten, Bankprozesse und Industrialisierungsfaktoren bildet das „Herz" des Industrialisierungsmodells. Zur Wirkungsanalyse ist der Vergleich von Ergebnissen im Wege der komparativen Statik notwendig. Insofern soll im Folgenden kurz auf die verwendeten Ergebnisgrößen im Rahmen des Outputsystems eingegangen werden.

5.2.2.2.3 Outputsystem

Im Rahmen des Modells der Industrialisierung von Abwicklung und Transformation werden mehrere Outputgrößen zur Ergebnisdarstellung verwendet. Es ist sinnvoll, diese anhand der zwei wesentlichen durch das Modell durchgeführten Transformationsschritte zu systematisieren:

| Marktinput | Transformation 1
• Abbildung Geschäftsarten
• Wirkung Parameter der Transformation | Transformation 2
• Abbildung Kostenfunktion
• Bestimmung und Prüfung Eigenkapital |

Outputgrößen Portfolio:
- Volumina je Buch und Titel, insbes. Volumen Bankbuch V_B
- Mittelwert Portfoliorendite μ_P
- Varianz der Portfolioverluste s_P
- Nutzenwert des Portfolios bzw. Wert der Nutzenfunktion u
- Maximaler VaR während eines Simulationszyklus VaR_{Max}
- Maximaler Verlust während eines Simulationszyklus L_{Max}

Outputgrößen Ergebnis:
- Mittlerer RAROC der Bank
- Verstärkerwirkung v

Abbildung 33: Outputgrößen des Industrialisierungsmodells[482]

Als unmittelbares Ergebnis der Portfoliooptimierung ergeben sich insbesondere die Volumina je Portfoliotitel. Hierbei wird vorrangig die Verteilung der Volumina zwischen Bank- und Handelsbuch von Interesse sein, welche beispielhaft anhand der Größe V_B (mittleres Volumen im Bankbuch) dargestellt werden kann. Darüber hinaus werden der Mittelwert der Portfoliorendite μ_P (vor Anwendung von Kostenfunktion und Eigenkapitalnebenbedingung) sowie die Portfoliovarianz s_P als wesentliche Eigenschaften des Portfolios ermittelt. Diese führen zu einem spezifischen Nutzenwert u der Nutzenfunktion der Bank. Als weitere risikoorientierte Kenngrößen werden der VaR_{Max} als maximaler Value at Risk über alle Simulationsläufe sowie der maximale Verlust L_{MAX}, der innerhalb der Simulationsläufe summiert über das Handels- und das Bankbuch auftritt, ausgewiesen.

Als Ergebnis der zweiten Transformation wird das Bankergebnis durch den RAROC repräsentiert. Aus diesem Grunde wurde der RAROC als risiko-adjustierte Performance-Kennzahl bereits ausführlich im Rahmen von Kapitel 3.3.3 dargestellt. Modelltechnisch erfolgt die RAROC-Ermittlung über eine Aggregation des Erfolgsvektors **e**, des Kostenvektors **K**, des Penalty-Kostenvektors **KP**, sowie des VaR_{Gesamt}:

$$RAROC = \frac{(e_1 + e_2 - l_1 - l_2 - k_{Bankbuch}) + (-l_3 - l_4 - k_{Handelsbuch})}{VaR_{Gesamt}} - k_{EK}$$

Darüber hinaus wird ein Maß der Zyklusverstärkerwirkung der Bank definiert. Dieses soll angeben, inwieweit die Banktransformation ergebnisglättend wirkt. Den Ausgangspunkt bildet die Überlegung, dass das Transformationssystem der Bank Marktvolatilitäten in Ergebnisvolatilitäten übersetzt. Aufgrund der Tatsache, dass der RAROC als risikoadjustiertes Ergebnismaß im Kontext dieser Untersuchung verwen-

---

[482] Eigene Darstellung.

det wird, wird die Volatilität des RAROC s_{RAROC} verwendet, um zu prüfen, inwieweit unterschiedliche Strategien der Industrialisierung zu höheren oder niedrigeren Verstärkungen der Marktvolatilität führen. Die Verstärkerwirkung v wird somit als Quotient aus der Volatilität des RAROC und der Volatilität des Marktes (s_{RAROC} / s_{Markt}) definiert.

Als ergänzende Variable wird die relative Verstärkerwirkung $v_{relativ}$ erhoben, die den Unterschied der Verstärkerwirkung im volatilen zum stabilen Marktszenario – normiert mit der Verstärkerwirkung im stabilen Szenario – ermittelt. Dies kann über die Formel ($v_{volatil}$ − v_{stabil})/v_{stabil} abgebildet werden. Die Größe gibt an, inwieweit ein gewisser Industrialisierungrad im volatilen Markt relativ zum stabilen Markt zu einer erhöhten oder verringerten Verstärkung führt.

Nachdem somit überblicksweise die grundlegende Struktur des Modells zur Industrialisierungsanalyse beschrieben ist, sollen im Folgenden der Modellablauf sowie die -ergebnisse dargestellt werden.

5.2.2.3 Modellablauf und -ergebnisse

5.2.2.3.1 Modellablauf

Über die dargestellten Industrialisierungsparameter sind unterschiedliche Industrialisierungsgrade nachstellbar. Zur Durchführung aussagefähiger Simulationen müssen die unterschiedlichen Parameterkonstellationen der Industrialisierung jedoch in eine logische Reihenfolge zunehmender Industrialisierung gebracht werden, wobei je Konstellation genau ein Parameter geändert wird. Dies soll als „Industrialisierungspfad" umschrieben werden.

Diese Parameterkonstellationen sollen im Weiteren als „Strategien" bezeichnet werden, da die Herstellung der verschiedenen Parameterausprägungen als Managementgegenstand und somit mittel- bis langfristig als „im Prinzip erreichbar" verstanden werden kann. Die Strategien sind in Abbildung 34 überblicksmäßig dargestellt. Die Strategien 2-7 stellen dabei den Industrialisierungspfad der Transformation dar, wogegen die Strategien 8 und 9 den auf Strategie 7 basierenden Industrialisierungspfad der Abwicklung nachzeichnen sollen.

Strategie/ Grad der Industrialisierung	Optimierungs-Input	Maximum-Limit	Minimum-Limit	Stochastische Variabler Einfluss des Menschen	Optimierungstiefe	Lerntiefe	Kostenvariabilisierung	Kostendegression
1 – Gering industrialisierte Bank	Marktrendite	Vorhanden	Hoch	Vorhanden	Niedrig	Niedrig	Niedrig	Nicht vorhanden
2 – Beginnende Verlustauswertung	Verlust	Vorhanden	Hoch	Vorhanden	Niedrig	Niedrig	Niedrig	Nicht vorhanden
3 – Wegfall Maximum-Limit	Verlust	Nicht vorhanden	Hoch	Vorhanden	Niedrig	Niedrig	Niedrig	Nicht vorhanden
4 – Wegfall Minimumlimit	Verlust	Nicht vorhanden	Niedrig	Vorhanden	Niedrig	Niedrig	Niedrig	Nicht vorhanden
5 – Wegfall Einfluss des Menschen	Verlust	Nicht vorhanden	Niedrig	Nicht vorhanden	Niedrig	Niedrig	Niedrig	Nicht vorhanden
6 – Erhöhung Optimierungstiefe	Verlust	Nicht vorhanden	Niedrig	Nicht vorhanden	Hoch	Niedrig	Niedrig	Nicht vorhanden
7 – Erhöhung Lerntiefe	Verlust	Nicht vorhanden	Niedrig	Nicht vorhanden	Hoch	Hoch	Niedrig	Nicht vorhanden
8 – Variabilisierung Kosten	Verlust	Nicht vorhanden	Niedrig	Nicht vorhanden	Hoch	Hoch	Hoch	Nicht vorhanden
9 – Degression Kosten (Voll-Industrialisierung)	Verlust	Nicht vorhanden	Niedrig	Nicht vorhanden	Hoch	Hoch	Hoch	Vorhanden

Abbildung 34: Simulationsvorgehen – Pfad der Industrialisierung[483]

Den Ausgangspunkt für den Industrialisierungspfad der Transformation bildet die gering industrialisierte Bank (Strategie 1). Zwar optimiert sie ihr Portfolio im Handels- und Kreditgeschäft im Sinne des Optimierungsalgorithmus und wendet somit eine Gesamtbanksteuerung an; jedoch ist dies noch wenig sophistiziert und automatisiert. Zum einen wirkt der Mensch im Sinne einer stochastischen Komponente noch stark auf den Optimierungsprozess ein. Auf der anderen Seite werden zur Risikobegrenzung noch umfassende volumenbasierte Limitsysteme benutzt, welche eine Optimierung lediglich innerhalb eines Intervalls von Minimum- bis Maximumlimit pro Position zulassen. Darüber hinaus greift das System nur auf eine begrenzte, historische Datenbasis zu (geringe Lerntiefe) und besitzt nur eingeschränkte Datenverarbeitungskapazitäten (Inputparameter sind die Eigenschaften der marktseitig gemessenen Asset-Renditen, geringe Optimierungstiefe bzw. Granularität der Optimierung). Zusätzlich weist Strategie 1 auch einen geringen Industrialisierungsgrad der Bank im Abwicklungsbereich auf, d.h. einen geringen variablen Kostenanteil und die Nicht-Existenz von Kostendegressionseffekten. Insofern ist dies als eine Konstellation von Industrialisierungsparametern zu interpretieren, die ein geringes Ausmaß an Industrialisierung der Bank repräsentiert.

Die Strategien 2-7 bilden die schrittweise Industrialisierung des Transformationsbereichs von Banken ab. Im ersten Schritt (Strategie 2) wird die Datenauswertbarkeit

---

483 In Anlehnung an Krotsch, S., Industrialisierung von Banken – Ein Modell, 2005.

bezüglich bankintern realisierter Verluste hergestellt. Der Optimierungsinput wird somit von einer Marktrendite auf intern realisierte Verlustverteilungen (analog z.B. des IRB-Ansatzes gemäß Basel II) umgestellt. In den Strategien 3 und 4 werden sukzessive die Limitsysteme der Bank „abgeschaltet" bzw. Verhaltensanomalien der Entscheider (z.b. repräsentiert durch das Minimumlimit) ausgeschaltet, da ein starkes Vertrauen in das Transformationssystem und die automatisierte Allokation erreicht ist.

In Strategie 5 wird der verbliebene Einfluss des Faktors Mensch auf die Portfoliooptimierung minimiert. Dies bedeutet, dass in der Bank menschliche Entscheidungen mit Wirkung auf die Gesamtbanksteuerung verringert werden. In Strategie 6 wird die Datenverarbeitungskapazität der Bank erhöht und eine hohe Optimierungstiefe erreicht. Dies erlaubt insbesondere die granulare, kleinteilige Ausgestaltung von Portfolios. In Strategie 7 wird ein vollständig lernendes System implementiert, d.h. sämtlicher Verlustinput der Vergangenheit (d.h. die Volatilitäten aller historischen Stichproben) wird bei der Optimierung in der spezifischen Periode berücksichtigt.

Der Pfad der Industrialisierung in der Abwicklung umfasst zwei Stufen, die auf Strategie 7 aufbauen. Der Leistungserstellungsprozess der Bank ist hier noch sehr stark durch Eigenerstellung geprägt; dies spiegelt sich in einem hohen Fixkostenblock respektive Eigenerstellungsanteil wider; die Fixkosten machen 80% der Gesamtkosten aus, was beispielsweise für den deutschen Bankensektor ein branchenüblicher Wert ist.[484] Den ersten Industrialisierungsschritt der Abwicklung stellt die Variabilisierung dieses Fixkostenblocks dar. Dies bedeutet im Outsourcing-Fall die Vergabe von Teilen des Leistungserstellungsprozesses an externe Anbieter (z.B. Abwicklung des Zahlungsverkehrs, Management der IT-Infrastruktur) oder die Verlagerung von personalintensiven Prozessen in Länder mit geringer ausgeprägtem Kündigungsschutz. Als Zielwert für das Modell wird ein Anteil von 80% variablen Kosten an den Gesamtkosten identifiziert, der in einigen industriellen Branchen, z.B. der Automobilindustrie, schon zum Teil erreicht wird.[485] Diese Parameterkonstellation wird in Strategie 8 umgesetzt.

In einer zweiten Industrialisierungsstufe der Abwicklung werden durch Bündelung von Abwicklungsvolumina Kostendegressionseffekte erzielt, welche wiederum an die Bank als Kunden weitergegeben werden. Die Bündelung kann dabei bei einem externen Anbieter (Outsourcing-Fall) oder durch Akquirieren von Abwicklungsvolumina (Insourcing-Fall) vorgenommen werden. Diese Kostenreduktion auf den variablen Kostensatz wird im Modell mit 50% angenommen, welches ein Einsparpotenzial durch Volumensbündelung im Abwicklungsbereich deutscher Banken darstellen kann.[486] Dieser Schritt wird in Strategie 9 durchgeführt. Strategie 9 stellt die letzte Ausbaustufe und damit den voll-industrialisierten Zustand der Bank dar.

---

484 Vgl. Kapitel 4.1.3.2.2.
485 Vgl. Kapitel 2.2.2 und 4.1.3.2.1.
486 Vgl. Abbildung 17.

Im Folgenden werden die Modellergebnisse – zunächst für das stabile Marktumfeld – dargestellt.

5.2.2.3.2 Modellergebnisse

5.2.2.3.2.1 Industrialisierung im stabilen Marktumfeld

Die Ergebnisgrößen für Szenario 1 (stabiles Marktumfeld) sind auf den folgenden Abbildungen für die neun Parametrisierungen des gewählten Industrialisierungspfades dargestellt. Die Ergebnisdiskussion erfolgt in der logischen Reihefolge der Abbildungen entlang des Industrialisierungspfades und beinhaltet darüber hinaus jeweils eine industrialisierungsspezifische Interpretation.

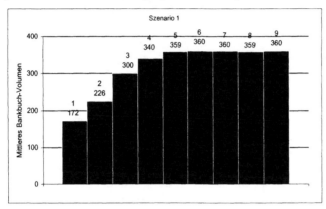

Abbildung 35: Mittleres Volumen im Bankbuch (V_B) – stabiler Markt[487]

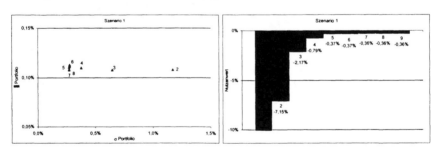

Abbildung 36: Portfoliorendite/ -varianz (μ_P, s_P)/ Nutzenwert u – stabiler Markt[488]

---

[487] Abbildungen 35-38 aus Krotsch, S., Industrialisierung von Banken – Ein Modell, 2005.
[488] Nicht dargestellt: Strategie 1: σGes=3,30%; μGes=0,07%; U=-55,3%.

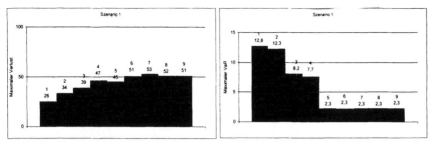

Abbildung 37: Max. Verlust (L_Max)/ VaR (VaR_MAX) des Portfolios – stabiler Markt

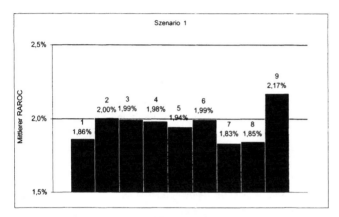

Abbildung 38: Mittlerer Bank-RAROC – stabiler Markt

Strategien 1 und 2: Während in Strategie 1 die am Markt gemessenen Asset-Renditen als indirekte Informationsquelle zur Ermittlung der Eigenschaften der Portfolioelemente bzw. zur Optimierung herangezogen werden, verwendet Strategie 2 bereits die tatsächlich nach Transformation realisierten Verlustwerte zur Beurteilung von Risiko und Rendite der Portfolioelemente. Dieses Vorgehen ist in der Praxis durch eine umfassende interne Historisierung und Auswertung von Verlustdaten möglich. Dieser Strategieübergang weist Analogien zum Übergang von einem Standardansatz zu einem IRB-Ansatz im Rahmen von Basel II auf, da bei letzterem ebenfalls interne Verfahren zur Ermittlung von Verlustverteilungen verwendet werden.[489]

Aus modelltechnischer Sicht erfolgt in Strategie 1 durch die Verwendung der Asset-Renditen eine Überschätzung der Volatilität des Bankbuches. Demgegenüber gibt Strategie 2 die tatsächliche Volatilität des Bankbuches wider (sprungfixe Verlustfunktion mit Verlusteintritt bei Rating-Änderung). Insofern überrascht es wenig, dass

---

489 Für eine ausführliche Diskussion der Auswirkungen der Ansatzwahl vgl. Elschen, R., Neues Aufsichtsrecht, 2002, S. 20ff.

eine stärkere Allokation in das Bankbuch erfolgt (vgl. Abbildung 35), somit die Portfoliovarianz sinkt und dadurch der Nutzenwert steigt (vgl. Abbildung 36).[490] Auch der maximale VaR sinkt leicht aufgrund der im Sinne der (risikoaversen) Nutzenfunktion der Bank verbesserten Allokation (vgl. Abbildung 37). Die höhere Allokation in das Bankbuch führt aber ihrerseits auch zu höheren maximalen Verlusten aufgrund der Eigenschaften der Verlustfunktion der Kredite im Sinne einer rechtsschiefen Verteilung.

Die risikoadjustierte Bankperformance RAROC steigt beim Übergang auf Strategie 2 leicht an (vgl. Abbildung 38). Den Hintergrund hierfür bildet die Tatsache, dass in der Ausgangssituation (Strategie 1) die Bank aufgrund der starken Überschätzung der Volatilitätseigenschaften der Kredite nahezu ausschließlich in risikoarmen festverzinslichen Wertpapieren im Handelsbuch allokiert ist. Im Rahmen von Strategie 2 erfolgt eine zunehmende Allokation in die Papiere des Bankbuchs mit höheren Renditen; dies ist bezogen auf Strategie 1 eine leicht risikoaffinere Allokation. Die Risikodeckungsmassen werden jeweils nicht überschritten, so dass keine Penalty Cost anfallen.

Man kann also formulieren, dass durch eine interne Messung und Verarbeitung (über Automatisierung und Datenhistorisierung) der Verlustdaten eine verbesserte Allokation des Gesamtbankportfolios im Sinne der (risikoaversen) Nutzenfunktion der Bank und mithin eine Steigerung der Bankperformance erfolgen kann. Ohne umfassende Kenntnis der Portfolioeigenschaften muss diese jedoch durch einen höheren maximalen Verlust „erkauft" werden. Darüber hinaus sinkt der maximale VaR leicht; dies liefert jedoch aufgrund der Abhängigkeit von der Parameterausgestaltung in der Ausgangsstrategie 1[491] nur einen schwachen Hinweis, dass der Übergang zu internen Daten eine geringere Eigenkapitalunterlegung[492] nach sich zieht. Insofern ist der Beitrag dieses Ergebnisses in der Diskussion um die Wirkung eines Übergangs zu IRB-Verfahren im Rahmen von Basel II, in der sehr uneinheitliche Effekte konstatiert werden,[493] als begrenzt zu erachten.

Strategien 2 und 3: Der Übergang von Strategie 2 zu Strategie 3 wird durch den Wegfall des starren Maximumlimits für alle Portfoliopositionen gekennzeichnet. Somit kann der Optimierungsalgorithmus die Allokation ohne diese Nebenbedingung durchführen, was bei der modellierten risikoaversen Bank zu einer Erhöhung des Nutzenwertes durch eine Verringerung der Portfoliovarianz führt. Dies wird durch eine stärkere Vermeidung risikoreicher Titel und mithin eine insgesamt risikoaversere

---

490 Die Messungen der Portfolioeigenschaften in Strategie 1 und 2 sind nur bedingt vergleichbar, da sie an unterschiedlichen Messpunkten genommen werden. In Strategie 1 erfolgt die Messung vor Transformation durch die Bank, in Strategie 2 danach. Vgl. hierzu Krotsch, S., Industrialisierung von Banken – Ein Modell, 2005.

491 Vgl. hierzu Krotsch, S., Industrialisierung von Banken – Ein Modell, 2005.

492 Bezogen auf das ökonomische, nicht das aufsichtsrechtliche Kapital.

493 Bei Verwendung eines fortgeschrittenen IRB-Ansatzes werden Effekte von einer 5%-igen Mehrbelastung bis hin zu einer 10%-igen Minderbelastung des Eigenkapitals beschrieben. Vgl. Elschen, R., Neues Aufsichtsrecht, 2002, S. 24.

Allokation vor allem in Titel des Bankbuches erreicht (vgl. Abbildung 35). Ohne ausreichende Kenntnis der Eigenschaften der Bankbuch-Titel führt die höhere Allokation in das Bankbuch analog zu Strategie 2 jedoch auch zu höheren maximalen Verlusten. Der maximale VaR sinkt durch die stärkere Allokation in risikoärmere Titel leicht.

Trotz der Verringerung des VaR sinkt die Bankperformance RAROC (vgl. Abbildung 38). Im Gegensatz zu Strategie 2 führt die stärkere Allokation in das Bankbuch also zu einer Senkung der Renditen respektive des Bankergebnisses. Grund hierfür ist die risikoaffinere Allokation von Strategie 2 im Vergleich zu Strategie 1 (von festverzinslichen Papieren im Handelsbuch in das Bankbuch) und die risikoaversere Allokation von Strategie 3 im Vergleich zu Strategie 2 (von Aktien im Handelsbuch in das Bankbuch sowie innerhalb des Bankbuchs in risikoärmere bzw. weniger renditestarke Kredite). Einschränkend ist festzuhalten, dass dieser Effekt von der Parametrisierung des Portfolios abhängt.

Zusammenfassend lässt sich festhalten, dass der Wegfall starrer Volumenslimite eine verbesserte Allokation gemäß der Nutzenfunktion der Bank ermöglicht. Für eine risikoaverse Bank folgt daraus eine insgesamt risikoaversere Allokation, die jedoch auch zu einer sinkenden Bankperformance führt. Zwar steigen die maximalen Verluste an, das Risiko und mithin die Eigenkapitalintensität können jedoch gesenkt werden. Dieses Ergebnis unterstützt die Forderung, Volumenlimitsysteme abzulösen und den VaR im Rahmen der Gesamtbanksteuerung nicht nur für Zwecke der Risikomessung, sondern auch umfassend für die Steuerung der Allokation einzusetzen.[494]

Strategien 3 und 4: Der Wegfall des Minimumlimits in Strategie 4 wirkt ähnlich wie der Wegfall des Maximumlimits in Strategie 3. Erneut kann die Allokation im Sinne der Nutzenfunktion durch den Wegfall von Nebenbedingungen verbessert werden. Der Wegfall der Minimumlimits kann aber auch als Ausschaltung einer erzwungenen Diversifikation des Portfolios interpretiert werden, die hier zu einer risikoärmeren, aber auch zunehmend einseitigen Allokation in das Bankbuch führt.[495] Diese lässt den Nutzenwert vor allem durch eine Absenkung der Portfoliovarianz steigen. Die verstärkte Allokation in das Bankbuch verursacht weitere steigende maximale Verluste aufgrund der rechtsschiefen Eigenschaften der Verlustverteilung von Krediten. Analog zum Strategieübergang von 2 auf 3 sinkt die Bankperformance RAROC weiter, obwohl der maximale VaR stark sinkt. Die Senkung des Risikos wird also durch ein wesentlich geringeres Ergebnis „erkauft".

Aus Sicht der Banksteuerung ist demnach analog zum Wegfall des Maximumlimits zu konstatieren, dass bezüglich Limiten industrialisierte Banken besser im Sinne ihrer

---

494 Vgl. zu dieser Forderung z.B. Grimmer, J.U., Gesamtbanksteuerung, 2003, S. 242f.
495 Die risikosteigernden Effekte durch Verringerung der Granularität des Portfolios werden hier überlagert durch risikomindernde Effekte der Möglichkeit zu einer risikoärmeren Allokation. Zu Risiko-Effekten der Portfolio-Granularität vgl. Wilkens, M./ Baule, R./ Entrop, O., Granularity adjustment, 2001.

Nutzenfunktion allokieren können. Sie verhalten sich somit insgesamt risikoaverser, was das Risiko respektive notwendige Eigenkapital und jedoch auch das Ergebnis senkt. Grundsätzlich kann insbesondere das Minimumlimit auch als das Resultat einer menschlichen Verhaltensanomalie (z.B. Home Bias) interpretiert werden. Insofern könnte der Wegfall des menschlichen Einflusses bei einzelnen Bankdispositionen als vorteilhaft im Sinne der Nutzenfunktion der Bank eingeschätzt werden. Es muss jedoch darauf hingewiesen werden, dass diese Verhaltensanomalien durch die Automatisierung der Disposition nicht vollständig eliminiert werden. Vielmehr erfolgt mit der Festlegung und Einstellung der Parameter von automatisierten Abläufen („Stellgrößen der Gesamtbanksteuerung", z.B. die Nutzenfunktion der Bank bzw. deren „Risk Appetite") durch spezifische Funktionsträger in der Bank (z.B. CFO, Risiko Management-Abteilung) eine Multiplikation deren Verhaltensanomalien, indem diese jetzt systematisch bankweit wirken können. Durch branchenübergreifende Einführung von Standardsoftware und ähnliche Parameterwahl in der Banksteuerung kann dieser Effekt sogar makroökonomisch multipliziert werden und zu einer marktweiten Gleichschaltung des Bankverhaltens führen.

Strategien 4 und 5: Ergänzend wird der Wegfall des menschlichen Einflusses (modelliert über eine stochastische Störgrösse) durch den Übergang zu Strategie 5 repräsentiert. Der Wegfall des stochastischen Einflusses kann auch als Wegfall eines „ungesteuerten" Minimumlimits interpretiert werden, da der Optimierungsalgorithmus durch diese Nebenbedingung die optimale Allokation nicht vollständig ausführen kann. Insofern ist es eingängig, dass überwiegend ähnliche Entwicklungen der Output-Parameter wie für die Strategieübergänge von 2 auf 3 und von 3 auf 4 festzustellen sind. Es erfolgt eine fast vollständige Allokation in Titel des Bankbuchs, welche den Nutzenwert der Bank weiter optimiert (vgl. Abbildung 36). Dies resultiert insbesondere aus der Verringerung der Portfoliovarianz. Die insgesamt risikoärmere Allokation führt darüber hinaus zu einer Verringerung des maximalen VaR. Auch der maximale Verlust kann jetzt bei gleich bleibendem mittlerem Bankbuchvolumen (jedoch nur sehr leicht) gesenkt werden, da eine weitergehende Verschiebung von Volumina in risikoärmere Kredite ermöglicht wird.

Trotz sinkendem VaR sinkt auch der RAROC, was in einer Senkung des Bankergebnisses begründet liegt. Grund hierfür ist wieder die risikoärmere Allokation – sowohl vom Handelsbuch in das Bankbuch als auch innerhalb des Bankbuchs –, die zu geringeren Renditen führt. Insgesamt agieren Banken, die die Transformationsfunktion weitgehend automatisiert haben, besser gemäß ihrer Nutzenfunktion. Risikoaverse Banken agieren somit stärker risikoavers; dies äußert sich darin, dass das Risiko und die Eigenkapitalintensität weiter gesenkt werden können.[496] Das Bankergebnis wird bei einer derartigen Modellierung des menschlichen Einflusses durch den Wegfall gesteuerter und ungesteuerter Diversifikation ebenfalls gesenkt.

---

496 Die risikosteigernden Effekte durch Verringerung der Granularität des Portfolios werden wieder überlagert durch risikomindernde Effekte der risikoärmeren Allokation.

Strategien 5 und 6: Die Verbesserung des Optimierungsalgorithmus im Sinne einer Erhöhung der Anzahl an im Rahmen der Optimierung geprüften Portfoliokombinationen (Erhöhung der Optimierungstiefe) wird in Strategie 6 erreicht. Es lässt sich eine leicht höhere Allokation in das Bankbuch bei leicht steigendem maximalem Verlust beobachten (vgl. Abbildung 35 und Abbildung 37). Die Portfolioeigenschaften und der maximale VaR bleiben hingegen im Wesentlichen konstant. Grund dafür ist die bereits weitgehend optimale Allokation im Sinne der Nutzenfunktion in Strategie 5. Der verbesserte Optimierungsalgorithmus kann also hinsichtlich der Portfolioeigenschaften primär den Nutzen nicht steigern. Dieses Ergebnis erscheint zunächst konträr zur Vorteilhaftigkeit der Granularitätseigenschaft bei (Kredit-)Portfolios. Der Diversifizierungs- und damit Risikominderungseffekt steigt prinzipiell, je granularer, also mehrteiliger, und ungleichmäßiger verteilt das Portfolio beschaffen ist.[497] Die bereits sehr risikoaverse Allokation verbunden mit positiven Korrelationen der Positionen kann jedoch im Rahmen des Industrialisierungsmodells nicht zu risikomindernden Effekten aufgrund der gestiegenen (möglichen) Granularität führen.

Das risikoadjustierte Ergebnis kann jedoch trotz des konstanten VaR-Wertes durch die höhere Granularität der Optimierung gesteigert werden. Hintergrund hier ist die höhere Teilbarkeit der Portfoliokombinationen, die verstärkt zu mehrteiligen Portfolia führt. Bei Rendite- oder Risikoänderungen der Portfoliotitel müssen weniger radikale Re-Allokationen vorgenommen werden, es kann nun mehr auch zu Umschichtungen in geringerem Ausmaß kommen. Beispielsweise wird bei Rating-Änderungen eines Kredites nicht mehr das gesamte Volumen aus diesem Wert in sichere Anlagen verlagert, sondern es erfolgt eine teilweise Umschichtung – insbesondere auch zwischen den Bankbuch-Positionen. Somit steigt das Bankergebnis insbesondere durch eine leicht höhere Allokation im Bankbuch sowie durch renditeoptimierte Re-Allokationen innerhalb des Bankbuchs.

Im Sinne einer Interpretation aus Industrialisierungssicht lässt sich festhalten, dass ein abnehmender Grenznutzen verbesserter Datenverfügbarkeit und –verarbeitungskapazitäten im stabilen Markt existiert. Die Ergebnisse, die durch die Eliminierung von Limiten und menschlichen Biases erreicht werden, lassen sich durch verbesserte Methoden und Systeme nur leicht steigern. Der – wenn auch vom Ausmass her moderate – Vorteil einer höheren Granularität bzw. Teilbarkeit der Portfoliotitel liegt im stabilen Markt jedoch in der Vermeidung von radikalen Re-Allokationen bzw. sehr grossen Transaktionen. Für eine risikoaverse Bank im stabilen Markt führt dieses Vorgehen zu einem leicht risikoaffineren Verhalten, indem kleinere Re-Allokationen innerhalb der Bücher gegenüber größeren Allokationen zwischen den Büchern bevorzugt werden. Es erfolgt keine sofortige, vollkommene De-Investition aus riskanteren Märkten. Dies belegt in Teilen die mögliche Vorteilhaftigkeit einer zunehmenden Handelbarkeit der Teilportfolien von Banken, z.B. im Rahmen von Verbriefungs-

---

497 Vgl. Wilkens, M./ Baule, R./ Entrop, O., Granularity adjustment, 2001.

und Ausplatzierungsinitiativen.[498] Wichtig ist hierbei, dass erst verbesserte Algorithmen und eine genauere Kenntnis und Dokumentation der Portfolioeigenschaften es ermöglichen, kleinere Tranchen zu platzieren.[499]

Strategien 6 und 7: Die Erhöhung der Lerntiefe stellt den letzten Schritt zur Industrialisierung der Transformationsfunktion dar. Nun mehr werden die Verlustdaten aller bisherigen Perioden zur Berechnung der Risikoparameter für die Optimierung herangezogen. Dies führt zu einer sehr leichten Reduktion der Allokation im Bankbuch aufgrund von moderaten Abflüssen in das risikoarme festverzinsliche Wertpapier im Handelsbuch. Wie in Strategie 6 ändern sich die Portfolioeigenschaften jedoch nicht; die Erhöhung der Lerntiefe kann also den Nutzenwert des Bankportfolios nicht weiter steigern. Auch maximaler Verlust und VaR bleiben weitestgehend konstant, was darauf zurückzuführen ist, dass im stabilen Markt die Gesamtbank-Verluste durch die Seltenheit von wesentlichen Kreditverlusten nahezu normalverteilt sind.

Trotz konstantem VaR sinkt die risikoadjustierte Bankperformance RAROC, was somit auf eine Senkung des Bankergebnisses zurückzuführen ist. Die bessere Kenntnis der Portfolioeigenschaften durch die höhere Lerntiefe verursacht ein risikoaverseres Verhalten. Einmal aufgetretene Verluste in einem Titel werden nicht vergessen. Deshalb werden risikoreiche Titel stärker vermieden, es kommt verstärkt zu Allokationen in risikoarme Titel (z.B. innerhalb des Bankbuches) und zu einer leichten Re-Allokation in risikoarme Titel des Handelsbuches. Die höhere Risikoaversität führt in der Konsequenz jedoch auch zu geringeren Renditen und einer fallenden risikoadjustierter Bankperformance. Naturgemäß ist dieses Ergebnis stark abhängig vom modellierten, einperiodigen Optimierungsalgorithmus und der Stilisierung des Faktors „Lerntiefe".

Die vollständige Daten-Historisierung und der Einbezug aller historischen Werte in die Ermittlung der Risikofaktoren für die Optimierung (ohne Berücksichtigung des Zeitpunktes historischer Ausfälle) führen somit zu nahezu „irrational" risikoaversem Verhalten. Die Bank handelt im Sinne ihrer Nutzenfunktion äußerst risikoavers mit stark negativen Auswirkungen auf die Bankperformance. Eine sinnvolle Limitierung der Historisierung ist damit nicht zuletzt aus Ertragsgesichtspunkten zu fordern. Dieses Ergebnis ist konsistent mit den Bedenken hinsichtlich der Auswirkungen der Eigenkapitalrichtlinien von Basel II. So würden „...Banken, die mit IRB-Ansätzen arbeiten, ...an einer Übernahme ausschliesslich extrem niedriger Kreditrisiken interessiert sein."[500] Hintergrund ist hier neben dem Nachweis der Datenhistorisierung auch die granularere (aufsichtsrechtliche) Kapitalunterlegung. Das zunehmend risikoaverse Verhalten von Banken mit steigender Industrialisierung der

---

498 Zur Diskussion und den Stand der Verbriefungsinitiativen in Deutschland vgl. z.B. Börsen-Zeitung, Verbriefung, 2004.
499 Vgl. Perdegnana, M./ Schacht, C., Risikointermediation, 2003.
500 Elschen, R., Neues Aufsichtsrecht, 2002, S.28.

Gesamtbanksteuerung wird z.B. in der Diskussion um die Zukunft der Gewerbe- und Mittelstandsfinanzierung in Deutschland häufig thematisiert und kritisiert.[501] **Strategien 7 und 8 bzw.** 9: Nachdem bis Strategie 7 die Industrialisierung der Transformationsfunktion in verschiedenen Schritten vorgenommen wurde, erfolgt in Strategie 8 mit einer Erhöhung der Variabilisierung der Kostenfunktion und in Strategie 9 mit einer Degression der variablen Stückkosten die Industrialisierung der Abwicklungsfunktion in zwei Schritten.

Da beide Strategien erst im zweiten Transformationsschritt[502] der Bank wirken, können sie keine Auswirkung auf die Portfolioeigenschaften und Verlustfunktionen der Bank haben. Darüber hinaus verändert die Variabilisierung der Kostenfunktion (Strategie 8) auch das Bankergebnis nicht (vgl. Abbildung 36). Die stärkere Variabilisierung der Kosten führt zwar zu sinkenden Fixkosten in Bank- und Handelsbuch, die variablen Kosten steigen jedoch analog bei Abwesenheit von Skaleneffekten.[503] Durch die modellierte Gleichheit der Kostensätze in Bank- und Handelsbuch ändert sich die Gesamtkostenposition auch bei Re-Allokationen nicht. Erst die Realisierung von Skaleneffekten durch Kostendegression in der Abwicklungsfunktion erhöht erwartungsgemäß das Bankergebnis (vgl. Abbildung 38). Zusammenfassend lässt sich also formulieren dass eine reine Variabilisierung der Abwicklungskosten z.B. durch Auslagerung keine Effekte auf die Bankperformance erreicht. Outsourcing als Modeererscheinung „l'art pour l'art" ist nicht vorteilhaft; erst die tatsächliche Erzielung von Skaleneffekten durch den Outsourcer bzw. deren Weitergabe an die auslagernde Bank führt zu einer Verbesserung der Kostenposition und mithin einer Steigerung der Bankperformance.

Somit sind die Ergebnisse aus der Modellierung von Industrialisierung der Transformation und Abwicklung innerhalb des stabilen Marktumfeldes dargestellt. Im Folgenden sollen die Ergebnisse entlang des Pfades der Industrialisierung im volatilen Marktszenario analog erläutert werden.

5.2.2.3.2.2 Industrialisierung im volatilen Marktumfeld

Die folgenden Graphiken verdeutlichen die Outputvariablen des Modells respektive deren Wert im volatilen Marktszenario (hier benannt als Szenario 3):

---

501 Vgl. hierzu KfW, Auswirkungen auf die Mittelstandsfinanzierung, 2003.
502 Vgl. Kapitel 5.2.2.2.3.
503 Es wird unterstellt, dass ein externer Abwickler zunächst mit dem gleichen CAR operiert wie die Bank. Insofern ist dieses Ergebnis stark von der Ausgestaltung und Parameterwahl im Rahmen des Modells abhängig. Vgl. hierzu im Detail Krotsch, S., Industrialisierung von Banken – Ein Modell, 2005.

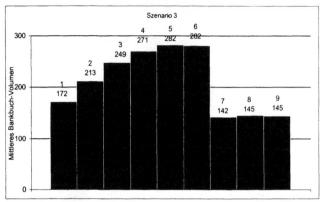

Abbildung 39: Mittleres Volumen im Bankbuch (V_B) – volatiler Markt[504]

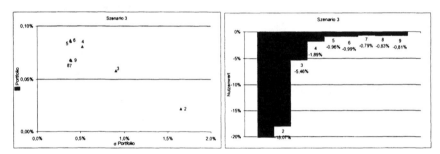

Abbildung 40: Portfoliorendite/-varianz (μ_P, s_P)/ Nutzenwert u – volatiler Markt[505]

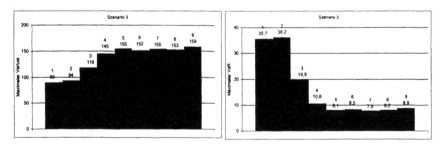

Abbildung 41: Maximaler Verlust (L_{Max})/ VaR (VaR_{MAX}) des Portfolios – vol. Markt

---

504 Abbildungen 39-42 aus Krotsch, S., Industrialisierung von Banken – Ein Modell, 2005.
505 Nicht dargestellt: Strategie 1: σGes=4,21%; μGes=0,05%; U=-103,8%.

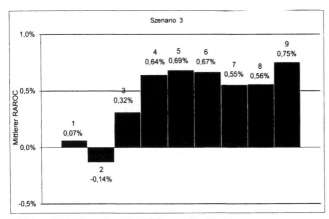

Abbildung 42: Mittlerer Bank-RAROC – volatiler Markt

Strategien 1 und 2: Die Verwendung tatsächlicher, realisierter Verlustwerte bei der Optimierung (Strategie 2) verursacht auch im volatilen Markt bei risikoaverser Nutzenfunktion eine höhere Allokation im Bankbuch. Analog zum stabilen Markt bewirkt dies, insbesondere durch die Reduktion der Portfoliovarianz, eine Erhöhung des Nutzenwertes der Bank. Die höhere Allokation in das Bankbuch führt wie im stabilen Markt auch zu einer Steigerung des maximalen Verlustes, der im volatilen Markt natürlich absolut höher ist. Im Gegensatz zum stabilen Marktszenario steigt der maximale VaR initial leicht durch ein nachteiligeres Risikoprofil der Kredite im volatilen Markt. Jedoch kommt es sowohl in Strategie 1 als auch in Strategie 2 zu massiven Überschreitungen der vorhandenen Risikodeckungsmassen.[506]

Dabei ist sowohl die maximale Penalty Cost als auch die Anzahl der Überschreitungs-Perioden in Strategie 2 höher als in Strategie 1. Die Modellbank ändert ihr Allokations-Verhalten trotz massiver Überschreitung der Deckungsmassen und trotz wenig-industrialisierter Ausprägung in den Strategien 1 und 2 aus zwei Gründen nicht wesentlich. Zum einen ist die Modellierung des menschlichen Einflusses (eingeschaltetes Maximumlimit und stochastische Komponente) nicht mit der Höhe der Penalty Cost verknüpft und zum anderen führt die einperiodige Optimierung verbunden mit der nachträglichen Berücksichtigung einer Überschreitung der Deckungsmassen durch eine Penalty Cost zu kurzfristigen und suboptimalen Allokationsentscheidungen. Die Aufhebung dieser Modell-Limitationen würde dementsprechend im wenig-industrialisierten Fall zu einer schnelleren Verhaltensänderung der Bank im Sinne einer risikoärmeren Allokation führen.

Die tendenziell negative Wirkung der Verwendung interner Verlustdaten insbesondere auf den RAROC lässt sich im Rahmen der gegebenen Modellparametrisierung

---

506 Diese sind nicht eigens graphisch dargestellt. Vgl. hierzu Krotsch, S., Industrialisierung von Banken – Ein Modell, 2005.

damit erklären, dass bei nicht ausreichender Kenntnis der Portfolioeigenschaften bzw. bei geringer Lerntiefe eine systematische Unterschätzung des Kreditrisikos erfolgt. Insofern kann es für Banken mit limitierter Datenverarbeitungskapazität vorteilhafter sein, neben internen Ansätzen vor allem in volatilen Phasen externe Indikatoren (Asset-Renditen) hinzuzuziehen.

Strategien 2 und 3: Analog zum stabilen Markt ist auch hier eine im Sinne der risikoaversen Nutzenfunktion bessere Allokation durch Wegfall des Maximumlimits möglich. Es erfolgt (vor den modellierten Schockphasen) eine verstärkte Allokation in das Bankbuch; dies äußert sich in einer reduzierten Portfoliovarianz. Während und nach den Schockphasen ist durch den Wegfall der Maximumlimite eine umfassendere Vermeidungsstrategie im Sinne einer Investition in risikoarme festverzinsliche Wertpapiere des Handelsbuchs möglich. Dies gewährleistet reduzierte Verluste aus Kreditausfällen und steigert die Portfoliorendite. Es ergibt sich ein steigender Nutzenwert für die Bank (vgl. Abbildung 40). Die vor den Marktschocks vorgenommene stärkere Allokation in das Bankbuch erklärt auch den steigenden maximalen Verlust. Die während bzw. nach den Perioden mit extremer Marktvolatilität durchgeführte Re-Allokation in sichere Handelspapiere erklärt den sinkenden maximalen VaR. Darüber hinaus können die Perioden, in denen die vorhandenen Risikodeckungsmassen überschritten werden, eliminiert werden, so dass keine Penalty-Cost mehr anfallen. Die Steigerung des RAROC ist damit neben dem sinkenden VaR und einem steigenden Bankergebnis aufgrund geringerer Verluste aus Kreditausfällen auch mit der Eliminierung der Penalty-Cost für eine Überschreitung der Risikodeckungsmassen verbunden.

Der Wegfall von Volumenslimiten verbunden mit einer stärkeren Automatisierung der Bankdisposition ist unter den gegebenen Annahmen (z.B. der Präferenzfunktion, gleiche Limithöhe für alle Titel) also auch in stark volatilen Marktphasen als vorteilhaft zu beurteilen. Es kann eine im Sinne der Nutzenfunktion risikoaversere Allokation erreicht werden, was das Risiko und die Eigenkapitalintensität absenkt. Zugleich kann insbesondere während und nach einem Schock eine schnellere und höhere Re-Allokation in sichere Werte erfolgen, was auch die mittlere Rendite respektive die Bankperformance steigert. Ohne ausreichende Datenverarbeitungskapazität im Sinne einer wirklichen Kenntnis der Portfolioeigenschaften verursacht die Reduktion von Limiten jedoch auch hohe Risikopositionen im Bankbuch, was zu hohen Verlusten führen kann.

Strategien 3 und 4: Der Wegfall des Minimumlimits wirkt weitgehend analog zum bereits dargestellten Strategiewechsel von 2 auf 3 im volatilen Szenario. Es erfolgt eine durchschnittlich höhere Allokation im Bankbuch, die regelmäßig während und nach den Schockphasen durch Investition in sichere Handelspapiere korrigiert wird. Der Spielraum, diese „Pendelstrategie" durchzuführen, steigt durch die Abkehr von Limiteinschränkungen weiter. Somit sinkt die Portfoliovarianz; die Portfoliorendite und der Nutzenwert steigen (vgl. Abbildung 40). Die höhere Allokation in das Bankbuch führt wieder zu steigenden maximalen Verlusten. Während bzw. nach den Schocks

134

ist eine verstärkte Allokation in sichere Handelspapiere möglich, was den VaR insgesamt weiter abgesenkt. Der RAROC steigt durch den verringerten VaR und höhere Renditen bzw. Bankergebnisse.

Analog dem stabilen Marktszenario lässt sich formulieren, dass der Wegfall von Minimumlimiten ggf. interpretiert als die Ausschaltung menschlicher Einflüsse (z.B. Biases) eine bessere, in diesem Falle also risikoärmere Allokation gemäß der Nutzenfunktion ermöglicht. Auch hier wird jedoch deutlich, dass der Erfolg einer automatisierten Disposition letztendlich von der Ausgestaltung bzw. Parametrisierung der Verfahren und Systeme abhängt, welche ihrerseits menschlichen Einflüssen unterliegt und diese in die Bank und ggf. den Markt multipliziert.

Strategien 4 und 5: Der Strategiewechsel von 4 auf 5 stellt den Wegfall der stochastischen Störgröße im Sinne eines ungesteuerten Minimumlimits dar. Auch dies erlaubt entsprechend der vorherigen Entwicklungen eine bessere Allokation im Sinne der Nutzenfunktion. Die Portfoliovarianz sinkt und der Nutzenwert steigt. Analog zum Wegfall des Minimumlimits steigt der maximale Verlust durch eine höhere Allokation in Banktitel in den Phasen vor den Schocks und der maximale VaR sinkt durch eine umfassendere Vermeidung während und nach den Schocks. Die Bankperformance verbessert sich kontinuierlich weiter. Dies liegt im sinkenden VaR und steigenden Bankergebnis begründet; letzteres resultiert aus der besseren Risikominimierung während bzw. nach den Schocks, die gleichzeitig zu Ergebnissteigerungen führt. Alternative Modellierungen, z.B. unter stärkerer Berücksichtigung von Behavioral Finance-Ansätzen, könnten auch variierende Ergebnisse zur Folge haben.

Die konsequente Automatisierung der Transformation kulminierend in der vollständigen Ausschaltung der modellierten „menschlichen Einflüsse" bei der Disposition kann somit positiv wirken. Im volatilen Markt ergeben sich positive Effekte sowohl im Sinne einer Risikominimierung als auch einer Ergebnissteigerung.

Strategien 5 und 6: Die Verbesserung der Optimierungstiefe im Sinne einer Erhöhung der Anzahl an maximal möglichen Portfoliokombinationen zeigt im volatilen Marktszenario eine interessante Wirkung. Zwar werden – analog zum stabilen Markt – die Portfolioeigenschaften sowie Verlustausprägungen annähernd nicht beeinflusst. Bezüglich der Portfolioeigenschaften kann man auch hier also von einem abnehmenden Grenznutzen der Datenverarbeitungsqualität sprechen.

Die risikoadjustierte Bankperformance sinkt jedoch. Die höhere mögliche Allokationsgranularität führt auch im volatilen Marktszenario zu weniger radikalen Re-Allokationen bei Änderungen der Portfolioeigenschaften und es entstehen tendenziell mehrteiligere Portfolios bzw. Zwischenlösungen. Diese treten insbesondere während und nach den Schockphasen auf, d.h. die Vollständigkeit und Geschwindigkeit der Allokation aus dem dann risikoreichen Bankbuch in risikoarme Titel sinkt. Somit steigt die Auftrittswahrscheinlichkeit von Ausfällen im Bankbuch während der extremen

135

Marktphasen und die Gesamterträge im Bankbuch sinken analog.[507] Naturgemäß ist dieses Ergebnis stark von der Parametrisierung der einzelnen Portfoliotitel abhängig. Insgesamt ist also die granulare Portfoliooptimierung ohne ausreichende Lerntiefe (d.h. Kenntnis der Portfolioeigenschaften) als nachteilig im volatilen Markt zu beurteilen. In extremen Marktphasen kann es gemäß des Modells einer risikoaversen Bank vorteilhaft sein, radikal vorzugehen und eine komplette De-Investition aus den riskanten Segmenten zu betreiben. Mehrteiligkeit verzögert an dieser Stelle die Entscheidung und erhöht die Verluste.

Strategien 6 und 7: Den letzten Schritt des Pfades der Industrialisierung in der Transformation stellt die Erhöhung der Lerntiefe dar. In Strategie 7 werden sämtliche aufgetretenen historischen Verlustwerte einbezogen. Die Eigenschaft des vollständigen Lernens der Portfolioeigenschaften verursacht eine radikale Re-Allokation in sichere Werte während bzw. nach den Schocks. Dies wird an dem stark verminderten durchschnittlichen Volumen im Bankbuch deutlich (vgl. Abbildung 39), welches in die wenig riskanten Papiere des Bankbuches umgeschichtet wird. Dieses extrem risikoaverse Verhalten kann den Nutzenwert leicht steigern. Die starke Re-Allokation führt hingegen zu einer sinkenden Portfoliorendite aufgrund der geringeren Rendite der allokierten Werte (vgl. Abbildung 40). Die im Mittel geringere Allokation in das Bankbuch senkt auch den maximalen Verlust und den maximalen VaR leicht. Der RAROC steigt stark durch den geringeren VaR und vor allem durch das höhere Ergebnis. Dieses kann vor allem durch die systematische und schnelle Vermeidung von Verlusten während und nach Schockperioden erreicht werden.

Die hohe Lerntiefe verursacht also letztendlich beim vorliegenden einperiodigen Algorithmus die Allokation gemäß der risikoaversen Nutzenfunktion unter Einbezug aller jemals aufgetretenen Verlustwerte in die Berechnung der Risikoparameter. Dies führt zu einer breiten Vermeidung riskanter Bankbuchtitel, was aufgrund deren Risikoparameter im volatilen Markt vorteilhaft ist. Ein großer Datenhaushalt (historische Werte, etc.) ist somit insbesondere im volatilen Marktszenario eine „conditio sine qua non" und die Industrialisierung der Gesamtbanksteuerung zeigt sich als vorteilhaft.

Strategien 7 und 8 bzw. 9: Die Industrialisierung der Abwicklung hat auch im volatilen Marktszenario erwartungsgemäß keine Auswirkung auf die Portfolioeigenschaften und Verlustfunktionen. Die Variabilisierung der Kostenfunktion in Strategie 8 hat analog zum stabilen Markt auch hier – aufgrund der gewählten Modellannahmen – keine Auswirkung auf die Bankperformance. Positive Effekte (z.B. das „Mitschwingen" der Kosten z.B. bei negativer Geschäftsentwicklung) treten durch die Abwesenheit von Skaleneffekten bei Bank und Outsourcer nicht auf. Demgegenüber steigert der Einbezug von Skaleneffekten in Strategie 9 hingegen wie erwartet die Bankperformance. Somit kann – analog zum stabilen Marktszenario – festgehalten werden, dass eine reine Auslagerung/ Variabilisierung der Abwicklung keine Wirkung

---

507 Dieses Ergebnis ist wieder konträr zur risikomindernden Wirkung erhöhter Granularität in Kreditportfolia. Die hier mögliche Re-Allokation in sichere Werte während volatiler Marktphasen überlagert jedoch die Nutzenwirkung einer Diversifikation des Portfolios.

auf die Performance besitzt; erst die Realisierung von Degressionseffekten führt zu einer Steigerung des Bankergebnisses. Nach der Ergebnisdarstellung im volatilen Marktszenario entlang des Pfades der Industrialisierung soll im Folgenden die Verstärkerwirkung der Industrialisierung diskutiert werden. Im Rahmen der Zyklusverstärkung kann zunächst analysiert werden, ob der Transformationsapparat einer industrialisierten Bank zu geringeren Schwankungsbreiten des Bankergebnisses führt. Abbildung 43 und Abbildung 44 geben einen Überblick der Schwankungsbreite des RAROC bei den unterschiedlichen Strategien im stabilen bzw. im volatilen Marktszenario.

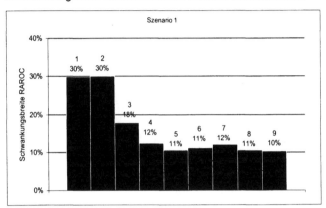

Abbildung 43: Schwankungsbreite des RAROC s_{RAROC} im stabilen Markt[508]

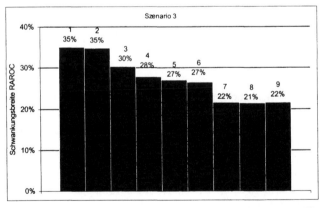

Abbildung 44: Schwankungsbreite des RAROC s_{RAROC} im volatilen Markt[509]

---

508 Krotsch, S., Industrialisierung von Banken – Ein Modell, 2005. Szenario 1 = stabiles Szenario.
509 Ebenda.

Es kann festgehalten werden, dass Industrialisierung im Sinne der modellierten risikoaversen Bank die Schwankungsbreite des Bankergebnisses stark verringert. Dies gilt sowohl für das volatile als auch für das stabile Marktszenario. Dies bestätigt die gewonnene Erkenntnis, dass schrittweise risikoärmere Allokationen im Rahmen der Industrialisierung der Gesamtbanksteuerung gesucht werden. Hierbei werden auch die bereits im Rahmen der Ergebnisbeschreibung anhand des Pfades der Industrialisierung dargestellten Ergebnisse bestätigt. So liefert beispielsweise im volatilen Szenario erst die Erhöhung der Lerntiefe (Strategie 7) und somit das vollständige Lernen der Portfolioeigenschaften den entscheidenden Beitrag zur Reduktion der Schwankungsbreite des Bankergebnisses.

Im nächsten Schritt ist es interessant, die relative Verstärkerwirkung im Sinne einer Verhältnisbetrachtung zwischen der Verstärkerwirkung im stabilen und im volatilen Marktszenario zu analysieren. Hierfür wird die in Kapitel 5.2.2.2.3 definierte relative Verstärkerwirkung zwischen stabilem und volatilem Markt verwendet. Die Ergebnisse sind in Abbildung 45 dargestellt.

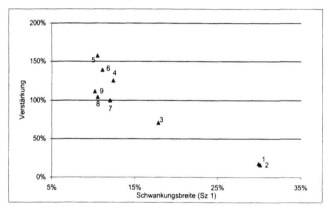

Abbildung 45: Relative Verstärkerwirkung vs. S_{RAROC} im stabilen Markt [510]

Die stärkere Allokation in das Bankbuch aufgrund des Wegfalls von Limiten sowie die Pendelstrategie zu den Anfangs- und Endzeitpunkten des Schocks führt dazu, dass die Volatilität des Bankergebnisses in den Strategien 3-6 beim Übergang von einem stabilen in einen volatilen Markt im Vergleich zur Marktvolatilität sehr viel stärker steigt als in den Ausgangsstrategien 1 und 2. Die einseitige Allokation ohne vollständige Kenntnis der Portfolioeigenschaften (Lerntiefe) stellt sich als nachteilig heraus. Erst die zusätzliche Kenntnis der Portfolioeigenschaften (Strategie 7) kann die relative Verstärkung wieder senken.

Insofern kann festgehalten werden, dass eine Industrialisierung der Gesamtbanksteuerung die ausreichende Kenntnis der Eigenschaften der Portfoliotitel (auch in

---

510 Krotsch, S., Industrialisierung von Banken – Ein Modell, 2005.

Schocksituationen) erfordert. Im Falle unvollkommener Märkte (z.B. aufgrund von Illiquidität oder unvollkommener Information) ergibt sich das Risiko einer Zyklusverstärkung der Märkte durch die Bank. Dieses zyklusverstärkende Verhalten kann sich in eine gesamtwirtschaftliche Zyklusverstärkung multiplizieren, wenn ein Großteil der Banken zunehmend dieselben Methoden sowie ähnliche Parametereinstellungen (insbesondere der Nutzenfunktion) verwendet.

Im Folgenden werden eine zusammenfassende Ergebnisinterpretation sowie eine kritische Würdigung des Modells der Industrialisierung in Abwicklung und Transformation vorgenommen.

5.2.2.3.2.3 Zusammenfassung und kritische Würdigung

Aus den dargestellten Ergebnissen lassen sich thesenhaft acht grundsätzliche Industrialisierungseigenschaften bezogen auf die Transformations- und Abwicklungsfunktion ableiten: Hierbei muss darauf hingewiesen werden, dass die Gültigkeit dieser Industrialisierungseigenschaften von der Struktur und den wesentlichen Annahmen, insbesondere der risikoaversen Nutzenfunktion der Modellbank sowie des Optimierungsalgorithmus, abhängt.

Abgeleitete Industrialisierungseigenschaft 1: Die Industrialisierung der Transformation führt zu einer im Sinne der Nutzenfunktion der Bank verbesserten, somit im Regelfall[511] risikoaverseren Mittelallokation; diese wird im stabilen Marktszenario durch Einbußen im Bankergebnis „erkauft".

Insofern liefert das vorliegende Modell auch einen Beitrag – nämlich ein mögliches Erklärungsmuster – in der Diskussion um die stark erhöhte Risikoaversität von Banken bei der Kreditvergabe. Auch vor dem Hintergrund der im Kontext von Basel II entwickelten Regelungen werden Banken beispielsweise in der risikoreicheren Gewerbe- und Mittelstandsfinanzierung in ihrer Vergabepraxis restriktiver.[512] Banken, die sich für den IRB-Ansatz entscheiden, bei dem höhere Ausfallwahrscheinlichkeiten zu exponentiell ansteigenden Risikogewichten führen, könnten sich dabei besonders restriktiv in der Vergabe verhalten.

In der Konsequenz führt aber eine derart gesteuerte Strategie der Vermeidung hoher Risiken und Margen im stabilen Markt zu sinkenden Erträgen für die Banken.[513] Imperativ an dieser Stelle ist die auch im Kontext von Basel II diskutierte verstärkte Spreizung der Kreditkonditionen. Schlechtere Bonitäten, die durch interne Datensammlung und Ratings sichtbar werden, müssen mit höheren Margen belegt werden.[514]

---

511 Zur Diskussion der Risikoaversität der Nutzenfunktion einer Bank vgl. Froot, K.A./ Stein, J.C., Risk Management, 1998.
512 Vgl. KfW, Auswirkungen auf die Mittelstandsfinanzierung, 2003.
513 Vgl. Elschen, R., Neues Aufsichtsrecht, 2002, S. 25.
514 Vgl. Rolfes, B./ Emse, C., Kreditpreise, 2002.

Abgeleitete Industrialisierungseigenschaft 2: Die Industrialisierung der Transformation birgt die Gefahr einer verringerten Diversifikation und höherer maximaler Verluste.
Eine automatisierte Steuerung und Optimierung des Portfolios einer Bank kann zu einseitigeren Allokationen führen, da spezifische Titel oder ganze Geschäftsfelder stark nutzenoptimal sind. Dieses Ergebnis erscheint zunächst kontraintuitiv. Man könnte erwarten, dass eine höhere Automatisierung der Disposition zu granulareren, diversifizierteren Allokationen führt. Die genauere Kenntnis der Portfolioeigenschaften verbunden mit der Risikoaversität der Bank bewirkt jedoch das Gegenteil, die Bank zieht sich aus bestimmten Portfoliopositionen gänzlich zurück. Die risikomindernden Effekte einer erhöhten Portfolio-Granularität[515] werden mit steigender Industrialisierung also zunehmend von risikomindernden und nutzensteigernden Effekten einseitiger, aber risikoaverser Allokationen überlagert.[516] Dies stellt einen Beitrag zur Erklärung von beobachtbaren, problematischen Anti-Diversifikationseffekten in der Bankpraxis dar (z.B. Abkehr vom Retailgeschäft durch zahlreiche Banken am Ende der neunziger Jahre[517] und die derzeitige Diskussion um die Zukunft der Mittelstandsfinanzierung[518]).

Abgeleitete Industrialisierungseigenschaft 3: Durch die Industrialisierung der Transformation wird der Faktor Mensch bei der einzelnen Bankdisposition eliminiert, was zu einer Annäherung des Bankverhaltens an die Ziel-Nutzenfunktion führt. Es ist jedoch ein Trugschluss zu glauben, dass dadurch menschliche Verhaltensanomalien ausgeschaltet werden. Die Verhaltensanomalien wirken über die Einstellung der Parameter der automatischen Gesamtbanksteuerung durch entsprechende Funktionsträger und werden systemisch multipliziert. Auch kann es dadurch zu einer stärkeren Gleichschaltung des Bankverhaltens im Markt kommen.
Im Rahmen der Konfiguration einer automatisierten Gesamtbanksteuerung sind analog zum Modell zahlreiche Parameter, insbesondere die Nutzenfunktion der Bank, einzustellen. Bei der Festlegung dieser Parameter wirken die aus der Behavioral Finance-Theorie bekannten Verhaltensanomalien ebenso wie bei der nichtautomatisierten, singulären Bankdisposition. Insofern wirkt die Subjektivität des Menschen weiterhin, nur auf einer höheren Ebene. Fehlentscheidungen durch Funktionsträger auf dieser Ebene (z.B. Risiko Management-Abteilung, CFO) können durch die Multiplikationswirkung wesentliche negative Konsequenzen nach sich ziehen. Ein Beispiel dafür ist die Kritik an der Kalibrierung der Gewichtungsfaktoren im IRB-Ansatz durch den Basler Ausschuss.[519] In der Konsequenz müssen umfassende personelle und organisatorische Prüfmechanismen für die Parametereinstellung/ -änderung aufgebaut werden.

---

515 Zu Risiko-Effekten der Portfolio-Granularität vgl. Wilkens, M./ Baule, R./ Entrop, O., Granularity adjustment, 2001.
516 Die geringe Anzahl der im Portfolio befindlichen Positionen wirkt im Modell jedoch limitierend.
517 Vgl. Hornblower Fisher, Deutsche Bank, 2000.
518 Vgl. Elschen, R., Neues Aufsichtsrecht, 2002, S. 26.
519 Vgl. Elschen, R., Neues Aufsichtsrecht, 2002, S. 32.

Gleichsam kann es durch den verstärkten Einsatz automatisierter Methoden und Prozesse in der Bankdisposition zu einer stärkeren Gleichschaltung des Bankverhaltens innerhalb des Marktes oder sogar zu marktübergreifenden Effekten kommen. Grund dafür ist der Einsatz tendenziell ähnlicher Algorithmen, die bei vergleichbarer Parametrisierung zu ähnlichen Re-Allokationsentscheidungen kommen. Die Annahme vollkommener Liquidität der aufnehmenden Märkte könnte dann natürlich nicht mehr getroffen werden.

Abgeleitete Industrialisierungseigenschaft 4: Die Industrialisierung der Abwicklung im Sinne einer Reduktion der Fertigungstiefe wirkt in dieser Konstellation nicht vorteilhaft.[520] *Erst die Realisierung von Skaleneffekten beim Outsourcer sowie deren Weitergabe erhöht das Ergebnis für die auslagernde Bank.*

Man kann formulieren, dass Outsourcing als Modeerscheinung bzw. „l'art pour l'art"-Aktivität – wie häufig diskutiert[521] – der auslagernden Bank keinen Nutzen bringt. Die reine Kostenvariabilisierung (oftmals so oder so durch quasifixe Vertragsbestandteile stark eingeschränkt) wirkt weder auf das Ergebnis noch auf das Risiko vorteilhaft. Um Ergebniseffekte zu erzielen, sind zwei Voraussetzungen notwendig: eine effizientere Leistungserstellung durch den Outsourcer (unter Berücksichtigung von Transaktionskosten) sowie die Weitergabe von Kosteneinsparungen an das leistungsbeziehende Unternehmen.

Abgeleitete Industrialisierungseigenschaft 5: Die Industrialisierung der Transformation führt im volatilen Marktszenario zu einer Annäherung an die risikoaverse Ziel-Nutzenfunktion. Dies wird im volatilen Markt zusätzlich durch ein steigendes Bankergebnis belohnt.

Der konsequente Rückzug aus risikoreichen Titeln aufgrund der genauen Kenntnis der Portfolioeigenschaften wird im volatilen Markt belohnt. Dies rührt insbesondere daher, dass Kreditausfälle im volatilen Markt besonderes negativ auf das Bankergebnis wirken.

Abgeleitete Industrialisierungseigenschaft 6: Die Industrialisierung der Transformation ohne ausreichende Dateninfrastruktur (Lerntiefe) wirkt insbesondere im volatilen Szenario nachteilig. Der „wahre Wert" der genauen Kenntnis der Portfolioeigenschaften zeigt sich also erst in volatilen Märkten.

In stabilen Marktszenarien führt die Integration von ggf. sehr seltenen bzw. länger zurückliegenden Wertverlusten zu einem übertrieben stark risikoaversen Verhalten. In volatilen Marktszenarien ist das schrittweise Lernen der Portfolioeigenschaften jedoch uneingeschränkt positiv zu bewerten. In diesem Zusammenhang kann auch die Kritik an Basel II hinsichtlich der unzureichenden Berücksichtigung von Konjunkturschwankungen interpretiert werden.[522] Banken haben bei Verwendung von

---

520 Modell-Einschränkungen wie konstante Volumina und CAR-Werte wirken limitierend.
521 Vgl. Hess, T., Nachhaltiger Trend, 2004.
522 Vgl. Elschen, R., Neues Aufsichtsrecht, 2002, S. 31. Elschen weist zusätzlich auf mögliche ertragssteigernde Effekte von internen Rating-Ansätzen hin. So würden dadurch bessere Kundeninformationen aufgebaut, die für Akquisitions-Zwecke genutzt werden könnten.

141

einfachen Ansätzen lediglich die Möglichkeit, einen höheren Eigenkapitalpuffer vorzuhalten, um konjunkturellen Schwankungen zu begegnen. Dies verstärkt jedoch die negativen Selektionseigenschaften von Basel II. Bei Verwendung des fortgeschrittenen IRB-Ansatzes können auch beliebige Instrumente in die Risikoberechnung einbezogen werden (z.b. Kreditderivate).

Abgeleitete Industrialisierungseigenschaft 7: Eine höhere Granularität der Portfolioallokation (Stückelung der Titel bzw. Optimierungstiefe) wirkt im stabilen Marktszenario hinsichtlich des Bankergebnisses positiv. Aufgrund des verzögerten und/ oder nicht vollständigen Verlagerns in sichere Titel ist dies in volatilen Märkten jedoch nachteilig.

Eine niedrige Optimierungstiefe führt tendenziell zu extremen und schnellen Re-Allokationen, welche im stabilen Marktszenario nicht vorteilhaft sind. Je volatiler der Marktkontext, umso vorteilhafter ist jedoch die vollständige Allokation in sichere Titel.

Abgeleitete Industrialisierungseigenschaft 8: Die Industrialisierung der Transformation kann – insbesondere bei vorliegen unvollkommener Märkte (z.B. unvollkommene Information) – zu verstärkten Portfolioumschichtungen und zu einer Verstärkung der Marktvolatilität durch die Bank führen. Insbesondere Industrialisierungsschritte wie die Eliminierung von Limiten und menschlichen Einflüssen erhöhen die Verstärkerwirkung. Eine zusätzliche, umfassende Kenntnis der Portfolioeigenschaften durch Datenhistorisierung senkt die Verstärkerwirkung der Bank jedoch wieder ab.

Insofern kann hiermit die Behauptung, dass eine Automatisierung der Gesamtbanksteuerung z.B. im Kontext von Basel II grundsätzlich zu einer Verstärkung der Konjunkturzyklen führt,[523] zumindest in Frage gestellt werden. Dabei ist jedoch durchaus zwischen den einzelnen Industrialisierungsschritten und ihrer Wirkung zu differenzieren. Die Eliminierung menschlicher Disposition kann beispielsweise aufgrund der daraus resultierenden einseitigen Allokationen und häufiger Umschichtungen zu einer Verstärkung der Volatilitäten führen; diese Verstärkung kann ggf. sogar durch ein mögliches „methodisch gleichgeschaltetes" Verhalten zahlreicher Banken auch die Marktausschläge insgesamt erhöhen. Analog zu Industrialisierungsthese 7 führt erst eine umfassende Kenntnis der Portfolioeigenschaften durch entsprechende Datenspeicherungs- und Datenauswertungs-Kapazitäten zu einer Absenkung der Verstärkung.

Naturgemäß sind die oberhalb dargestellten zusammenfassenden Ergebnisse abhängig von der Ausgestaltung und Parametrisierung des Industrialisierungsmodells als vereinfachter Abbildung der Realität. Im Folgenden soll ein kurzer Überblick gegeben werden, inwieweit sich die Änderung wesentlicher Annahmen des Modells auf die Outputvariablen respektive die Industrialisierungseigenschaften auswirkt.

---

523 Vgl. Walter, N., Basel II, 2003, S. 23.

Bereich	Größe	Änderung	Relevanz für Industrialisierungseigenschaften/ Outputvariablen
Inputsystem	Volatilität im volatilen Szenario	Erhöhung	Industrialisierungseigenschaften bestätigt und verstärkt.
		Reduktion	Annäherung Ergebnisse im volatilen Markt an die im stabilen Markt.
	Korrelation der Kredittitel	Erhöhung	Annäherung Ergebnisse im stabilen Markt an die im volatilen Markt.
		Reduktion	Industrialisierungseigenschaften weitgehend bestätigt.
	Kreditqualität	Erhöhung	Industrialisierungseigenschaften im stabilen Markt bestätigt. Vorteilhaftigkeit von Industrialisierung hinsichtlich des Bankergebnisses im volatilen Szenario kann aufgrund geringer Kreditausfälle nicht bestätigt werden.
		Reduktion	Industrialisierungseigenschaften können bestätigt werden. Ergebnisse im stabilen Markt gleichen sich denen im volatilen Markt an, da ein risikoaverses Verhalten aufgrund höherer Kreditausfälle auch ergebnisseitig belohnt wird.
	Verzinsung festverzinsliches WP	Erhöhung	Industrialisierungseigenschaften bestätigt.
		Reduktion	Industrialisierungseigenschaften bestätigt.
Bankprozesse	Reihenfolge „Pfad der Industrialisierung"	Umkehrung	Industrialisierungseigenschaften bestätigt.
Nutzenfunktion	Grad der Risikoaffinität	Erhöhung	Industrialisierungseigenschaften weitgehend bestätigt.
		Reduktion (risikoaffin)	Industrialisierungseigenschaften können grundsätzlich nicht bestätigt werden. Starke Wirkung von erhöhten Kreditausfällen.

Abbildung 46: Überblick der Sensitivitätsanalyse[524]

Es kann festgehalten werden, dass die Sensitivitätsanalysen die Stabilität der Industrialisierungseigenschaften im stabilen und im volatilen Markt bestätigen. Es wird jedoch auch deutlich, dass der Parametrisierung der Nutzenfunktion der Bank eine entscheidende Rolle zukommt.

Neben der Ergebnisabhängigkeit von den Annahmen soll im Folgenden ein kurzer Überblick ergänzender wesentlicher Kritikpunkte bzw. Weiterentwicklungspotenziale des Modells gegeben werden, die bei der Ergebnisinterpretation zu berücksichtigen sind. Die überblicksweise Darstellung ist der Arbeit von Steffen Krotsch entnommen und wird dort ausführlich behandelt. Sie ist an die Struktur des Modells angelehnt.

---

524 Eigene Darstellung.

Bereich	Weiterentwicklungspotenziale des Modells
Inputsystem	• Erhöhung der Konsistenz der Parameterwahl (analoger Marktkontext). • Änderung nicht nur der Volatilitäten, sondern auch der Korrelation in Schockphasen.
Geschäfts- arten	• Erhöhung der Anzahl der Titel im Portfolio. • Abkehr von der restriktiven Annahme der Nicht-Existenz von Neu-geschäft. • Ggf. Erweiterung des Modells in Richtung mehrperiodiger Optimierung.
Bankprozesse	• Erarbeitung eines geschlossenen Optimierungsalgorithmus (LP). • Einbezug von Kosten (operative Kosten sowie VaR) in Optimierung (Deckungs-beitragsorientierung). • Differenziertere Abbildung des Abwicklungsbereichs im Modell.
Industrialisie- rungfaktoren	• Verringerung der Self-Fulfilling Prophecy-Eigenschaft von Teilergebnissen. • Ergänzende Abbildung verschiedener Varianten von Limitsystemen. • Ergänzende Differenzierung des menschlichen Einflusses zwischen rationalen und stochastischen Beiträgen zur Optimierung.
Output-System	• Ggf. Verwendung eines alternativen Maßes zur Beurteilung der Verstärkerwirkung der Industrialisierung der Transformation.

Abbildung 47: Weiterentwicklungspotenziale des Modells[525]

Im Rahmen der Parameterwahl für das Inputsystem könnte neben der Erhöhung der Konsistenz der gewählten Modellparameter (Intensität und Dauer von Schockphasen aus Daten jüngster Krisen – z.B. der Asienkrise, Volatilitäten/ Korrelationen aus dem deutschen Markt) insbesondere eine Veränderung der Korrelationen zwischen den Titeln in Schockphasen vorgenommen werden.[526] In der jetzigen Modellausgestaltung werden aus Komplexitätsgründen nur die Volatilitäten geändert.

Im Bereich der Geschäftsarten sind insbesondere die eingeschränkte Titelanzahl, welche in Teilen auch die im Ergebnis einseitigen Portfolioallokationen begünstigt, sowie die restriktive Annahme der Nicht-Existenz von Neugeschäft als Schwachpunkte des Modells hervorzuheben. Darüber hinaus bildet das Modell eine einperiodige Optimierung ab, die über den Parameter der Lerntiefe vergangene Perioden mit einbeziehen kann. Eine Weiterentwicklung in Richtung eines mehrperiodigen Modells wäre von wissenschaftlichem Interesse.

Zwecks Abbildung der Industrialisierungsparameter werden die Bankprozesse über stochastische Suchroutinen repräsentiert; hier wäre die ergänzende Erarbeitung einer geschlossenen Lösung über Lineare Programmierung (LP) anzugehen. Darüber hinaus könnte dieses Modell in die Richtung weiterentwickelt werden, dass der mehrstufige Mechanismus im Sinne der zwei Transformationsschritte durch eine

---

525 In Anlehnung an Krotsch, S., Industrialisierung von Banken – Ein Modell, 2005. Vgl. ebenda insbesondere für eine detaillierte Diskussion über die Auswahl des Optimierungsalgorithmus und Entscheidungskriteriums.
526 Es existieren zahlreiche Arbeiten, die die Änderung von Korrelationen in Schockphasen nachweisen. Vgl. beispielhaft Gantenbein, P./ Spremann, K., Protection management, 2003.

integrierte Optimierung unter Berücksichtigung sämtlicher operativer Kosten erfolgt.[527] Dies würde insbesondere eine stärkere Differenzierung des Abwicklungsbereichs innerhalb der modellierten Bank begünstigen.

Hinsichtlich der Industrialisierungsfaktoren kann festgehalten werden, dass diese zum einen sophistizierter ausgestaltet werden könnten, z.b. durch die Abbildung verschiedener Arten an Limitsystemen (Volumen, VaR, etc.) und/ oder die Spaltung des menschlichen Einflusses in einen rationalen Beitrag zur Optimierung und eine stochastische Komponente. Als Pauschalkritik am Modell kann die Tendenz ein „Self-fulfilling prophecy" aufgeführt werden, d.h. im Rahmen des Pfades der Industrialisierung wird ein Optimierungsalgorithmus von „Nebenbedingungen" befreit und demgemäß entwickelt sich das Ergebnis. Gleichwohl stellt die Übersetzung von Modellparametern in einen Industrialisierungskontext sowie die Analyse der kombinierten Wirkungen der Faktoren in verschiedenen Marktphasen jedoch einen wesentlichen, eigenständigen Beitrag dar.

Abschließend bildet das Outputsystem weitgehend den aktuellen Stand der wissenschaftlichen Bearbeitung über die Verwendung risikoadjustierter Performancemaße ab. Die Definition und Interpretation der Volatilität des RAROC als Verstärkerwirkung ist jedoch zumindest dahingehend kritisch, dass der RAROC bereits das Risiko enthält. Mit dem Zweck der Abbildung insbesondere der Effekte zwischen dem stabilen und volatilen Szenario erscheint die Verwendung aber gerechtfertigt.

Es kann zusammenfassend festgehalten werden, dass das Modell zur Industrialisierung in Transformation und Abwicklung eine Grundlage für die Diskussion um Industrialisierung und die Substitution des Faktors Mensch in Banken geschaffen hat; gleichwohl bestehen entlang der Struktur des Modells noch Potenziale zur Weiterentwicklung.

Im Kapitel 5.2 wurden ausgewählte empirische und modellhafte Wirkungsanalysen hinsichtlich der in Kapitel 4 definierten Industrialisierungsentwicklungen im Bankensektor durchgeführt. Im Folgenden wird eine abschließende und zusammenfassende Bewertung der Industrialisierung von Banken vorgenommen.

5.3 Bewertung der Industrialisierung von Banken

Bisher wurden die Industrialisierung der Banken umfassend beschrieben, Evidenzen und Erfahrungsberichte aus der Umsetzung übermittelt sowie anhand verschiedener Methoden (z.B. Regressionsanalysen, Industrialisierungsmodellierung) Hinweise auf die Wirkungen analysiert. Im Folgenden soll – aufbauend auf den bisher dargestellten Ergebnissen – eine Bewertung der Industrialisierung von Banken vorgenommen werden. Zu diesem Zweck wird eine zusammenfassende Stärken-Schwächen-

---

527 Vgl. hierzu Kapitel 5.2.2.2.3 und insbesondere Abbildung 31.

Analyse der Industrialisierung aus Sicht von wesentlichen Stakeholdern[528] von Banken dargestellt. Darüber hinaus wird die Gutachtersicht verlassen und es werden Einschätzungen/ Empfehlungen hinsichtlich der Industrialisierung von Banken aus Sicht des Autors gegeben.

Zum Zwecke dieser Untersuchungen sollen das Bankmanagement (respektive die Aktionäre)[529], Kunden, Lieferanten und Mitarbeiter als wesentliche Stakeholder von Banken analysiert werden. Darüber hinaus wird die aufsichtsrechtliche Sicht auf die Industrialisierung ergänzt und beleuchtet (vgl. Abbildung 48).

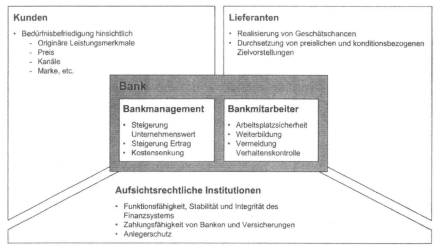

Abbildung 48: Stakeholder von Banken[530]

Naturgemäß besitzen diese Stakeholder jeweils eigene, nicht überschneidungsfreie Zielsysteme, die als Referenz für die Bewertung von Industrialisierungsentwicklungen dienen:

- Für das Bankmanagement stehen unter der Annahme einer ausgeprägten Shareholder Value-Orientierung insbesondere finanzielle Zielsetzungen (Unter-

---

528 Stakeholder von Unternehmen bilden Personen oder Gruppen, die die Erreichung von Unternehmenszielen beeinflussen können oder selbst von der Zielerreichung des Unternehmens betroffen sind. Als entscheidender Mitbegründer des Stakeholder-Ansatzes als Grundlage des strategischen Managements gilt Freeman. Vgl. hierzu und zum Folgenden Freeman, R.E., Management, 1984 sowie Clarkson, M.B.E., Stakeholder framework, 1995, S. 92ff.

529 Gegenüber den klassischen Systematiken von Stakeholdern (vgl. ebenda) wird auf eine explizite Abgrenzung der Anteilseigner als Bewertungssicht verzichtet; diese kann – vorbehaltlich der Principal Agent-Diskussion – oftmals analog zu der des Bankmanagements gesehen werden. Aus vergleichbaren Gründen wird auch die Stakeholder-Gruppe der Wettbewerber nicht berücksichtigt. Dafür werden die bankspezifischen staatlichen Aufsichtsbehörden als Interessengruppe einbezogen.

530 Eigene Darstellung.

nehmenswert, Ertragssteigerung, Kostensenkung) in Verknüpfung mit marktlichen Zielen (z.B. Marktanteilserhöhung) im Vordergrund.

- Im Zielsystem der Kunden dominiert die bestmögliche Bedürfnisbefriedigung. Dies umfasst sowohl die Produkte an sich als auch Preise, Vertriebskanäle, etc.
- Das wesentliche Interesse von Lieferanten besteht in der Realisierung von Geschäftschancen mit den Banken als Kunden sowie in der Durchsetzung der preislichen und konditionsbezogenen Zielvorstellungen.
- Die Zielsysteme der einzelnen Mitarbeiter weisen die höchste Variationsbreite auf. Gleichwohl können insbesondere Arbeitsplatzsicherheit, Weiterbildung sowie Vermeidung von Leistungs- und Verhaltenskontrolle als wesentliche Ziele identifiziert werden.
- Den finanzdienstleistungsspezifischen Aufsichtsbehörden (z.B. BAFIN) obliegt insbesondere die Sicherstellung der Stabilität des Finanzsystems bzw. des einzelnen Finanzdienstleistungsanbieters.[531]

Zunächst und am umfangreichsten wird im Folgenden eine Bewertung der Bankenindustrialisierung aus Sicht des Bankmanagements vorgenommen.

5.3.1 Bewertung der Industrialisierung aus Sicht des Bankmanagement

5.3.1.1 Industrialisierung der Produktentwicklung

Im Rahmen der Industrialisierung der Produktentwicklung wurden insbesondere die Standardisierung des Leistungsangebots von Banken sowie die Automatisierung der Leistungseinführung als wesentliche Tendenzen in Kapitel 4.1.1 charakterisiert. Letztere stellt die zentrale Bestandsverwaltung sämtlicher angebotener Bankprodukte auf einer einheitlichen informationstechnischen Plattform dar, wobei sämtliche wesentlichen Produkteigenschaften parametrisiert sind. Die verstärkte Nutzung entsprechender Softwareprodukte[532] verdeutlicht die Praxisrelevanz dieses Vorgehens. Aus Sicht des Bankmanagements werden mit deren Einsatz vorrangig die Verringerung von Produkteinführungskosten sowie die Reduktion von Produkteinführungszeiten angestrebt. Dies stellen berechtigte Zielsetzungen dar, die durch eine

---

531 Ausführlicher formuliert besteht das Hauptziel der BAFIN darin, die Funktionsfähigkeit, Stabilität und Integrität des gesamten deutschen Finanzsystems zu sichern. Hieraus lassen sich zwei weitere Ziele ableiten: Zum einen gilt es, die Zahlungsfähigkeit von Banken, Finanzdienstleistungsinstituten und Versicherungsunternehmen zu sichern (Solvenzaufsicht). Als "single regulator" soll die BAFIN dabei im Rahmen einer einheitlichen Aufsichtspraxis gleiche Regeln für gleiche Risiken entwickeln. Nur so lassen sich in Zeiten, in denen Banken, Finanzdienstleistungsinstitute und Versicherungen ähnliche Produkte anbieten und um die gleichen Kunden konkurrieren, Wettbewerbsverzerrungen vermeiden. Ein weiteres Ziel der BAFIN ist es, Kunden und Anleger in ihrer Gesamtheit zu schützen und Verhaltensstandards durchzusetzen, die das Vertrauen der Anleger in die Finanzmärkte wahren (Marktaufsicht). Zum Anlegerschutz gehört es auch, dass die BAFIN gesetzeswidriges Handeln im gesamten Finanzbereich bekämpft. Vgl. hierzu BAFIN, Leitbild, 2004.

532 Vgl. Kapitel 4.1.1.2.2.

flexiblere Reaktion auf Markterfordernisse eine Erhöhung der Wettbewerbsfähigkeit des jeweiligen Bankinstituts nach sich ziehen können.

Demgegenüber stehen auf der anderen Seite typischerweise nicht zu unterschätzende Einführungsrisiken. Die Einführung derartiger „Product and Fee Factories" erfordert einen signifikanten Eingriff in die oftmals historisch gewachsene Anwendungsarchitektur von Banken, weil zahlreiche Altsysteme abgelöst oder über Schnittstellen angebunden werden müssen. Je nach Größe der jeweiligen Bank bewegt sich der Einführungsaufwand typischerweise zwischen 30.000 und 80.000 Personentagen.[533] Dies reflektiert die hohe Komplexität derartiger Einführungs- und Migrationsaktivitäten.

Somit lassen sich folgende Chancen und Risiken der Automatisierung der Leistungseinführung festhalten:

Chancen:

- Verringerung der Produkteinführungskosten, insbesondere vereinfachte Anpassung der jeweiligen IT-Systeme.
- Verbesserung der Marktpositionierung der Bank durch höhere Reaktionsfähigkeit und Verkürzung der Produkteinführungszeiten.

Risiken:

- Komplexe und aufwendige Systemeinführung bzw. -ablösungen.

Ergänzend umfasst im Bereich der Industrialisierung der Produktentwicklung die Standardisierung des Leistungsangebotes von Banken eine Bereinigung und Straffung ihres Produktspektrums. Dies kann dazu führen, dass z.B. im Retail Banking-Segment eine konsolidierte Produktgrundlage von ca. 10-20 Basisprodukten verbleibt. Hierbei bietet das Angebot von verschiedenen Produktvarianten (z.B. variierende Risikoprofile in der Fondsvermögensverwaltung, verschiedene Girokonto- / Zahlungsverkehrs-Pakete) – angelehnt an industrielle Produkt- und Plattformstrategien – die Flexibilität, unterschiedliche Kundenbedürfnisse zu befriedigen. Aus Managementsicht vereinfacht diese Strategie die Komplexität des Produktmanagements. Dies spiegelt sich insbesondere in Kostenreduktionen für den laufenden Unterhalt des Portfolios aus IT-technischer Sicht sowie im Bereich der Personalqualifizierung wider. Darüber hinaus werden Produkte identifiziert, die grundsätzlich keine positiven Deckungsbeiträge erwirtschaften (z.B. verschiedene Formen der Spezialfinanzierungen) und gegebenenfalls dauerhaft aus dem Leistungsangebot zwecks Steigerung der Gesamtprofitabilität entnommen werden.[534]

Kritisch gilt es in diesem Kontext anzumerken, dass eine zu starke Homogenisierung des Produktspektrums von Banken auch dazu führen kann, dass spezifische Kundenbedürfnisse nicht mehr erfüllt werden können. Wenn sich der Grad der Bedürfnisabdeckung aus Kundensicht zu stark reduziert, so kann dies die Kunden-

---

533 Vgl. ebenda.
534 Vgl. Abbildung 8.

bindung bzw. -neugewinnung negativ beeinflussen. Darüber hinaus darf nicht vernachlässigt werden, dass das Angebot spezifischer Produkte mit negativem Deckungsbeitrag (z.B. reine Girokonten, spezifische Finanzierungsformen) nicht isoliert entscheidbar ist, sondern Bindungs- und Cross Selling-Effekte in andere Produktbereiche hinein existieren. Ergänzend kann eine zu einseitige Produktstrategie auch die Risiko- und Ertragsstabilität von Banken signifikant beeinflussen; werden im Rahmen des Anlagengeschäfts nur Produkte mit ähnlichem Schwerpunkt (z.B. Aktienfonds Europa) vertrieben, so entsteht ein Klumpenrisiko bei den bestandsabhängigen Provisionserträgen.

Es können zusammenfassend folgende Chancen und Risiken der Standardisierung des Produktspektrums von Banken festgehalten werden:

Chancen:

- Kostensenkung in der Unterhaltung des Produktspektrums (IT Systeme, Schulungen der Mitarbeiter, etc.).
- Bereinigung des Portfolios um „Verlustbringer".

Risiken:

- Verringerte Kundenbindung und -abwanderungen aufgrund einer geringeren Passgenauigkeit der Produkte auf die Kundenbedürfnisse.
- Etablierung von Klumpenrisiken aufgrund einer zu einseitigen Produktausrichtung z.B. im Anlagegeschäft.

Aus Sicht des Autors erscheint die Industrialisierung der Produktentwicklung als eine sinnhafte Strategie, die insbesondere auf der Kostenseite vorteilhaft wirkt und darüber hinaus Flexibilitätseffekte in der Produkteinführung mit sich bringt. Jedoch muss sie mit Augenmaß angewendet werden, welches insbesondere die Einführungsrisiken abfedert. Hierfür bieten sich stufenweise Einführungs- und Automatisierungsprogramme an. Darüber hinaus muss sichergestellt werden, dass die Gesamtheit der Variantenausprägungen der Basisprodukte weiterhin eine ausreichende Bedürfnisabdeckung der Kunden sicherstellt.

5.3.1.2 Industrialisierung im Vertrieb

Unter Industrialisierung im Vertrieb wird gemäß Kapitel 4.1.2 insbesondere die Diversifikation des Kanalportfolios sowie die Automatisierung der Vertriebsunterstützung verstanden. Erstere stellt insbesondere die Diversifikation der Vertriebswegestruktur weg von der ausschließlichen Filialfokussierung hin zu komplexeren Mehrkanalsystemen dar. Diese bietet insbesondere den Vorteil, dass eine höhere Marktdurchdringung einer Bank mit ihren Produkten erreicht werden kann, indem je nach regionalem Markt der adäquate Vertriebsweg definiert wird (z.B. indirekter Vertrieb über Franchising/ Maklerorganisationen in strukturschwächeren, ländlichen Regionen). Dies kann üblicherweise mit reduziertem Risiko aufgrund der geringeren Vertriebsfixkosten alternativer Vertriebskanäle im Vergleich zur traditionellen Bankfiliale geschehen. Ergänzend bieten die Mehrkanalsysteme den Banken die Möglichkeit, bedürf-

149

nisgerechte Produkt-Kanal-Pakete je Kundengruppe zu definieren und somit einen höheren Grad der Bedürfnisabdeckung zu erreichen. Auf der anderen Seite steht das Risiko eines zunehmenden Verlustes der Schnittstelle zum Kunden durch vermehrten indirekten oder elektronischen Vertrieb. Sofern dies nicht explizite Geschäftsstrategie der Bank darstellt (z.B. wie bei der Norisbank als Produktbank in Abgrenzung zu Vertriebsbanken), führt der indirekte Vertrieb verstärkt zu Abhängigkeit von Vertriebsorganisationen und zum Verlust von originären Informationen über die Kunden und Trends im Markt. Analog zur Problematik der Kooperation von Handel und Herstellern im industriellen Bereich[535] stellt sich für Banken auch die Frage, wie eine Beratung im Sinne eines sachgerechten Einsatzes der Produkte sichergestellt bzw. negative Effekte auf die eigene Produktmarke vermieden werden können (z.B. DWS beim Vertrieb durch die DVAG). Die Chancen und Risiken lassen sich wie folgt zusammenfassen:

Chancen:

- Erhöhung der Marktdurchdringung (z.B. auch in ländlicheren Regionen).
- Reduktion des ökonomischen Risikos durch geringere Vertriebsfixkosten.
- Erhöhung der Kundenzufriedenheit durch Bereitstellung eines bedürfnisgerechten Kanalportfolios.

Risiken:

- Zunehmender Verlust der Schnittstelle zum Kunden sowie originärer Marktinformationen beim indirekten Vertrieb.
- Erschwerte Qualitätssicherung (z.B. bei der Kundenberatung) und Herausforderung des Markenschutzes bei mehrstufigen Vertriebsstrukturen.

Im Rahmen der Automatisierung der Vertriebsunterstützung werden nicht-vertriebsbezogene Tätigkeiten aus den Vertriebseinheiten ausgelagert und es erfolgt eine erweiterte Unterstützung des Vertriebes z.B. durch Kampagneninformationen über Customer Relationship Management-Systeme. Dies bietet aus Perspektive des Bankmanagements den Vorteil eines verstärkten Einsatzes von Vertriebspersonal für originär vertriebliche Tätigkeiten. Darüber hinaus unterstützt die moderne informationstechnische Datenaufbereitung die Vertriebsmitarbeiter bei der Neukundengewinnung sowie bei der Nutzung von Cross Selling-Potenzialen. Insofern steht bei diesen Maßnahmen das Ziel der Ertragssteigerung deutlich im Vordergrund. Demgegenüber sind die Risiken, die sich aus einer Automatisierung der Vertriebsunterstützung ergeben begrenzt. Jedoch kann das Problem einer zu hohen Systemgläubigkeit auftreten in dem Sinne, das z.B. Systemempfehlungen für neue Produkte ungeprüft verwendet bzw. nicht kritisch hinterfragt werden. Im Folgenden werden Chancen und Risiken noch einmal kurz zusammengefasst:

---

535 Eine Untersuchung der auf Franchising spezialisierten Unternehmensberatung Syncon bestätigt, dass Markenschutz und Sicherstellung eines adäquaten und konformen Ausbildungsstandes der Franchisenehmer die wesentlichen Problemfelder für Franchisegeber darstellen. Vgl. hierzu Syncon, Zutaten des Erfolgs, 2003, S. 1.

Chancen:

- Ertragssteigerung durch erhöhte Kundenbetreuungszeiten.
- Ertragssteigerung durch verbesserte Erkennung von Potenzialen zur Neukundengewinnung bzw. zum Cross Selling.

Risiken:

- Übersteigerte Systemgläubigkeit bei CRM-Systeme und Mangel an Eigeninitiative der Vertriebsmitarbeiter.

Grundsätzlich kann festgehalten werden, dass die Industrialisierung des Vertriebes nicht nur eine empfehlenswerte Strategie darstellt, sondern de facto alternativlos aus Sicht des Bankmanagements ist, da die ausschliessliche Konzentration auf den traditionellen Filialvertrieb nicht mehr tragfähig ist.[536] Die Industrialisierung hilft, die Marktdurchdringung zu verbessern sowie Ertragssteigerungen zu realisieren. Analog industrieller Hersteller- und Vertriebsstrukturen stellt jedoch das Management indirekter Vertriebskanäle hinsichtlich Beratungsqualität und Markenmanagement ein wesentliches Problemfeld dar, welches eng gesteuert werden muss. Dies erfordert den Aufbau umfassender (qualitativ und quantitativ orientierter) Vertriebscontrolling-Einheiten. Auch darf das Management – insbesondere der traditionellen Universalbanken – nicht der kurzfristigen Versuchung unterliegen, eine breite Förderung des indirekten Vertriebs zu Lasten des Eigenvertriebs vorzunehmen. Für größere Universalbanken in Deutschland ist nach Meinung des Autors die Beibehaltung eines eigenen stationären Vertriebs zwecks Erhaltung der Kundenschnittstellen notwendig.

5.3.1.3 Industrialisierung in der Abwicklung

Die Industrialisierung in der Abwicklung umfasst insbesondere die Automatisierung der Abwicklung sowie die Reduktion der Fertigungstiefe. Erstere stellt die Substitution der menschlichen Bearbeitung im Rahmen von bankbetrieblichen Abwicklungsprozessen (z.B. im Zahlungsverkehr, Wertpapier- und Kreditbereich) durch maschinelle Prozesse bis hin zum Straight Through Processing dar. Wie bereits in Kapitel 4.1.3.1.2 dargestellt, sind mit der Standardisierung und Automatisierung von Abwicklungsprozessen signifikante Einsparpotenziale bei den Stückkosten verbunden. Diese liegen oftmals über 50% und speisen sich insbesondere aus der Reduktion von Personalkosten. Darüber hinaus bietet die Automatisierung die Chance der Erhöhung der Dienstleistungsqualität – z.B. hinsichtlich geringerer Fehleranfälligkeit und reduzierten Durchlaufzeiten. So findet im Wertpapierbereich eine Abwicklung zunehmend im (T+1)-Zyklus, d.h. einen Tag nach Orderaufgabe statt.[537] Den positiven Effekt der Abwicklungsindustrialisierung im Sinne einer Stückkostenreduktion weist auch das entwickelte Modell zur Analyse der Industrialisierungswirkung nach.[538]

---

536 Vgl. Abbildung 12.
537 Vgl. Weitzel, T./ Martin, S.V., Straight Through Processing, 2003, S. 2ff.
538 Vgl. Kapitel 5.2.2.4 – abgeleitete Industrialisierungseigenschaft 4.

Die Risiken einer derartigen Industrialisierungsstrategie halten sich in Grenzen. Offensichtlich erfordert die Automatisierung jedoch ein hohes Maß an Produkt- und Prozessstandardisierung. Diese kann tendenziell wesentlichen Kundenbedürfnissen entgegenlaufen (z.B. wenn gewisse Sicherheitenkonstrukte bei Finanzierungen systemtechnisch nicht mehr abbildbar sind). Hierbei muss ein gesunder Mittelweg zwischen der Abdeckung von Kundenanforderungen und dem Standardisierungsparadigma gefunden werden. Darüber hinaus ist mit dem verstärkten Einsatz von automatisierter Prozessunterstützung eine neue Qualität an operationalen Risiken (z.B. Systemausfälle, Fehlprogrammierungen) verbunden, welches systematisch überwacht werden muss.[539] Die Chancen und Risiken lassen sich wie folgt zusammenfassen:

Chancen:

- Reduktion der Abwicklungsstückkosten.
- Erhöhung der Abwicklungsqualität durch geringere Fehleranfälligkeit und verkürzte Durchlaufzeiten.

Risiken:

- Gefahr der Überstandardisierung von Produkten und Prozessen, welche den Kundenbedürfnissen entgegenläuft.
- Erhöhtes operationales Risiko im Bereich der Informationstechnologie.

Die Bewertung der Reduktion der Fertigungstiefe von Banken respektive des zunehmenden Outsourcings führt zu einem differenzierteren Bewertungsprofil. Grundlegend ist mit der Auslagerung von Geschäftsprozessen an externe Unternehmen insbesondere die Hoffnung auf Kosteneinsparungen und -flexibilisierung sowie mit Abstrichen auch Qualitätsverbesserungen aufgrund von Volumens- und Erfahrungsbündelung bei diesen verbunden. Unter der Voraussetzung eines hinreichend großen und erfahrenen Outsourcing-Partners schätzt der Kapitalmarkt dies im Sinne der Analyse aus Kapitel 5.2.1.3 auch als erreichbare Zielsetzungen ein. Auch die Modelluntersuchung (Kapitel 5.2.2) und die empirische Effizienzanalyse (Kapitel 5.2.1.2) erlauben die Interpretation, dass positive Wirkungen des Outsourcings vorhanden sein können. Darüber hinaus wird mit Verlagerungsstrategien auch die Substitution von fixen durch variable Kosten angestrebt, durch die die Kostenseite einer Bank stärker mit der Ertragsseite „mitschwingen" kann und die Ergebnisvolatilität sinkt. Dies konnte im Rahmen der Modelluntersuchung nicht bestätigt werden. Auch gilt es hier festzuhalten, dass die fixen Kosten aus volkswirtschaftlicher Sicht nicht eliminiert, sondern nur zum aufnehmenden Unternehmen verlagert werden. Ist die Kostenvariabilisierung zwar grundsätzlich möglich, so führen jedoch auch oftmals in Outsourcing-Verträgen vorhandene, mengenunabhängige Kompensationsbestandteile zu einer Konterkarierung dieser Zielsetzung.

---

539 Vgl. Gruber, C./ Renner, J., Operationales Risiko und IT-Sicherheit, 2003.

Außerdem sind mit der Durchführung von Outsourcing-Strategien auch wesentliche Risiken verbunden. Dies ist insbesondere der hohe Grad der Abhängigkeit der bei der Auslagerung wesentlicher Geschäftsprozesse vom Zulieferer existiert. Diese Abhängigkeit wird umso größer, je höher der Konzentrationsgrad in der entsprechenden Zulieferindustrie ist. Für die Automobilindustrie wurde beispielsweise berichtet: „Das Klima zwischen den Automobilherstellern und ihren Zulieferern verschärft sich wieder einmal – allerdings in einer bislang unbekannten Variante. Nun sind es die Lieferanten, die die Automobilindustrie unter Druck setzen und höhere Abnahmepreise im mehrstelligen Prozentbereich durchsetzen wollen. (…) Dabei profitieren sie von der zunehmenden Abhängigkeit der Autohersteller, die immer mehr Fertigungen zu den Lieferanten ausgelagert haben."[540]

Dies ist eine Entwicklung, die bereits jetzt – auch vor dem Hintergrund der zunehmenden Konzentration z.B. in der Wertpapierabwicklung – für den Bankenbereich absehbar ist.[541] Ergänzend stellt sich oftmals temporär oder dauerhaft eine reduzierte Dienstleistungsqualität ein. Dies kann sich auf einen zeitlich begrenzten Zeitraum nach der (oftmals komplexen) Migration auf den Dienstleister beziehen oder eine dauerhafte Qualitätsreduktion darstellen, die aus der mangelnden Erfahrung des Outsourcing-Partners bzw. dessen nicht ausreichender Kenntnis der bankspezifischen Prozesse resultiert.[542] Es kann zusammenfassend festgehalten werden:

Chancen:

- Realisierung von Kosteneinsparungen und ggf. Qualitätsverbesserung durch Volumens- und Erfahrungsbündelung beim Outsourcer.
- Reduktion der Volatilität des Bankergebnisses durch Substitution von fixen durch variable Kosten.

Risiken:

- Wechselnde Machtverhältnisse und dauerhafte Abhängigkeit vom Lieferant schränkt die Möglichkeit der Interessendurchsetzung (z.B. Preise, Prozesse) ein.
- Temporäre oder dauerhafte Einschränkung der Dienstleistungsqualität (Migrationskomplexität, eingeschränkte Prozesskenntnis des Outsourcers).

Es kann festgehalten werden, dass insbesondere die Automatisierung von Abwicklungsprozessen bereits gängige Realität darstellt und aufgrund der damit verbundenen Kostensenkungspotenziale weitergeführt werden sollte. Im Bereich des Fertigungstiefenmanagements hingegen ist eine vorsichtige Abwägung zwischen möglichen kurz- bis mittelfristigen Kosteneinsparungen durch Auslagerung und Volumensbündelung sowie den Nachteilen einer dauerhaften Abhängigkeitsbeziehung vom Lieferanten notwendig. Hierbei darf dem Motiv einer Kostenvariabilisierung nicht zu viel Gewicht beigemessen werden. Darüber hinaus muss die Stabilität, Erfahrung

---

540 o.V., Zulieferer, 2004, S. 21.
541 Vgl. Kapitel 4.1.3.2.2.
542 Vgl. o.V., Gefahren, 2002, S. 15.

153

und Größe des Outsourcing-Partners im Rahmen der Auswahlentscheidung dominieren. Auf die aufsichtsrechtliche Problematik des Outsourcings wird in Kapitel 5.3.5 noch eingegangen.

5.3.1.4 Industrialisierung der Transformation

Unter Industrialisierung der Transformation wurde gemäß Kapitel 4.1.4 insbesondere die Automatisierung der Bankdisposition sowie die Standardisierung und Automatisierung im Rahmen der Gesamtbanksteuerung verstanden. Erstere stellt die stark systemgestützte („Mechanisierung") bzw. vollautomatisierte Disposition („Automatisierung") von Banken insbesondere im Kredit- und Handelsbereich dar. Diese wurde mit unterschiedlich ausgeprägten Industrialisierungsparametern auch anhand des Industrialisierungsmodells nachgestellt (Wegfall stochastischer Komponente, Abbau starrer Volumenlimite).[543] Grundsätzlich ist hiermit das Ziel bzw. die Chance verbunden, über eine Objektivierung der Dispositionsentscheidung eine verbesserte Mittelallokation im Sinne der Nutzenfunktion bzw. des „Risikoappetits" der Bank zu erreichen. Hierbei können die Parameter einer automatisierten Bankdisposition so gesetzt werden, dass insbesondere eine geringere Volatilität des Bankergebnisses erreicht wird (analog Industrialisierungseigenschaft 1 gemäß Industrialisierungsmodell). Neben den dispositionsbezogenen Vorteilen einer Automatisierung ergeben sich darüber hinaus Potenziale zur Kosteneinsparung aus der verminderten Notwendigkeit manueller Eingriffe.

Die Ergebnisse des Industrialisierungsmodells weisen jedoch auf wesentliche Gefahren dieses Vorgehens hin. Insbesondere im Rahmen der Industrialisierungseigenschaft 3 wird ausgeführt, dass der Einfluss des Faktors Mensch nur auf Ebene der Einzeldisposition eliminiert, jedoch de facto auf eine höhere Ebene gehoben wird. Die Verhaltensanomalien der Systemkonfiguratoren (z.B. CFO, Risiko Management-Abteilung) wirken jetzt systemisch und werden multipliziert. Kritisch gilt darüber hinaus anzumerken, dass auch die Praxis bereits zeigt, dass die Komplexität z.B. einer Kreditentscheidung nicht ausschließlich systembasiert abgebildet werden kann und dadurch gegebenenfalls nicht optimale Entscheidungen zustande kommen. Dies zeigt sich an den in Kapitel 4.1.4.1 dargestellten Entwicklungen z.B. bei der FinanzIT.

Eine angemessene Reaktion von Banken stellt in diesem Kontext die Entwicklung von Hybridlösungen dar, die eine weitgehende Automatisierung mit einer finalen Eingriffsmöglichkeit des Menschen verknüpfen.[544] Abschließend wird festgehalten:

Chancen:

- Verbesserte Allokation der Bankmittel gemäß des Risikoprofils der jeweiligen Bank durch objektivierte Einzeldispositionen, dadurch insbesondere Verringerung der Volatilität des Bankergebnisses.

---

543 Vgl. Kapitel 5.2.2.2.2.
544 Vgl. Kapitel 4.1.4.1.

154

- Kostensenkung aufgrund vollständig systembasierter Prozesse ohne manuelle Eingriffsnotwendigkeiten.

Risiken:

- Verhaltensanomalien bei der Einstellung von Systemparametern werden in den Kontext jeder Bankdisposition multipliziert, dadurch ggf. durchgehend zu risikoaverses oder -freudiges Dispositionsverhalten der Bank.
- Suboptimale singuläre Entscheidungen aufgrund nicht ausreichender Abbildung der Komplexität von bankbetrieblichen Dispositionen.

Das dargestellte Risiko der Multiplikation von Verhaltensanomalien bildet die Schnittstelle zur Standardisierung und Automatisierung der Gesamtbanksteuerung. Diese zielt auf eine breite Systemführung im Rahmen der aktiven Steuerung der Gesamttransformationsleistung der Bank ab. Im Rahmen des Industrialisierungsmodells wurde neben dem Wegfall volumensbasierter Minimum- oder Maximumlimite je Geschäftsart eine Verbesserung der Informationsbasis sowie der Informationsverarbeitungskapazitäten der Bank abgebildet (insbesondere Erhöhung der Lern- und Optimierungstiefe). Positiv kann erneut festgestellt werden, dass eine verbesserte Allokation gemäß der Nutzenfunktion der Bank erreicht werden kann (Industrialisierungseigenschaft 1). Diese wirkt insbesondere in volatilen Marktszenarien vorteilhaft (Industrialisierungseigenschaft 5). Darüber hinaus wirkt eine Erhöhung der Datenverarbeitungskapazitäten z.b. durch verbesserte granulare Portfoliobildung im stabilen Marktszenario vorteilhaft (Industrialisierungseigenschaft 7). Demgegenüber stehen verschiedene Risiken einer vollumfänglichen automatisierten Gesamtbanksteuerung.[545] Zunächst kann ein äußerst risikoaverses Verhalten eintreten, welches negative Effekte auf das Bankergebnis haben kann (Industrialisierungseigenschaft 1). Darüber hinaus ist eine einseitige Allokation in einzelne Titel respektive Geschäftsfelder möglich, die im Sinne einer Ertrags-Risiko-Betrachtung aus Sicht der Bank vermeintlich optimal sind; dies kann zu einer Risikoballung in diesen Geschäftsfeldern, zu einem Verlust an Diversifikation und einem erhöhten maximalen Verlust führen (Industrialisierungseigenschaft 2). Aus praxisorientierter Sicht können hier Indizien in der wiederkehrenden (Diskussion um die) Abkehr von Banken von gesamten Geschäftsfeldern (z.B. Retail-Geschäft, Mittelstands- und Gewerbefinanzierung) gesehen werden. Darüber hinaus muss auf die zentrale Rolle der Kenntnis der Portfolioeigenschaften (Lerntiefe) – insbesondere in volatilen Marktszenarien – hingewiesen werden. Ohne diese ist die Automatisierung der Gesamtbanksteuerung z.B. hinsichtlich der Zyklusverstärkung als äußerst kritisch einzuschätzen (Industrialisierungseigenschaft 8). Auch ergeben sich Hinweise, dass Automatisierung unter gewissen Voraussetzungen in volatilen Marktszenarien zu verzögerten Umschichtungen des Portfolios in sichere Titel führt und demgemäß nachteilig wirkt. Dies kann folgendermaßen zusammengefasst werden:

---

545 Vgl. hierzu und zum Folgenden Kapitel 5.2.2.4.

Chancen:

- Verbesserte Allokation der Bankmittel gemäß des Risikoprofils der jeweiligen Bank durch „perfekte Optimierung".
- Starke Verbesserung von Bankergebnis und Risikoposition in volatilen Märkten durch stark risikoaverses Verhalten.

Risiken:

- „Übertriebenes" risikoaverses Verhalten der Bank mit negativen ertragsseitigen Effekten.
- Verlust an geschäftsfeldübergreifender Diversifikation durch Konzentration der Geschäftstätigkeit in spezifischen Bereichen, daher erhöhter maximaler Verlust.
- Gefährdung durch Automatisierung ohne ausreichende Kenntnis der Portfolioeigenschaften (Lerntiefe) oder durch verzögerte De-Investition aus risikoreichen Titeln (Optimierungstiefe) insbesondere in volatilen Marktszenarien.

Es kann festgehalten werden, dass die Industrialisierung der Transformation von Banken das grundlegende Entscheidungsverhalten von Banken im Sinne ihrer Nutzenfunktion zu verbessern hilft. Gleichwohl liegen insbesondere in der Einseitigkeit der definierten Parameter und Algorithmen, die das Bankverhalten steuern, wesentliche Risiken begründet. Diese müssen in Form von regelmäßigen Audits und Tests hinsichtlich ihrer Wirkung genau geprüft werden; darüber hinaus scheint auf Ebene der Steuerung von Einzelgeschäften die Etablierung von Hybridmodellen, die zumindest einen rudimentären menschlichen Einfluss sicherstellen, vorteilhaft.

Im Folgenden wird auf die Industrialisierung aus Sicht wesentlicher weiterer Stakeholder von Banken – beginnend mit den Kunden – eingegangen.

5.3.2 Bewertung der Industrialisierung aus Kundensicht

Die Industrialisierung von Banken verändert das Gesicht der Bank aus Sicht der Kunden. Er sieht sich einem bankenübergreifend zunehmend homogenen Produktspektrum gegenüber, das über verschiedene Varianten (z.B. Risikoprofile im Fondsbereich) seine Bedürfnisse abdecken soll. Die Produkte werden über ein diversifiziertes Netz an Kanälen dem Kunden angeboten, wobei neuere, innovative Kanäle (z.B. Franchising) an Bedeutung gewinnen. Im Kreditgeschäft sehen sich Kunden oftmals einem weitgehend systemgesteuerten Kreditentscheidungsprozess gegenüber, auf dessen Basis die Kreditanfragen abgearbeitet werden. Darüber hinaus können Maßnahmen, die aus Kundensicht weniger offensichtlich wirken (z.B. Effizienzsteigerungen in der Abwicklung oder zunehmendes, prozessübergreifendes Qualitätsmanagement), die preisliche Ausgestaltung bzw. die Qualität der Dienstleistung für den Kunden verändern.

Als wesentliche Chance für den Kunden ergibt sich somit eine Vereinfachung des traditionell in hohem Maße komplexen und erklärungsbedürftigen Produktspektrums von Banken. Die Reduktion auf eine überschaubare Grundgesamtheit von

Basisprodukten sollte die Verständlichkeit für den Kunden erhöhen – gerade wenn dadurch die breite Anzahl der von einem Kunden in Anspruch genommenen Produkte reduziert wird. Ergänzend stellen die diversifizierten Portfolien an Vertriebskanälen dem Kunden die Möglichkeit in Aussicht, gemäß der eigenen Präferenz (Internet, Filiale, Bankautomat, Call Center, etc.) mit der Bank in Kontakt zu treten. Nahezu jede Bank hat in diesem Bereich ihr Dienstleistungsangebot an technisch-unterstützten Kanälen in den letzten Jahren weit ausgebaut.[546]

Abschließend haben die Industrialisierungsmaßnahmen – insbesondere in den abwicklungsnahen Bereichen – oftmals zu einer Verbesserung des Preis-Leistungs-Verhältnisses für Kunden, insbesondere durch reduzierte Preise, geführt. So sind die Kosteneinsparungen der Banken z.B. in der Abwicklung von Wertpapiergeschäften zumindest parziell an den Kunden weitergegeben worden, was sich in dauerhaft abnehmenden Preisen je Wertpapiertransaktion für den Kunden äußert.[547]

Allerdings ist die Industrialisierung von Banken aus Kundensicht nicht nur positiv einzuschätzen. Die Produktstandardisierung kann mit Sicherheit auch zu einer „Gleichmacherei" führen, bei der die Kundenbedürfnisse nicht ausreichend berücksichtigt werden, indem für jedes Bedürfnis eine einzige Produktlösung angeboten wird; dies stellt beispielsweise einen langjährigen Kritikpunkt an dem Produktkonzept zahlreicher Finanzvertriebe dar, welches stark auf der fondsgebundenen Lebensversicherung als Basisprodukt beruht.[548] Darüber hinaus birgt der Vertrieb von Finanzdienstleistungen z.B. über gebundene und/ oder freie Vermittler im Rahmen von Franchising-Ansätzen die Gefahr, dass der Produktverkauf in Zusammenhang mit einer Fehlberatung erfolgt. Die Banken als Produktanbieter können den Ausbildungsstand und die Beratungsqualität – im Gegensatz zum Eigenvertrieb – nur sehr eingeschränkt garantieren. Dies ist auch ein Themengebiet, das sich derzeit über striktere, verbraucherschutzbezogene Anforderungen an die Berufszulassung für Finanzdienstleister (Ausbildungsstand, Vermögensschadenshaftpflicht, etc.) aufgrund einer anhängigen EU-Richtlinie in der Diskussion befindet.[549]

Abschließend geht über die automatisierte Vergabe von Kreditentscheidungen (in der extremen Ausprägung) das Erfahrungswissen bzw. die kommunikative Komponente zwischen dem Kreditsachbearbeiter in der Filiale und dem Kunden verloren. Dies kann – insbesondere im Gewerbe- und Firmenkundenbereich – zu einem starken Vertrauensverlust gegenüber der Bank bzw. zum Verlust der Kundenbeziehung führen.

---

546 Vgl. Kapitel 4.1.2.
547 So haben sich seit Ende der neunziger Jahre die Kosten für Standard-Aktienorders auf durchschnittlich ca. 10 Euro je Online-Order (bei einem Volumen von 2.500 Euro) reduziert. Dies entspricht einer Preisreduktion um annähernd 100% seit 1998.
548 Vgl. zur Diskussion um Verbraucherschutz und Finanzvertriebe o.V., Nähe, 2002, S. 15.
549 Vgl. z.B. Kuckertz, W./ Perschke, R., Berufszulassung für Finanzdienstleister, 2001. Hierbei handelt es sich um die Richtlinie über die Versicherungsvermittlung und die Richtlinie über Wertpapierdienstleistungen, welche Bestandteil eines von der Europäischen Kommission am 11.05.1999 vorgelegten Aktionsplan zur Verbesserung des Binnenmarktes für Finanzdienstleistungen sind.

Die Chancen und Risiken der Industrialisierung von Banken aus Kundensicht können wie folgt zusammengefasst werden:

Chancen:

- Überschaubareres, verständliches Produktspektrum.
- Bedürfnisgerechte Ansprache im Rahmen des Multikanal-Konzeptes.
- Verbessertes Preis-Leistungs-Verhältnis der Produkte.

Risiken:

- Verlust an Passgenauigkeit der Produkte auf die Kundenbedürfnisse.
- Erhöhung der Gefahr von Fehlberatungen aufgrund von stark vertriebsorientierter Beratung und/ oder Qualifikationsdefiziten.
- Verlust von Kundenvertrauen, sofern automatisierte Kreditablehnung im Widerspruch zur Geschäftsbeziehung/ zum Erfahrungswissen des Kreditsachbearbeiters.

Die Einschätzung der Industrialisierung von Banken aus Kundensicht sollte daher gespalten sein. Den Vorteilen und Chancen stehen Risiken gegenüber, denen die Banken bzw. der Gesetzgeber durch organisatorische und gesetzgeberische Maßnahmen (z.B. Qualitätsanforderungen an Finanzberater) entgegenwirken müssen.

5.3.3 Bewertung der Industrialisierung aus Lieferantensicht

Aus Sicht der Lieferanten ist insbesondere die Spezialisierung und Reduktion der Fertigungstiefe von Banken relevant. Diese stellt in erster Linie eine Geschäftschance für die Lieferanten dar, indem sie die Abwicklung von spezifischen Bankprozessen übernehmen können. Insofern können sie sich – in Analogie zu industriellen Strukturen – als Systemlieferanten, z.B. in der Wertpapier-, Zahlungsverkehrs- oder Kreditabwicklung positionieren. Dies befördert auch die Kooperationsnotwendigkeiten im Bereich der modulbasierten Produktentwicklung. Darüber hinaus wurde bereits darauf hingewiesen, dass zunehmend eine Konsolidierung unter den jeweiligen Abwicklungsdienstleistern stattfindet. Dies wird mittelfristig zu einer Stärkung der Marktmacht (z.B. in Preisverhandlungen) gegenüber den derzeit noch stark dominierenden Bankinstituten führen.[550]

Demgegenüber stehen die üblichen Geschäftsrisiken im Rahmen des Outsourcing-Dienstleistungsgeschäfts (z.B. Migrationsrisiken, Risiken der Personalübernahme), die an dieser Stelle nicht explizit aufgeführt werden sollen. Zusammenfassend kann festgehalten werden:

Chancen:

- Wachstumspotenziale für (System-)lieferanten durch verstärkte Auslagerung von bankbetrieblichen Abwicklungsprozessen.
- Stärkere Marktmacht für Lieferanten durch Konsolidierung und Bündelung immer größerer Abwicklungsvolumina bei einem Lieferanten.

---

550 Vgl. Kapitel 4.1.3.2.2.

Risiken:

- Geschäftsrisiken der Outsourcing-Dienstleister.

Im Folgenden wird auf die Bewertung der Industrialisierung aus Mitarbeitersicht eingegangen.

5.3.4 Bewertung der Industrialisierung aus Mitarbeitersicht

Für die Mitarbeiter zeigt sich ein gemischtes Bild der Industrialisierungsentwicklungen. Für Mitarbeiter im Bankvertrieb erfolgt – wie in Kapitel 4.1.2.2.2 dargestellt – eine Entlastung von administrativen Aufgaben, um eine Fokussierung auf die originären, vertrieblichen Tätigkeiten zu ermöglichen. Gleichwohl stehen die Vertriebsmitarbeiter, die traditionell in der Filiale tätig sind, zunehmend im Wettbewerb mit anderen Kanälen (z.B. freie Finanzberater) hinsichtlich ihrer Vertriebseffizienz. Insofern wird die Industrialisierung im Vertrieb von Banken tendenziell zu einer Verstärkung des Vertriebsdrucks auf die Bankmitarbeiter führen. Auch schränkt der Einsatz von umfassenden CRM-Systemen den Freiraum der Arbeitsgestaltung für die Vertriebsmitarbeiter ein.

In den Abwicklungsbereichen hat die Industrialisierung von Banken tendenziell zu Personalabbau durch Substitution der menschlichen Arbeitskraft z.B. im Rahmen des Straight Through Processings bzw. zu Personalübergängen von den Bankinstituten zu Abwicklungsdienstleistern geführt. Darüber hinaus kann eine Analogie zur These der Qualifizierungspolarisierung im Rahmen der Industrialisierungsdiskussion gezogen werden (vgl. Kapitel 2.2.1). Während der Aufbau von Fertigungs- und Abwicklungsverfahren hoch-qualifizierter Arbeitskräfte (z.B. Software-Ingenieure) bedarf, erfolgt die Anwendung von Abwicklungssystemen zunehmend durch niedrig qualifiziertere Arbeitskräfte. So werden im Rahmen von Kreditfabriken beispielsweise die Kreditsachbearbeiter mit einschlägiger Ausbildung zum Bankkaufmann zunehmend durch einfache Sachbearbeiter oder studentische Hilfskräfte ersetzt. Im Rahmen des Betriebs von fabrikähnlichen Abwicklungszentren werden darüber hinaus – wie in Kapitel 4.2.1 dargestellt – verstärkt Qualitätsmanagement-Instrumente eingesetzt, die eine stärkere Normierung und Leistungsüberwachung der Abwicklungsprozesse und -ergebnisse vorsehen.[551]

Insofern kann zusammenfassend festgehalten werden, dass die Industrialisierung von Banken den Mitarbeitern parziell Chancen bietet, gleichwohl jedoch deren Arbeitsalltag stärker reglementiert und in einen wettbewerblichen Kontext setzt:

Chancen:

- Entlastung der Vertriebsmitarbeiter in der Bank von administrativen, abwicklungstechnischen Tätigkeiten.

---

551 Vgl. zum Thema Bankmitarbeiter und Industrialisierung von Banken auch Totzek, A., Kreditfabrik, 2004, S. 35.

Risiken:

- Erhöhung des Verkaufsdrucks auf Vertriebsmitarbeiter in der Bank durch verstärkten Wettbewerb der Vertriebskanäle zwischen- und der Mitarbeiter untereinander.
- Personalabbau und -übergänge von Bankinstituten zu Abwicklungsanbietern.
- Dequalifizierung von Mitarbeitern, die bankspezifische Vertriebs- und Abwicklungsprozesse begleiten.
- Verstärkte Verhaltensnormierung und Leistungsüberwachung für Mitarbeiter in Bank-Abwicklungszentren.

Nach diesem eher ernüchternden Industrialisierungsfazit aus Mitarbeitersicht, soll im Folgenden abschließend auf die Bewertung der Industrialisierung aus aufsichtsrechtlicher Sicht eingegangen werden.

5.3.5 Bewertung der Industrialisierung aus aufsichtsrechtlicher Sicht

Im Rahmen der spezifischen Bereiche, in denen Banken einer gesonderten Aufsicht (z.B. durch die Europäische Zentralbank bzw. die Deutsche Bundesbank) unterliegen,[552] sind einige der dargestellten Industrialisierungsentwicklungen von besonderem Interesse.

Zunächst werden die Outsourcing-Aktivitäten von Banken kritisch beobachtet und unterliegen bereits umfangreichen Meldepflichten. Vor dem Hintergrund des verstärkten Trends zum Outsourcing wird insbesondere die Abhängigkeit von Drittdienstleistern und der damit verbundene Kontrollverlust kritisch angemerkt: „Nach der Bundesanstalt für Finanzdienstleistungsaufsicht (BAFIN) hat sich nun auch die Europäische Zentralbank (EZB) kritisch zu den Auslagerungsvorhaben der Banken geäußert. (...) Die EZB [warnt] vor möglichen Auswirkungen auf die Stabilität des Finanzsystems. Vor allem der damit verbundene Kontrollverlust der Institute bereitet Anlass zur Sorge. Die EZB befragte Banken und Aufsichtsbehörden in Europa zu dem Thema. Der Studie zufolge fürchten 75% der Finanzinstitute eine zu starke Abhängigkeit von externen Dienstleistern. (...) Die BAFIN warnt schon seit längerem vor den möglichen Folgen von Auslagerungsprojekten. Vor allem im Zusammenhang mit IT Outsourcing ergäben sich Risiken für die IT-Sicherheit, den Datenschutz und die Notfallplanung (...).“[553]

Diese Warnungen erscheinen berechtigt, bilden inzwischen doch schon größere Dienstleister für Banken (z.B. IBM) eine wesentliche Säule der Infrastruktur des Finanzsystems, ohne analogen Regularien wie Banken zu unterliegen. Die Kontrolle dieser Dienstleister wird immer mehr zu einem wesentlichen Gestaltungsfeld z.B. der BAFIN. So hat sie beispielsweise die Deutsche Bank Anfang 2004 dahingehend geprüft, inwieweit die Notfallfähigkeit der an IBM ausgelagerten IT-Infrastruktur vorhanden ist und inwieweit sie ihrer Kontrollpflicht gegenüber IBM nachkommt.

---

552 Vgl. Elschen, R., Neues Aufsichtsrecht, 2002.
553 O.V., Outsourcing, 2004, S. 8.

Auch wurde bekannt, dass ein analoges Outsourcing-Vorhaben zwischen der Commmerzbank und IBM bereits in der Anbahnungsphase an den Vorbehalten der BAFIN gescheitert sei. Die „IT der Commerzbank sei noch nicht reif für die Vergabe an Dritte"[554] gewesen.

Auf den zweiten industrialisierungsspezifischen Regelungsbereich wurde bereits in Kapitel 5.3.2 hingewiesen. Dieser umfasst die Sicherstellung von adäquater Beratungsqualität in Mehrkanalvertriebssystemen unter Verwendung von Finanzvermittlern und Franchise-Organisationen. Der Herausforderung wird jetzt durch die Umsetzung einer EU-Richtlinie mit erhöhten Qualifikationsanforderungen an Finanzvermittler begegnet.

Den kritischsten Regelungsbereich bildet die Industrialisierung der Transformation von Banken. Diese wird teilweise durch die Aufsichtsbehörden forciert (z.b. durch Vorgabe von Regularien im Rahmen der Diskussion um Basel II und IFRS). Es konnte im Rahmen des Modells der Industrialisierung nachgewiesen werden, dass die Industrialisierung der Transformation über Daten- und Methodenstandardisierung nicht uneingeschränkt positiv zu bewerten ist. So wird beispielsweise mit zunehmender Standardisierung und Automatisierung ein immer größeres Gewicht auf die Einstellung von bankübergreifenden Systemparametern im Rahmen der Steuerung gelegt. Insbesondere in diesem Bereich ist aus aufsichtsrechtlicher Sicht regelmäßig sicherzustellen, dass den damit verbundenen Risiken (z.b. Multiplikation von stark risikoaversem oder -affinem Verhalten, etc.) Rechnung getragen wird. Dies sollte über die Anforderung eines detaillierten Prozessberichts zu den Dispositionsvorgaben und -abläufen in der jeweiligen Bank als Bestandteil der 3. Säule von Basel II (Offenlegungspflichten) erfolgen.[555]

Abschließend bilden die andauernden Konzentrationsprozesse in der globalen Finanzwirtschaft einen Bereich, der weiterhin kartellrechtlich zu regulieren ist.[556] In einigen europäischen Märkten (z.B. United Kingdom) hat die Marktkonzentration schon eine kritische Grenze erreicht. Diese Prozesse werden sich fortsetzen bzw. verstärken und werden weiterhin aufsichtsrechtlich zu prüfen und steuern sein. Im deutschen Markt hingegen weist der Präsident der BAFIN, Jochen Sanio, darauf hin, dass „nur eine Konsolidierung die deutsche Kreditwirtschaft dauerhaft aus ihrer Ertragskrise herausführen [würde]."[557]

Eine abschließende, zusammenfassende Darstellung der Chancen und Risiken bzw. Vor- und Nachteile der Industrialisierung von Banken – zunächst aus Sicht des Bankmanagements – ist der folgenden Abbildung zu entnehmen:

---

554 O.V., Banken, 2005, S. 32.
555 Diese Informationen werden auch weitgehend im Rahmen der derzeit vorgesehenen Offenlegungspflichten eingefordert. Vgl. hierzu Basler Ausschuss für Bankenaufsicht, Eigenkapitalvereinbarung, 2001.
556 Vgl. Emmerich, V., Juristische Aspekte von Bankenfusionen, 2000, S. 12ff.
557 O.V., Banken-Konsolidierung, 2005, S. 24.

Perspektive	Bereich	Chancen/ Vorteile	Risiken/ Nachteile
Bankmanagement	Produktentwicklung	• Verringerung der Produkteinführungskosten, vereinfachte Anpassung der IT-Systeme. • Verbesserung der Marktpositionierung der Bank durch höhere Reaktionsfähigkeit und Verkürzung der Produkteinführungszeiten. • Kostensenkung in der Unterhaltung des Produktspektrums (IT Systeme, Schulungen der Mitarbeiter, etc.). • Bereinigung Portfolio um „Verlustbringer".	• Komplexe und aufwendige Systemeinführung bzw. -ablösungen. • Verringerte Kundenbindung und -abwanderungen aufgrund einer geringeren Passgenauigkeit der Produkte auf die Kundenbedürfnisse. • Etablierung von Klumpenrisiken aufgrund einer zu einseitigen Produktausrichtung z.B. im Anlagegeschäft.
	Vertrieb	• Erhöhung der Marktdurchdringung. • Reduktion des ökonomischen Risikos durch geringere Vertriebsfixkosten. • Erhöhung der Kundenzufriedenheit durch Bereitstellung eines bedürfnisgerechten Kanalportfolios. • Ertragssteigerung durch erhöhte Kundenbetreuungszeiten. • Ertragssteigerung durch verbesserte Erkennung von Potenzialen zur Neukundengewinnung bzw. zum Cross Selling.	• Zunehmender Verlust der Schnittstelle zum Kunden sowie originärer Marktinformationen beim indirekten Vertrieb. • Erschwerte Qualitätssicherung (z.B. bei der Kundenberatung) und Herausforderung des Markenschutzes bei mehrstufigen Vertriebsstrukturen. • Übersteigerte Systemgläubigkeit bei CRM-Systeme und Mangel an Eigeninitiative der Vertriebsmitarbeiter.
	Abwicklung	• Reduktion der Abwicklungsstückkosten. • Erhöhung der Abwicklungsqualität durch geringere Fehleranfälligkeit und verkürzte Durchlaufzeiten. • Realisierung von Kosteneinsparungen und ggf. Qualitätsverbesserung durch Volumens- und Erfahrungsbündelung beim Outsourcer. • Reduktion der Volatilität des Bankergebnisses durch Substitution von fixen durch variable Kosten.	• Gefahr der Überstandardisierung von Produkten und Prozessen, welche den Kundenbedürfnissen entgegenläuft. • Erhöhtes operationales Risiko im Bereich der IT. • Wechselnde Machtverhältnisse/ dauerhafte Abhängigkeit von Lieferant schränkt Möglichkeit der Interessendurchsetzung (z.B. Preise, Prozesse) ein. • Temporäre oder dauerhafte Einschränkung der Dienstleistungsqualität (Migrationskomplexität, eingeschränkte Prozesskenntnis des Outsourcers).
	Transformation	• Verbesserte Allokation der Bankmittel gemäß des Risikoprofils der jeweiligen Bank durch objektivierte Einzeldispositionen, dadurch insbesondere Verringerung der Volatilität des Bankergebnisses. • Kostensenkung aufgrund vollständig systembasierter Prozesse ohne manuelle Eingriffsnotwendigkeiten. • Verbesserte Allokation der Bankmittel gemäß des Risikoprofils der jeweiligen Bank durch „perfekte Optimierung". • Starke Verbesserung von Bankergebnis und Risikoposition in volatilen Märkten durch stark risikoaverses Verhalten.	• Verhaltensanomalien bei der Einstellung von Systemparametern werden in den Kontext jeder Bankdisposition multipliziert, dadurch ggf. durchgehend zu risikoaverses oder -freudiges Verhalten. • Suboptimale singuläre Entscheidungen aufgrund nicht ausreichender Abbildung der Komplexität von bankbetrieblichen Dispositionen. • „Übertriebenes" risikoaverses Verhalten der Bank mit negativen ertragsseitigen Effekten. • Verlust an geschäftsfeldübergreifender Diversifikation durch Konzentration der Geschäftstätigkeit in spezifischen Bereichen, daher erhöhter maximaler Verlust. • Gefährdung durch Automatisierung ohne ausreichende Kenntnis der Portfolioeigenschaften oder durch verzögerte De-Investition.

Abbildung 49: Chancen und Risiken der Industrialisierung (Bankmanagement)[558]

---

558 Eigene Darstellung.

Die Bewertung für die weiteren Stakeholder ist in Abbildung 50 konsolidiert:

Perspektive	Chancen/ Vorteile	Risiken/ Nachteile
Kunden	• Überschaubareres, verständliches Produktspektrum. • Bedürfnisgerechte Ansprache im Rahmen des Multi-kanal-Konzeptes. • Verbessertes Preis-Leistungs-Verhältnis.	• Verlust an Passgenauigkeit der Produkte auf die Kunden-bedürfnisse. • Erhöhung der Gefahr von Fehlberatungen aufgrund von stark vertriebsorientierter Beratung und/ oder Qualifikationsdefiziten. • Verlust von Kundenvertrauen, sofern automatisierte Kredit-ablehnung im Widerspruch zur Geschäftsbeziehung/ zum Erfahrungswissen des Kreditsachbearbeiters.
Lieferanten	• Wachstumspotenziale für (System-)lieferanten durch verstärkte Auslagerung von bankbetrieblichen Ab-wicklungsprozessen. • Stärkere Marktmacht für Lieferanten durch Kon-solidierung und Bündelung immer größerer Abwick-lungsvolumina bei einem Lieferanten.	• Geschäftsrisiken der Outsourcing-Dienstleister.
Mitarbeiter	• Entlastung der Vertriebsmitarbeiter in der Bank von administrativen, abwicklungstechnischen Tätigkeiten.	• Erhöhung des Verkaufsdrucks auf Vertriebsmitarbeiter in der Bank durch verstärkten Wettbewerb der Vertriebskanäle zwischen- und der Mitarbeiter untereinander. • Personalabbau und -übergänge von Bankinstituten zu Abwicklungsanbietern. • Dequalifizierung von Mitarbeitern, die bankspezifische Vertriebs- und Abwicklungsprozesse begleiten. • Verstärkte Verhaltensnormierung und Leistungsüberwachung für Mitarbeiter in Bank-Abwicklungszentren.
Aufsichts-recht	• Chancen analog Industrialisierung der Transforma-tion aus Sicht des Bankmanagements.	• Verstärkter Aufsichtsbedarf im Bereich Outsourcer-Steuerung durch Banken, Beratungsqualität im indirekten Vertrieb, Ausgestaltung von Gesamtbank-Steuerungssystemen sowie Bankenfusionen. • Risiken analog Industrialisierung der Transformation aus Sicht des Bankmanagements.

Abbildung 50: Chancen und Risiken (weitere Perspektiven)[559]

Abschließend werden im Folgenden die wesentlichen Ergebnisse dieser Arbeit zusammengefasst und es wird ein Ausblick auf weiterführende Forschungsfelder gegeben.

---

559 Eigene Darstellung.

VI. Zusammenfassung und Ausblick

Das Ziel der vorliegenden Ausarbeitung bestand in der systematischen Untersuchung, inwieweit es berechtigt ist, von einem Industrialisierungstrend in der Bankenlandschaft zu sprechen, welche Ausprägungen die Industrialisierung von Banken besitzt und wie diese wirken.

Zu diesem Zweck wurde in Kapitel 2 – basierend auf einer wissenschaftlichen Betrachtung des Industrialisierungsbegriffs – eine Herleitung der ökonomischen Prinzipien der Industrialisierung vorgenommen. Als wesentliche Quellen hierzu wurden auf einzelwirtschaftlicher Ebene der industrialisierte Produktionsprozess im Sinne von Taylor und Ford und neuere Managementkonzepte wie z.b. Lean Production sowie auf gesamtwirtschaftlicher Ebene industrieökonomische Branchenanalyse verwendet. Standardisierung, Automatisierung, Qualitätsmanagement, Spezialisierung und Konzentration konnten als wesentliche Paradigmen identifiziert werden.

In Kapitel 3 wurde ausführlich das Untersuchungsobjekt Bank dargestellt. Hierbei stand insbesondere die Abbildung des bankbetrieblichen Leistungserstellungsprozesses anhand einer Wertschöpfungskette im Vordergrund. In diesem Kontext konnten Produktentwicklung, Vertrieb, Abwicklung und Transformation als wesentliche bankspezifische Grundprozesse definiert werden. Darüber hinaus wurde mit der Beschreibung von Grundfunktionen von Banken als spezifische Finanzintermediäre, der Ableitung risikoadjustierter Kennzahlen von Banken sowie der Darstellung von Modellkategorien zur Abbildung von Bankverhalten die wesentlichen Grundlagen für die späteren Wirkungsanalysen der Industrialisierung in Kapitel 5 gelegt.

Im Folgenden konnten zahlreiche Tendenzen entlang der Wertschöpfungskette von Banken identifiziert werden, die den ökonomischen Prinzipien der Industrialisierung folgen. Somit konnte grundsätzlich nachgewiesen werden, dass es gerechtfertigt ist, von einer Industrialisierung der Bankenbranche zu sprechen.

Hierbei umfasst die Industrialisierung der Produktentwicklung von Banken insbesondere die standardisierte Individualisierung ihres Leistungsangebotes sowie die Automatisierung der Leistungseinführung und -verwaltung. Diese spiegeln sich in einer vermehrten Verwendung von Plattformansätzen im Bankbereich wider, die über Parametrisierungen von Produkteigenschaften modularisierte Produkte in sogenannten Produktkonfiguratoren vorhalten und administrieren.

Im Vertrieb von Banken ist eine verstärkte Professionalisierung und Spreizung des Kanalportfolios festzustellen. Analog dem industriellen Sektor werden moderne indirekte Vertriebskonzepte wie z.B. Franchising verstärkt eingesetzt. Darüber hinaus ermöglicht die Automatisierung in der Vertriebsunterstützung den Bankmitarbeitern eine Konzentration auf vertriebliche Tätigkeiten und liefert umfassende Unterstützung z.B. über die Bereitstellung von Kundeninformationen.

Der Abwicklungsbereich von Banken stellt den Nukleus der Industrialisierung dar. Nachweislich werden Abwicklungsprozesse automatisiert im Sinne eines Straight Through Processings. Dies umfasst sowohl die Zahlungsverkehrs-, Wertpapier- als auch die Kreditabwicklung. Darüber hinaus entwickeln sich durch die Verwendung von industriellem Fertigungstiefenmanagement verstärkt Märkte für Systemlieferanten, die sich teilweise schon in ersten Konsolidierungs- und Konzentrationsphasen befinden.

Die ökonomischen Prinzipien der Industrialisierung wirken auch in der originären Funktion von Banken – der Transformation. In diesem Kontext ist die Automatisierung der Bankdisposition als Ablösung des Menschen, z.B. im Rahmen von Kreditentscheidungsprozessen, anzuführen. Darüber hinaus findet eine zunehmende Standardisierung und Automatisierung der Gesamtbanksteuerung statt.

Abschließend konnten noch zwei nicht bankprozessspezifische Industrialisierungsentwicklungen aufgezeigt werden. Hierbei stehen die verstärkte Verwendung von Qualitätsmanagementansätzen im Bankbereich sowie die Konzentration im Rahmen der Bankenbranche im Vordergrund.

Im Kapitel 5 wurden die Wirkungen der Industrialisierung analysiert. Aus empirischer Sicht kann festgehalten werden, dass eine pauschale Vorteilhaftigkeit der Industrialisierung nicht nachgewiesen werden konnte. Es existieren jedoch schwache Hinweise, dass die Industrialisierung positiv auf die Effizienz von Banken wirkt. Auch die Verringerung der Fertigungstiefe von Banken (Outsourcing) ist nicht pauschal positiv einzuschätzen; erst gewisse Voraussetzungen (z.B. Größe und Erfahrung des aufnehmenden Unternehmens) führen zu positiven Kapitalmarkteinschätzungen.

Darüber hinaus wurde ein Parzialmodell zur Analyse der Industrialisierungswirkung in Transformation und Abwicklung vorgestellt. Diese bildet ein variierend volatiles Inputsystem, ein Leistungssystem der Bank im Sinne einer Gesamtbankoptimierung sowie ein Outputsystem basierend auf risikoadjustierten Performance-Kennzahlen ab. Es wurden acht spezifische Parameter eingeführt, die unterschiedliche Industrialisierungsgrade definieren; anschließend wurden diese in eine logische Reihenfolge zunehmender Industrialisierung (Pfad der Industrialisierung) gebracht.

Im Ergebnis kann festgehalten werden, dass die Industrialisierung der Transformation von Banken eine Optimierung des Bankverhaltens im Sinne ihrer Nutzenfunktion erlaubt. Dies wirkt in stabilen Märkten risiko- jedoch auch ergebnismindernd, in volatilen Märkten hinsichtlich Risiko und Ergebnis vorteilhaft. Gleichwohl ergeben sich aus der Industrialisierung der Transformation auch spezifische Risiken. Diese liegen in der Gefahr einer einseitigen Allokation (z.B. auf singuläre Geschäftsfelder) und somit höherer maximaler Verluste, in dem Risiko einer systemischen Multiplikation von Verhaltensanomalien spezifischer Funktionsträger sowie in nachteiligen Effekten, wenn keine ausreichende Kenntnis der Portfolioeigenschaften vorliegt. Hinsichtlich der Industrialisierung der Abwicklung lässt sich festhalten, dass erst die Realisierung und Weitergabe von Skaleneffekten durch den Outsourcer positiv wirkt.

Abschließend wurde eine Bewertung der Industrialisierung von Banken aus verschiedenen Perspektiven vorgenommen. Diese wird aus der Sicht des Bankmanagements in weiten Teilen als „conditio sine qua non" eingeschätzt, wobei spezifische Risiken (z.B. Verlust der Kundenschnittstelle, operative und technische

Risiken von Systemmigrationen) zu berücksichtigen sind. Die Bankkunden können durch ein verständlicheres, preiswerteres Produktspektrum profitieren, wobei insbesondere in der Beratungsqualität im Rahmen der Vertriebsindustrialisierung mögliche Nachteile für sie liegen.

Während aus Lieferantensicht die Industrialisierung im Wesentlichen eine Geschäftschance darstellt, ergeben sich für die Bankmitarbeiter eine Reihe nachteiliger Konsequenzen (zunehmender Vertriebsdruck, Qualifikationspolarisierung in der Abwicklung, etc.). Aus aufsichtsrechtlicher Sicht bildet die Industrialisierung nahezu jedes Prozesses ein wesentliches Gestaltungsfeld; dies gilt z.b. für die Sicherstellung der Beratungsqualität im Vertrieb sowie die Prüfung einer umfassenden Verhaltenskontrolle von Banken gegenüber ihren Outsourcing-Partnern.

Somit stellt die vorliegende Arbeit eine erstmalige systematische Aufarbeitung der Industrialisierung von Banken dar. In dieser Funktion liefert sie eine Diskussionsbasis und gleichsam ein Fundament für weitere diesbezügliche wissenschaftliche Auseinandersetzungen. Bei der Analyse einzelner prozessspezifischer Industrialisierungsentwicklungen versteht sich diese Arbeit als initialer grundlegender Überblick. Selbstverständlich bietet jedes Themenfeld isoliert für sich umfassenden Raum für weitere Untersuchungen. Hierbei stehen insbesondere die Industrialisierungsentwicklungen in der Transformation und in der Abwicklung im Vordergrund.

Von besonderem künftigem Interesse könnte darüber hinaus die Fortsetzung der Wirkungsanalyse der Industrialisierung mit unterschiedlichen wissenschaftlichen Instrumenten sein.

Hinsichtlich der Analyse der Gesamtwirkung der Industrialisierung könnte dies insbesondere die Sammlung und Durchführung von Regressionsanalysen mit spezifischeren, nicht rechnungswesenstechnisch verzerrten (un)abhängigen Variablen sein (z.B. Durchlaufzeiten, etc.). Darüber hinaus wären ganzheitliche Praxis-Erfahrungsberichte, die die Umsetzung einer Industrialisierungskonzeption – nicht spezifischer Einzelmaßnahmen – darstellen, von großem Interesse (z.B. in Kooperation mit der Citibank). Hierbei könnten auch qualitativ-empirische Verfahren (z.B. Befragungen) unterstützen, die die Anwendung von spezifischen Maßnahmenkombinationen sowie deren Wirkung ermitteln.

Das Industrialisierungsmodell als spezifische Form der Wirkungsanalyse bietet ebenfalls Weiterentwicklungspotenziale, welche bereits in Kapitel 5.2.2.4.3 dargestellt wurden. Im Kern werden unterschiedliche Industrialisierungsfaktoren, z.B. auch der Einfluss des Menschen, anhand von spezifischen Parametern in einem stochastischen Optimierungsmodell abgebildet. Dies öffnet über eine Verknüpfung von Ideen des Behavioral Finance mit stochastischen Modellen des Bankverhaltens ein wissenschaftliches Betätigungsfeld, welches über industrialisierungsspezifische Fragestellungen hinausgeht.

Zusammenfassend kann festgehalten werden, dass naturgemäß die Bedeutung des wissenschaftlichen Beitrags dieser Arbeit von der Intensität der zukünftigen Auseinandersetzung und von der Beständigkeit des Managementtrends der Industrialisierung von Banken abhängt. Jedoch bietet sie auch – wie oberhalb dargestellt – unabhängig von dessen Zukunftsfähigkeit wesentliche Ansatzpunkte für weitere praxisorientierte und wissenschaftliche Diskussionen.

Literaturverzeichnis

ABC Systemhaus [Software, 2004]:
Unternehmenspräsentation: Kreditsoft – Software von Banken für Banken, Berlin, 2004.

Accenture [Industry vision, 2003]:
Banking industry vision, Frankfurt am Main, 2003.

Adelmann, G. [Baumwollgewerbe Norddeutschlands, 2001]:
Baumwollgewerbe Norddeutschlands und der westlichen Nachbarländer beim Übergang von der vorindustriellen zur frühindustriellen Zeit: 1750-1815, Stuttgart, 2001.

Adolphs, B. [Geschäftsbeziehungen, 1997]:
Stabile und effiziente Geschäftsbeziehungen, Köln, 1997.

Akademie der Wissenschaften zu Berlin [Automatisierung, 1993]:
Arbeitsgruppe Automatisierung, Arbeitswelt und Künftige Gesellschaft – Automatisierung und Wandel der betrieblichen Arbeitswelt, Berlin und New York, 1993.

Albrecht, P. [Mathematische Modellierung, 2000]:
Mathematische Modellierung von Kredit- und Marktrisiken, in: Schierenbeck, H. et al., Handbuch Bankcontrolling, Wiesbaden, 2000.

Alexander, M./ Young D. [Strategic outsourcing, 1996]:
Strategic outsourcing, in: Long Range Planning, Vol. 29, Nr. 1, 1996, S. 116-119.

Allais, M. [Critique, 1953]:
Le comportement de l'homme rationnel devant le risque: critique des postulats et axiomes de l'ecole Americaine, in: Econometrica, Nr. 21, 1953, S. 503-546.

Alnova Corporation [Produkt- und Gebührenmodellierung, 2002]:
Überblick Produkt- und Gebührenmodellierung (Marketing-Broschüre), Madrid, 2002.

Ambros, H. [Strukturwandel, 2001]:
Multi-Channel – Strukturwandel im Retail Banking, in: Schmoll, A./ Ronzal, W. (Hrsg.): Neue Wege zum Kunden: Multi-Channel-Vertrieb im Bankgeschäft, Wiesbaden, 2001, S. 240-252.

Anders, U. [Ein Begriff, viel Verwirrung, 2000]:
RAROC – ein Begriff, viel Verwirrung, in: Die Bank, Nr. 5, 2000, S. 315-317.

Anderson, W./ Glenn, D./ Sedatole, K.L. [Sourcing parts, 2000]:
Sourcing parts of complex products; evidence on transaction cost, high-powered incentives and ex post-opportunism, in: Accounting, Organizations and Society, Vol. 25, 2000, S. 723-749.

Arndt, H. [Supply Chain Management, 2004]:
Supply Chain Management: Optimierung logistischer Prozesse, Wiesbaden, 2004.

Arnold, K. [Dimensions of outsourcing, 2000]:

New dimensions of outsourcing: a combination of transaction cost economics and the core competency concept, in: European Journal of Purchasing and Supply Chain Management, Vol. 6, 2000, S. 23-29.

Arrow, K.J. [Organization, 1969]:

The organization of economic activity: Issues pertinent to the choice of market vs. non-market allocation, analysis and evaluation of public expenditures, 91st Congress, Joint Economic Committee 1, Part 1, Section A, Washington, 1969, S. 47-63.

Aubert, B.A./ Rivard, S./ Patry, M. [IT outsourcing, 2004]:

A transaction cost model of [IT outsourcing], in: Information & Management, Nr. 41, 2004, S. 921–932.

Baden-Fuller, C./ Targett, D./ Hunt, B. [Outsourcing, 2000]:

Outsourcing to outmanoeuvre: Outsourcing redefines competitive strategy and structure, in: European Management Journal, Vol. 18, Nr. 3, 2000, S. 285-295.

BAFIN [Leitbild, 2004]:

BAFIN Leitbild, abrufbar unter: http://www.bafin.de (23.11.2004).

Bahli, B. [IT outsourcing, 2003]:

Validating measures of IT outsourcing risk factors, abrufbar unter: www.sciencedirect.com (17.07.2003).

Baldwin, C./ Clark, K. [Age of modularity, 1997]:

Managing in the age of modularity, in: Harvard Business Review, 75 Jg., Nr. 5, 1997, S. 84-93.

Barrer, R. [Kreditgeschäft, 2000]:

Kreditgeschäft im Umbruch, in: Insolvenz- und Wirtschaftsrecht, Nr. 3, 2000, S. 117-124.

Barret, C./ Olia, A./ Bailey, D. [Journal rankings, 2000]:

Subdiscipline-specific journal rankings, in: Whither Applied Economics, Nr. 32, 2000, S. 239-252.

Barth, T. [Outsourcing, 2003]:

Outsourcing unternehmensnaher Dienstleistungen, Frankfurt am Main u.a., 2003.

Basler Ausschuss für Bankenaufsicht [Eigenkapitalvereinbarung, 2001]:

Konsultationspapier des Basler Ausschuss für Bankenaufsicht – Die neue Basler Eigenkapitalvereinbarung, Basel, 2001.

Bauer, H.H. [Megatrends in Handel und Distribution, 2002]:

Megatrends in Handel und Distribution als Herausforderung für das Vertriebsmanagement, Schriftenreihe - Management Know How, Nr. M47, 2002.

Bauer, W./ Ryser, M. [Risk management strategies, 2004]:

Risk management strategies for banks, in: Journal of Banking and Finance, Nr. 28, 2004, S. 331-352.

Baur, C. [Make-or-Buy, 1990]:
Make-or-Buy-Entscheidungen in einem Unternehmen der Automobilindustrie: empirische Analyse und Gestaltung der Fertigungstiefe aus transaktionskostentheoretischer Sicht, München, 1990.

Baxmann, U.G. [Kostenjäger, 2004]:
Im Visier der Kostenjäger, Sonderbeilage der FAZ: Bank der Zukunft, Nr. 82, 2004, S. B2.

Bearing Point [Kreditbackoffice-Dienstleistungen, 2003]:
Leistungsvergleich der Serviceprovider für Kreditbackoffice-Dienstleistungen in Deutschland, Frankfurt am Main, 2003.

Bearing Point [Rechnungswesen, 2004]:
Outsourcing im Rechnungswesen: Aktueller Stand und Entwicklung von Outsourcingmaßnahmen im Bereich der Kreditoren- und Debitorenbuchhaltung, Leipzig, 2004.

Bearing Point [Payment services, 2003]:
Payment services in Germany, Frankfurt am Main, 2003.

Becker, H.P. / Peppmeier, A. [Bankbetriebslehre, 2002]:
Bankbetriebslehre, 5. Auflage, Ludwigshafen, 2002.

Beckmann, H. [Supply Chain Management, 2004]:
Supply Chain Management: Strategien und Entwicklungstendenzen in Spitzenunternehmen, Berlin, 2004.

Beder, T.S. [VaR: Seductive but dangerous, 1995]:
VaR: Seductive but dangerous, in: Financial Analyst Journal, Vol. 51, Nr. 5, 1995, S. 12-24.

Behm, U. [Eigenkapitalkosten, 1994]:
Shareholder Value und Eigenkapitalkosten, in: Institut für Schweizerisches Bankwesen der Universität Zürich (Hrsg.): Schriftenreihe Bank- und Finanzwirtschaftliche Forschung, Band 191, Bern u.a., 1994.

Beller, S. [Retail-Wertpapierhandel, 2003]:
Finanzdienstleistungen für den Retail-Wertpapierhandel, Köln, 2003.

Bellinger, B. [Geschichte, 1967]:
Geschichte der Betriebswirtschaftslehre, Stuttgart, 1967.

Benölken, H./ Wings, H. [Lean Banking, 1994]:
Lean Banking - Wege zur Marktführerschaft: von der Konzeption zur Realisierung, Wiesbaden, 1994.

Berger, A.N./ Humphrey, D.B. [Efficiency of financial institutions, 1997]:
Efficiency of financial institutions: International survey and directions for future research, in: European Journal of Operational Research, Vol. 98, 1997, S. 175-212.

171

Bergmann, M. [Qualitätsmanagement in Kreditinstituten, 1996]:

Qualitätsmanagement in Kreditinstituten – Verfahren zur Messung und Steuerung der Dienstleistungsqualität und deren Implementierung, Frankfurt am Main, 1996.

Berggren, C./ Bengtsson, L. [Rethinking outsourcing, 2004]:

Rethinking outsourcing in manufacturing, a tale for two telecom firms, in: European Management Journal, Vol. 22, Nr. 2, 2004, S. 211-223.

Bernet, B. [Finanzintermediation, 2003]:

Institutionelle Grundlagen der Finanzintermediation, München, 2003.

Bernoulli, D. [Specimen theoriae novae, 1954]:

Specimen theoriae novae de mensura sortis. Commentarii Academiae Scientiarum Imperialis Petropolitanae, Nr. 5, 1738, S. 175-192 und englische Übersetzung: Exposition of a new theory on the measurement of risk, Econometrica, Nr. 22, 1954, S. 23-36.

Bertsekas, D.P. [Dynamic programming, 1987]:

Dynamic programming: Deterministic and stochastic models, Englewood Cliffs, 1987.

Betge, P. [Bankbetriebslehre, 1996]:

Bankbetriebslehre, Berlin u.a., 1996.

Bielenberg, U. [Bankmarketing, 1997]:

Bankmarketing: Schlanke Strukturen und Servicequalität als strategische Aufgaben für Universalkreditinstitute, München und Mering, 1997.

Bierer, H./ Fassbender, H./ Rüdel, T. [Weg zur „schlanken Bank", 1992]:

Auf dem Weg zur "schlanken Bank", in: Die Bank, Nr. 9, 1992, S. 500-506.

Biesel, H.H. [Kundenmanagement im Multi-Channel-Vertrieb, 2002]:

Kundenmanagement im Multi-Channel-Vertrieb: Strategien und Werkzeuge für die konsequente Kundenorientierung, Wiesbaden, 2002.

Binner, H.F. [TQM-Umsetzung, 2000]:

Prozessorientierte TQM-Umsetzung, München, 2000.

Bitz, M. [Finanzdienstleistungen, 2000]:

Finanzdienstleistungen, 5. Auflage, München und Wien, 1998.

Black, F./ Derman, E./ Toy, W. [One-factor model, 1990]:

A one-factor model of interest rates and its application to treasury bond options, in: Financial Analyst Journal, Nr. 46, 1990, S. 33-39.

Blatter, P. [Bank von morgen, 2003]:

Die Bank von morgen ist schlank, in: Bankmagazin, Nr. 12, 2003, S. 38f.

Blattner, P. [Risikomanagement, 2003]:

Globales Risikomanagement für Banken, München, 2003.

Bleymüller, J./ Gehlert, G./ Gülicher, H. [Statistik, 2004]:

Statistik für Wirtschaftswissenschaftler, München, 2004.

Bochenek, T. [Scoring, 2002]:
Optimierung von Kreditprozessen durch den Einsatz von Scoring, in: Betriebswirtschaftliche Blätter, 51. Jg., Nr. 10, 2002, S. 482-484.

Bombach, G. [Industrieökonomik, 1985]:
Industrieökonomik: Theorie und Empirie, Tübingen, 1985.

Bonart, T. [Industrieller Vertrieb, 1999]:
Industrieller Vertrieb, Wiesbaden, 1999.

Bongartz, U. [Transaktionsbanking, 2003]:
Transaktionsbanking quo vadis? in: Lamberti, H.-J./ Marliere, A./ Pöhler, A. (Hrsg.): Management von Transaktionsbanken, 2003, S. 39-56.

Bontrup, H.-J. [Volkswirtschaftslehre, 1998]:
Volkswirtschaftslehre: Grundlagen der Mikro- und Makroökonomik, München und Wien, 1998.

Börner, C.J. [Bankmanagement, 2000]:
Strategisches Bankmanagement: ressourcen- und marktorientierte Strategien für Universalbanken, München und Wien, 2000.

Börsen-Zeitung [Verbriefung, 2004]:
Sonderbeilage: Verbriefung, Nr. 36, 21.02.2004.

Bösch, G. [Produktionsmanagement im Bankbetrieb, 1992]:
Produktionsmanagement im Bankbetrieb: Wettbewerbsfaktor Back-Office; Strategie, Organisation und Kultur, Bern u.a., 1992.

Bösch, M. [Outsourcing im Transaction Banking, 2004]:
Outsourcing im Transaction Banking: Theorie, Praxis und Ausblick, in: Die Bank, Nr. 2, 2004, S. 125-129.

Bössmann, E. [Informationsökonomik, 1987]:
Informationsökonomik, in: Woll, V. (Hrsg.): Wirtschaftslexikon, 3. Auflage, München, 1987, S. 260-263.

Braatz, H. [Zahlungsverkehr mit Karten, 1999]:
Alles über Zahlungsverkehr mit Karten: Kreditkarten, Scheckkarten, Kundenkarten, Geldkarten – Anbieter, Marktdaten, Technik, Sicherheit, Neuwied, 1999.

Brasch, H.-J./ Nonnenmacher, D.J. [Credit risk, 2000]:
Credit risk management & trading, in: Johanning, L./ Rudolph, B. (Hrsg.): Handbuch Risikomanagement, Band 1: Risikomanagement für Markt-, Kredit- und operative Risiken, Bad Soden, 2000, S. 407-432.

Breuer, W. [Finanzintermediation, 1992]:
Finanzintermediation und Kapitalmarktgleichgewicht, Wiesbaden, 1992.

Breuer, W./ Mark, K. [Sparkassen-Finanzgruppe, 2003]:
Perspektiven der Verbundkooperation in der Sparkassen-Finanzgruppe, in: RWTH Aachen (Hrsg.), Arbeitspapier der betrieblichen Finanzwirtschaft, Juli 2003.

Brockhaus [Enzyklopädie Band 10, 1999]:
Enzyklopädie: in 24 Bd., Band 10, 20. Auflage, Mannheim, 1999.

Brockhaus [Enzyklopädie Band 11, 1999]:
Enzyklopädie: in 24 Bd., Band 11, 20. Auflage, Mannheim, 1999.

Brockhaus [Enzyklopädie Band 21, 1999]:
Enzyklopädie: in 24 Bd., Band 21, 20. Auflage, Mannheim, 1999.

Brodt, A.I. [Balance Sheet management model, 1978]:
Dynamic Balance Sheet management model for a Canadian chartered bank, in: Journal of Banking and Finance, Nr. 2, 1978, S. 221-241.

Brösse, U. [Mikroökonomik, 1999]:
Einführung in die Volkswirtschaftslehre: Mikroökonomik, 3. Auflage, München und Wien, 1999.

Bruckner, B. [Bonitätsbeurteilung, 1996]:
Neue Wege in der Bonitätsbeurteilung von Firmenkunden, Wien, 1996.

Buchard, U. [Universalbank, 1997]:
Kompetenz-Netzwerk versus Universalbank, in: Die Bank, Nr. 1, 1997, S. 4-7.

Buchheim, C. [Industrielle Revolutionen, 1994]:
Industrielle Revolutionen: Langfristige Wirtschaftsentwicklung in Großbritannien, Europa und in Übersee, München, 1994.

Buchholz, W. [Kindheit und Jugend, 2000]:
Kindheit und Jugend in der Neuzeit 1500-1900: interdisziplinäre Annäherungen an die Instanzen sozialer und mentaler Prägung in der Agrargesellschaft und während der Industrialisierung; das Herzogtum Pommern (seit 1815 preußische Provinz) als Beispiel, Stuttgart, 2000.

Bühler, S./ Jäger, F. [Einführung, 2002]:
Einführung in die Industrieökonomik, Berlin u.a., 2002.

Bühler, W. [Modelltypen, 1991]:
Modelltypen der Aufbauorganisation von Kreditinstituten, in: von Stein, J.H./ Terrahe, J. (Hrsg.): Handbuch Bankorganisation, Wiesbaden, 1991.

Bühner, R. [Organisationslehre, 2004]:
Betriebswirtschaftliche Organisationslehre, 10. Auflage, München, 2004.

Büsch, O. [Industrialisierungsforschung, 1979]:
Industrialisierung und Geschichtswissenschaft: Ein Beitrag zur Thematik und Methodologie der historischen Industrialisierungsforschung, 2. Auflage, Berlin, 1979.

Büschgen, H.E. [Bankbetriebslehre, 1998]:
Bankbetriebslehre: Bankgeschäfte und Bankmanagement, 5. Auflage, Wiesbaden, 1998.

Büschgen, H.E. [Bankmanagement, 1999]:
Grundlagen des Bankmanagements, 2. Auflage, Frankfurt am Main, 1999.

Büschgen, H.E. [Bankmarketing, 1995]:
Bankmarketing, 1. Auflage, Düsseldorf, 1995.

Bullinger, H.-J. et al. [IT-Szenarien Finanzdienstleister, 2002]:
IT-Szenarien Finanzdienstleister 2002plus, Stuttgart, 2002.

Bundesverband deutscher Banken [Banken 2004, 2004]:
Banken 2004 - Fakten, Meinung, Perspektiven, 2004. Erhältlich unter www.bankenbericht.de (02.01.2005).

Bundesverband deutscher Banken [Statistik Service, 2003]:
Statistik Service: Anzahl der Geldautomaten, 2003. Erhältlich unter www.bankenverband.de (22.09.2004).

Burmester, C./ Hille, C./ Deutsch, H.-P. [Kapitalmarktallokation, 1999]:
Risikoadjustierte Kapitalmarktallokation, in: Eller, R./ Gruber, W./ Reif, M. (Hrsg.): Handbuch Bankenaufsicht und Interne Risikosteuerungsmodelle, Stuttgart, 1999, S. 389-418.

Buttler, M. [Management von Risiken, 2002]:
Potenziale für Banken im effizienten Management von Risiken, in: Krotsch, S./ Linn, N./ Riese, C. (Hrsg.): Banken in der Wertfalle, Frankfurt am Main, 2002, S. 156-180.

Campbell, T./ Kracaw, W. [Financial institutions, 1994]:
Financial institutions and capital markets, New York, 1994.

Campell, R./ Huisman, R./ Koedijk, K. [Optimal portfolio selection, 2001]:
Optimal portfolio selection in a Value-at-Risk framework, in: Journal of Banking and Finance, Vol. 25, 2001, S. 1789-1804.

Canals, J. [Strategies, 1993]:
Competitive strategies in European banking, Oxford, 1993.

Carino, D.R./ Myers, D.H./ Ziemba, W.T. [Concepts, 1995]:
Concepts, technical issues and uses of the Russel-Yasuda Kasai financial planning model. Technical report, Tacoma, 1995.

Celent Communications [Trends in European banking, 2004]:
IT spending trends in European banking, London, 2004.

Chen, Y./ Ishikawa, J./ Yu, Z. [Trade liberalization, 2004]:
Trade liberalization and strategic outsourcing, in: Journal of International Economics, Vol. 63, 2004, S. 419-436.

Clark, D.E./ Newton, C.G. [The quiet revolution, 2004]:
Outsourcing lead optimisation – the quiet revolution, in: DrugDiscoveryToday, Vol. 9, Nr. 11, 2004, S. 493f.

Clarkson, M.B.E. [Stakeholder framework, 1995]:
A stakeholder framework for analyzing and evaluating corporate social performance, in: Academy of Management Review, Vol. 20, Nr. 1, 1995 , S. 92-117.

Coase, R.H. [Firm, 1937]:
The nature of the firm, in: Economica, Nr. 4, 1937, S. 386-405.

Coing, H. [Einwirkung der Industrialisierung auf das Recht, 1991]:
Studien zur Einwirkung der Industrialisierung auf das Recht, Berlin, 1991.

Copeland, T./ Koller, T./ Murrin, J. [Valuation, 2000]:
Valuation: Measuring and managing the value of companies, 3. Auflage, New York, 2000.

Corsten, H. [Dienstleistungsunternehmung, 1990]:
Betriebswirtschaftslehre der Dienstleistungsunternehmung: Einführung, München u.a., 1990.

Corsten, H. [Produktionswirtschaft, 2000]:
Produktionswirtschaft: Einführung in das industrielle Produktionsmanagement, 9. Auflage, München und Wien, 2000.

Corsten, C./ Will, T. [Lean Production, 1993]:
Lean Production: schlanke Produktionsstrukturen als Erfolgsfaktor, Stuttgart u.a., 1993.

Crocket, A. [Payment systems, 2001]:
Managing change in payment systems, in: BIS Policy Papers, Nr. 4, 2001, S. 1-8.

Cumming, C./ Hirtle, B. [Risk management, 2001]:
The challenges of risk management in diversified financial companies, in: Federal Bank of New York (Hrsg.): Economic Policy Review, Nr. 3, 2001.

Dankert, U. [Planung, 1995]:
Planung des Designs flexibler Fertigungssysteme, Wiesbaden, 1995.

Datamonitor [Core systems, 2002]:
Core systems in European retail banking, 2001-2005: Still waiting for the top tier banks, London, 2002.

De Bondt, W.F.M. [Investor psychology, 1995]:
Investor psychology and the dynamics of security prices, in: Wood, A.S. (Hrsg.), Behavioral finance and decision theory in investment management, Charlottesville, 1995, S. 7-12.

Deavers, K.L. [Low wages, 1997]:
Outsourcing: A corporate competitiveness strategy, not a search for low wages, in: Journal of Labour Research, Vol. 18, 1997, S. 503-519.

Deming, W.E. [Quality, 1982]:
Quality, productivity and competitive positioning, Cambridge, 1982.

Demmler, H. [Volkswirtschaftslehre, 2001]:
Einführung in die Volkswirtschaftslehre, 7. Auflage, München und Wien, 2001.

Deppe, H.-D. [Konzeption, 1978]:
Eine Konzeption wissenschaftlicher Bankbetriebslehre in drei Doppelstunden, in: Deppe, H.-D. (Hrsg.): Bankbetriebliches Lesebuch, Stuttgart, 1978, S. 43-81.

Deppe, H.-D. [Wachstum, 1969]:
Bankbetriebliches Wachstum, Stuttgart, 1969.

Deutsche Bundesbank [Bankenaufsicht, 1998]:
Die Bankenaufsicht in der BRD, in: Deutsche Bundesbank (Hrsg.), Bankrechtliche Regelungen, Band 2, Frankfurt am Main, 1998, S. 5-17.

Diamond, D.W. [Financial intermediation, 1984]:
Financial intermediation and delegated monitoring, in: Review of Economical Studies, Vol. 51, 1984, S. 393-414.

Diamond, D.W./ Dybvig, D. [Bank runs, 1983]:
Bank runs, deposit insurance and liquidity, in: Journal of Political Economy, Vol. 91, 1983, S. 401-419.

Dibbern, J./ Güttler, W./ Heinzl, A. [Theorie der Unternehmung, 2001]:
Die Theorie der Unternehmung als Erklärungsansatz für das selektive Outsourcing der Informationsverarbeitung – Entwicklung eines Bezugsrahmens, in: Zeitschrift für Betriebswirtschaft, 71. Jg., Nr. 6, 2001, S. 675-700.

Diehlmann, G. [Vorentwicklungsmanagement, 1997]:
Vorentwicklungsmanagement in der Automobilzulieferindustrie: konzeptionelle Grundlagen und empirische Untersuchung zur erfolgsorientierten Gestaltung der Vorentwicklung in Automobilzulieferunternehmen, Frankfurt am Main u.a., 1997.

Ditt, K./ Pollard, S. [Von der Heimarbeit in die Fabrik, 1992]:
Von der Heimarbeit in die Fabrik: Industrialisierung und Arbeiterschaft in Leinen- und Baumwollregionen Westeuropas während des 18. und 19. Jahrhunderts, Paderborn, 1992.

Döhring, J. [Gesamtrisiko-Management, 1996]:
Gesamtrisiko-Management von Banken, München und Wien, 1996.

Doleschal, R. [Automobil-Zulieferindustrie, 1991]:
Daten und Trends der bundesdeutschen Automobil-Zulieferindustrie, in: Mendius, H.G./ Wendeling-Schröder, U. (Hrsg.): Zulieferer im Netz – zwischen Abhängigkeit und Partnerschaft, Köln, 1991, S. 35-60.

Droste, K.D. et al. [Ergebnisinformation, 1983]:
Falsche Ergebnisinformation – Häufigste Ursache für Fehlentwicklungen in Banken, in: Die Bank, Nr. 7, 1983, S. 313-323.

Dunst, K.H. [Portfolio Management, 1983]:
Portfolio Management, Berlin, 1983.

Dyckhoff, H. [Produktionswirtschaft, 2003]:
Grundzüge der Produktionswirtschaft, 4. Auflage, Berlin u.a., 2003.

Dyckhoff, H./ Fandel, G. [Supply Chain Management, 2004]:
Supply Chain Management and Reverse Logistics, Berlin u.a., 2004.

Eberhard, S. [Taylorismus, 1995]:
Abschied vom Taylorismus: Mitarbeiterführung in schlanken Unternehmen, Leonberg, 1995.

E-Finance Lab [Outsourcing-Ankündigungen, 2004]:
Schaffen Outsourcing-Ankündigungen Shareholder Value?, Vortrag auf der Frühjahrstagung des E-Finance Lab, 26.02.2004 (Tom Gellrich und Lars Friedrich).

Ehrlenspiel, K./ Kiewert, A./ Lindemann, U. [Kostengünstig Entwickeln, 2000]:
Kostengünstig Entwickeln und Konstruieren: Kostenmanagement bei der integrierten Produktentwicklung, 3. Auflage, Berlin u.a., 2000.

Eicke, H./ Fermerling, C. [Modular Sourcing, 1991]:
Modular Sourcing – ein Konzept zur Neugestaltung der Beschaffungslogistik, München, 1991.

Eilenberger, G. [Bankbetriebswirtschaftslehre, 1997]:
Bankbetriebswirtschaftslehre: Grundlagen – internationale Bankleistungen – Bankmanagement, 7. Auflage, München und Wien, 1997.

Eilenberger, G. [Determinanten, 1974]:
Determinanten bankbetrieblichen Wachstums, München, 1974.

Eller, R. [Gesamtbanksteuerung, 2001]:
Handbuch Gesamtbanksteuerung, Stuttgart, 2001.

Ellermeier, C. [Bankorganisation, 1975]:
Marktorientierte Bankorganisation, Darmstadt, 1975.

Elschen, R. (Neues Aufsichtsrecht, 2002):
Banken im Wettbewerb – Wer profitiert vom neuen Aufsichtsrecht?, in: Tietmeyer, H./ Rolfes, B. (Hrsg.), Basel II – Das neue Aufsichtsrecht und seine Folgen, Wiesbaden, 2002.

Emmerich, V. [Juristische Aspekte von Bankenfusionen, 2000]:
Juristische Aspekte von Bankenfusionen, in: Jahresbericht 2000 der Forschungsstelle für Bankrecht und Bankpolitik der Universität Bayreuth, Bayreuth, 2000, S. 12-17.

Engstler, M. [Bankarbeitsplatz, 2004]:
Der Bankarbeitsplatz der Zukunft, in: Die Bank, Nr. 9, 2004, S. 64-69.

Engstler, M. [Filiale, 2002]:
Die Filiale im Internetzeitalter, in: BIT, Nr. 3, 2002, S. 21-30.

Euroforum [Banken, 2003]:
5. Euroforum Jahrestagung: Vortrag - SAP in Banken, 2003.

Everling, O./ Leyder, M.-J. [Ratingsoftware, 2005]:
Ratingsoftware im Test: Die Proft-Software, in: Die Bank, Nr. 2, 2005, S. 64-69.

Eversheim, W./ Schenke, F./ Warnke, L. [Komplexität, 1998]:
Komplexität im Unternehmen verringern und beherrschen - optimale Gestaltung von Produkten und Produktionssystemen, in: Dietrich, A. (Hrsg.): Komplexitätsmanagement, Wiesbaden, 1998, S. 29-45.

Färber, G./ Kirchner, J. [Gesamtbankinfrastruktur, 2003]:
SAP Bank Analyzer 3.0 – Gesamtbankinfrastruktur, IAS- und Basel II-Lösungen der SAP, Bonn, 2003.

Falk, M./ Goebel, B.M. [Labour demand, 2002]:
Outsourcing, imports and labour demand, in: Scandinavian Journal of Economics, Vol. 104, Nr. 4, 2002, S. 567-586.

Feenstra, R.C./ Hanson, G.D. [Inequality, 1996]:
Globalization, outsourcing and wage inequality, in: AEA Papers and Proceedings, Vol. 86, Nr. 2, 1996, S. 240-245.

Fermerling, C. [Auslagerungsplanung, 1997]:
Strategische Auslagerungsplanung: ein entscheidungstheoretischer Ansatz zur Optimierung der Wertschöpfungstiefe, Wiesbaden, 1997.

Fieten, R. [Zulieferer, 1991]:
Erfolgsstrategien für Zulieferer: Von der Abhängigkeit zur Partnerschaft, Wiesbaden, 1991.

Flämig, M. [Managementtheorien, 1998]:
Naturwissenschaftliche Weltbilder in Managementtheorien: Chaostheorie, Selbstorganisation, Autopoesie, Frankfurt am Main und New York, 1998.

Flohr, A. et al. [Königsklasse von Vertriebssystemen, 2003]:
Franchising - Die Königsklasse von Vertriebssystemen: Märkte erobern - Wachstum beschleunigen, 2. Auflage, München, 2003.

Franke, D. [Banken der Welt, 2004]
Die 1.000 größten Banken der Welt – wieder auf Kurs, in: Die Bank, Nr. 11, 2004, S. 29-33.

Franke, D. [Dynamik des Crashs, 2004]:
Die Dynamik des Crashs, in: Die Bank, Nr. 8, 2004, S.8-13.

Freeman, R.E. [Management, 1984]:
Strategic management – a stakeholder approach, Boston, 1984.

Freytag, P.V./ Kirk, L. [Strategic sourcing, 2003]:
Continuous strategic sourcing, in: European Journal of Purchasing and Supply Chain Management, Vol. 9, 2003, S. 135-150.

Friedrich, L./ Gellrich, T./ Hackethal, A./ Wahrenburg, M. [Intelligentes Sourcing, 2004]:
Intelligentes Sourcing – eine theoretische Fundierung, abrufbar unter www.efinancelab.de (22.07.2004).

Fries, C./ Rüdiger, P. [Online-Banking, 2001]:
Der Online-Banking Markt wird neu aufgemischt, in: Geldinstitute, Nr. 32, 2001, S. 14-15.

Fröhler, R./ Mair, R. [AutoCAD, 2003]:
AutoCAD 2002: Grundlagen der 3D-Konstruktion, Berlin u.a., 2003.

Froot, K.A./ Stein, J.C. [Risk Management, 1998]:
Risk management, capital budgeting and capital structure policy for financial institutions: an integrated approach, in: Journal of Financial Economics, Vol. 47, 1998, S. 55-82.

Fujimoto, T. [Product development, 1993]:
Information asset map and cumulative concept translation in product development, in: Design Management Journal, Nr. 4, 1993, S. 34-42.

Gantenbein, P./ Spremann, K. [Protection management, 2003]:
Protection management bei variabler Korrelation, Working Paper Schweizerisches Institut für Banken und Finanzen, Universität St. Gallen, 2003 - abrufbar unter www.spremann.ch/Papers/157pro.pdf (23.02.2004).

Gartner Research [CRM in financial services, 2003]:
Hype cycle for CRM in financial services, London, 2003.

Gartner Research [CRM vendor options, 2003]:
Research Note: CRM vendor options and tools proliferate for financial services providers, London, 2003.

Gartner Research [Human Resources BPO in Europe, 2004]:
Research Note: It's a buyer market of Human Resources BPO in Europe, London, 2004.

Garvin, D.A. [Product quality, 1984]:
What does product quality really mean?, in: Sloan Management Review, Nr. 1, 1984, S. 25-43.

Gendo, F./ Konschak, K. [Mythos, 1999]:
Mythos Lean Production: die wahren Erfolgskonzepte japanischer Unternehmen, Essen, 1999.

Gerke, W./ Philipp, F. [Externe Rechnungslegung, 1983]:
Bankbilanzen. Einführung in die externe Rechnungslegung der Kreditinstitute, Frankfurt am Main, 1983.

Germann, U. [Vertrieb, 2004]:
Mehr Ertrag im Vertrieb, in: Bankmagazin, Nr. 9, 2004, S. 14-20.

Gerpott, T./ Winzer, P. [Distributionsstrategien, 1998]:
Distributionsstrategien für Telekommunikationsdienste, in: Die Betriebswirtschaft, Nr. 58, 1998, S. 481-500.

GDV (Gesamtverband der Deutschen Versicherungswirtschaft) [Produkt, 1999]:
Produkt. Version 1.0, objektorientiert, 1999.

Gessner, D. [Industrialisierung am Mittelrhein, 1996]:
Die Anfänge der Industrialisierung am Mittelrhein und Untermain 1780-1866, Frankfurt am Main, 1996.

Gestrich, A. [Jugendkultur, 1986]:
Traditionelle Jugendkultur und Industrialisierung: Sozialgeschichte der Jugend in einer ländlichen Arbeitergemeinde Württembergs 1800-1920, Göttingen, 1986.

Gilley, K.M./ Greer, C.R./ Rasheed, A.A. [Human resource outsourcing, 2004]:
Human resource outsourcing and organizational performance in manufacturing
firms, in: Journal of Business Research, Vol. 57, 2004, S. 232-240.

Gissel, R. [Wertpapierbereich, 2004]:
Strukturkrise der Banken – ein Lösungsansatz für den Wertpapierbereich, in:
Kreditwesen, Ausgabe Technik, Nr. 2, 2004, S. 15-19.

Glück, P. [Durchlaufzeitverkürzung, 1995]:
Durchlaufzeitverkürzung in der Produktentwicklung: Bewertung von
Parallelisierungs- und Überlappungsstrategien, Berlin u.a., 1995.

Glück-Christmann, C. [Familienstruktur und Industrialisierung, 1992]:
Familienstruktur und Industrialisierung: der Wandlungsprozess der Familie unter
dem Einfluß der Industrialisierung und anderer Modernisierungsfaktoren,
Frankfurt am Main, 1992.

Global Light Vehicle Production and Sales Database [Insight, 2005]
Global Insight, November, 2005.

Goedeckemeyer, K.-H. [Konsolidierungsdruck, 2004]:
Zunehmender Konsolidierungsdruck im US-Bankensektor, in: Die Bank, Nr. 5,
2004, S. 296-299.

Göltenboth, M. [Global Sourcing, 1997]:
Global Sourcing und Kooperationen als Alternative zur vertikalen Integration,
Frankfurt am Main, 1997.

Goldberg, J./ von Nitzsch, R. [Behavioral Finance, 2000]:
Behavioral Finance - Gewinnen mit Kompetenz, 2. Auflage, München, 2000.

Golub, B. et al. [Stochastic programming model, 1995]:
A stochastic programming model for money management, in: European Journal
of Operational Research, Nr. 85, 1995, S. 282-296.

Grabher, G. [De-Industrialisierung, 1988]:
De-Industrialisierung oder Neo-Industrialisierung?: Innovationsprozesse und
Innovationspolitik in traditionellen Industrieregionen, Berlin, 1988.

Grabowski, H./ Lossack, R./ Weißkopf, J. [Datenmanagement, 2002]:
Datenmanagement in der Produktentwicklung, München und Wien, 2002.

Greenspan, A. [Banking evolution, 2000]:
Banking evolution. Speech at the 36th Annual Conference on Bank Structure and
Competition of the Federal Reserve Bank of Chicago, 2000.

Grieble, O./ Klein, R./ Scheer, A.-W. [Dienstleistungsmanagement, 2002]:
Modellbasiertes Dienstleistungsmanagement, Veröffentlichungen des Instituts für
Wirtschaftsinformatik, Nr. 171, 2002.

Grill, W./ Perczynski, H. [Wirtschaftslehre, 1997]:
Wirtschaftslehre des Kreditwesens, Bad Homburg, 1997.

Grimmer, J.U. [Gesamtbanksteuerung, 2003]:
Gesamtbanksteuerung – Theoretische und empirische Analyse des Status Quo in der Bundesrepublik Deutschland, Österreich und der Schweiz, Wiesbaden, 2003

Grof, E. [Kreditwürdigkeitsprüfung, 2002]:
Risikocontrolling und Kreditwürdigkeitsprüfung: Risikoorientiertes Bankencontrolling unter Berücksichtigung neuerer Bonitätsprüfungsverfahren, Wien, 2002.

Grossman, S.J./ Hart, O. [Principal Agent-Problem, 1983]:
An analysis of the Principal Agent-Problem, in: Econometrica, 51. Jg., 1983, S. 7-45.

Gruber, C./ Renner, J. [Operationales Risiko und IT-Sicherheit, 2003]:
Operationales Risiko und IT-Sicherheit, Vortrag auf dem Kongreß „Finanzmarktaufsicht und Basel II" der Akademie für Recht und Steuern, Wien, 04.04.2003.

Grummel, B. [Kundenanfragen industriell abwickeln, 2004]:
Kundenanfragen industriell abwickeln, in: Bankmagazin, Nr. 2, 2004, S. 48f.

Gutenberg, E. [Betriebswirtschaftslehre, 1972]:
Grundlagen der Betriebswirtschaftslehre, 1. Band: Die Produktion, 18. Auflage, Berlin u.a., 1972.

Hagemüller, K./ Jacob, A. [Bankbetrieb, 1988]:
Der Bankbetrieb, Band 3: Rechnungswesen – Bankpolitik, 5. Auflage, Wiesbaden, 1988.

Halbach, A.J./ Helmschrott, H. [Industrialisierung der arabischen OPEC-Länder, 1991]:
Die Industrialisierung der arabischen OPEC-Länder und des Iran: Ausbau und Planung der petrochemischen und energieintensiven Industrien zum Zeitpunkt des zweiten Golfkriegs, München u.a., 1991.

Hambücher, H. [Bankfiliale, 2001]:
Die zukünftige Rolle der Bankfiliale: Ein neues Vertriebskonzept - ein neuer Filialtyp, in: Schmoll, A./ Ronzal, W. (Hrsg.): Neue Wege zum Kunden: Multi-Channel-Vertrieb im Bankgeschäft, Wiesbaden, 2001, S. 81-114.

Hanke, J. [Koordinationsstrukturen, 1993]:
Hybride Koordinationsstrukturen, Liefer- und Leistungsbeziehungen kleiner und mittlerer Unternehmen der Automobilzulieferindustrie aus transaktionskostentheoretischer Sicht, Bergisch Gladbach und Köln, 1993.

Hannemann, P. [Modellschwemme, 2002]:
Der neue Luxus im Auto macht vor keiner Nische mehr Halt: Eine wahre Modellschwemme soll in diesem Jahr die tristen Konjunkturaussichten aufhellen, in: Handelsblatt, Nr. 2, 03.01.2002, S. 17.

Hartmann-Wendels, T./ Pfingsten, A./ Weber, M. [Bankbetriebslehre, 2004]:
Bankbetriebslehre, 3. Auflage, Wiesbaden, 2004.

Häuser, K./ Rosenstock, A. [Kapitalmarkt, 1997]:
Börse und Kapitalmarkt, 5. Auflage, Frankfurt am Main, 1997.

Hayek, F.A. [Society, 1945]:
The use of knowledge in society, in: American Economic Review, Vol. 35, 1945, S. 519-530.

Hayn, S./ Waldensee, G.G. [IFRS/ US GAAP/ HGB, 2003]:
IFRS/ US GAAP/ HGB im Vergleich: eine synoptische Darstellung für den Einzel- und Konzernabschluss, 4. Auflage, Stuttgart, 2003.

Hein, M. [Bankbetriebslehre, 1993]:
Einführung in die Bankbetriebslehre, 2. Auflage, München, 1993.

Heina, J. [Variantenmanagement, 1999]:
Variantenmanagement: Kosten-Nutzen-Bewertung zur Optimierung der Variantenvielfalt, Wiesbaden, 1999.

Heine, M. [Wirtschaftsmetropole, 1989]:
Von der Peripherie zur Wirtschaftsmetropole – und zurück: Grundzüge einer Theorie räumlicher Agglomerationsvorteile, Berlin, 1989.

Heine, M./ Herr, H. [Mikro- und Makroökonomik, 2000]:
Volkswirtschaftslehre: paradigmenorientierte Einführung in die Mikro- und Makroökonomik, 2. Auflage, München und Wien, 2000.

Heinen, E. [Industriebetriebslehre, 1991]:
Industriebetriebslehre: Entscheidungen im Industriebetrieb, 9. Auflage, Wiesbaden, 1991.

Hellwig, M. [Financial intermediation, 1991]:
Banking, financial intermediation and corporate finance, in: Giovannini, A./ Mayer, C. (Hrsg.): European financial integration, Cambridge, 1991, S. 35-72.

Hempelmann, B. [Optimales Franchising, 2000]:
Optimales Franchising: Eine ökonomische Analyse der Vertragsgestaltung in Franchise-Beziehungen, Heidelberg, 2000.

Hendlmeier, F. et al. [Allianz Anwendungsarchitektur, 1995]:
Die Allianz Anwendungsarchitektur, München, 1995.

Hendricks, D. [Value-at-Risk models, 1996]:
Evaluation of Value-at-Risk models using historical data, in: Economic Policy Review, Vol. 2, Nr. 1, 1996, S. 36-69.

Henning, F.W. [Wirtschaft- und Sozialgeschichte, 1996]:
Handbuch der Wirtschaft- und Sozialgeschichte Deutschlands – Band 2, Paderborn, 1996.

Hennings, D. [Rapid prototyping, 2002]:

Rapid Prototyping – Neue Ansätze und Verfahren insbesondere für die Herstellung von Werkzeugeinsätzen mit Hilfe generativer Fertigungsverfahren, in: Goch, G. et al. (Hrsg.): Produktentwicklung – Von der Produktgestaltung bis zur Fertigungsplanung – Berichte aus Praxis und Forschung, Aachen, 2002.

Hess, T. [Nachhaltiger Trend, 2004]:

Netzwerke als nachhaltiger Trend für die Unternehmenspraxis?, Vortrag an der Universität Göttingen, 05.02.2004, abrufbar unter: http://www.wi2.wiso.uni-goettingen.de/getfile/ID_477/Vortrag_Hess.pdf (29.08.2004).

Hess, U. [Industrialisierung Sachsens, 2003]:

Wirtschaft und Staat in der Industrialisierung Sachsens 1750-1930, Leipzig, 2003.

Hiller, R.S./ Schaack, C. [Portfolio modeling techniques, 1990]:

A classification of structured bond portfolio modeling techniques, in: Journal of Portfolio Management, Nr. 17, 1990, S. 37-48.

Hirschbeck, T. [Handelsrisiken, 1998]:

Management von Handelsrisiken in Banken: Konzeptionen zu Erfassung und Steuerung der Marktpreis- und Kreditrisiken aus Handelsgeschäften vor dem Hintergrund betriebswirtschaftlicher und aufsichtsrechtlicher Anforderungen, Köln, 1998.

Hockmann, H.J. [Leistungsgestaltung im Asset Management, 1998]:

Individuelle und standardisierte Elemente der Leistungsgestaltung im Asset Management, in: Süchting, J./ Heitmüller, H.-M.: Handbuch des Bankmarketing, 3. Auflage, Wiesbaden, 1998.

Hofmann, O. [Bankproduktion nach industriellen Erkenntnissen, 1996]:

Gestaltung und Steuerung der Bankproduktion nach industriellen Erkenntnissen: eine Untersuchung unter besonderer Berücksichtigung des Effektenbereichs, Bern u.a., 1996.

Holtmann, C.-F./ Kleinheyer, N. [Kreditfabrik, 2003]:

Strategische Schritte zur Errichtung einer Kreditfabrik, Publikation des OSGV (Ostdeutscher Sparkassen- und Giroverband) und SGVHT (Sparkassen- und Giroverband Hessen-Thüringen), 2003.

Homburg, C./ Schäfer, H./ Schneider, J. [Vertriebsmanagement, 2003]:

Sales Excellence: Vertriebsmanagement mit System, 3. Auflage, Wiesbaden, 2003.

Homburg, C./ Weber, J. [Individualisierte Produktion, 1996]:

Individualisierte Produktion, in: Kern, W. et al. (Hrsg.): Handwörterbuch der Produktionswirtschaft, 2. Auflage, Stuttgart, 1996, S. 653-663.

Hornblower Fischer [Deutsche Bank, 2000]:
Analystenreport Deutsche Bank, 05.12.2000 – Ratingherabsetzung, abrufbar unter: http://boerse.welt.de/analysen/analysen_detail.asp?AnalyseNr=5774 (22.09.2004).

Hosenfeld, W.-A. [Wertschöpfungs-, Innovations-, und Logistiktiefe, 1993]:
Gestaltung der Wertschöpfungs-, Innovations-, und Logistiktiefe von Zulieferant und Abnehmer, München, 1993.

Hug, D. [Produktionsbereiche von Banken, 1989]:
Leistungsmessung in den Produktionsbereichen von Banken, Bern u.a., 1989.

Hügginger, S. [TQM bei Kreditinstituten, 1995]:
Total Quality Management bei Kreditinstituten: Probleme, Konzepte, empirische Ergebnisse, München, 1995.

Hügli, J. [Zertifizierung, 1997]:
Zertifizierung nach ISO 9001 – auch für Banken ein erstrebenswertes Ziel, Bern, 1997.

Hundt, S. [Betriebswirtschaftslehre, 1977]:
Zur Theoriegeschichte der Betriebswirtschaftslehre, Köln, 1977.

Huschens, S./ Locarek-Junge, H. [Kreditrisikomessung, 2000]:
Konzeptionelle und statistische Grundlagen der portfolioorientierten Kreditrisikomessung, in: Oehler, A. (Hrsg.): Kreditrisikomanagement: Portfoliomodell und Derivate, Stuttgart, 2000.

Hüssen, H.-P. [Volksrepublik China, 1991]:
Ländliche Industrialisierung in der Volksrepublik China seit 1978, Hamburg, 1991.

Institut für Weltwirtschaft [Automobilindustrie, 2000]:
Kieler Arbeitspapier Nr. 1002: Globalisierung der Automobilindustrie: Neue Standorte auf dem Vormarsch, traditionelle Anbieter unter Druck?, Kiel, 2000.

James, C. [RAROC, 1996]:
RAROC based capital budgeting and performance evaluation: A case study of bank capital allocation, Working Paper 96-40, The Wharton School, Philadelphia, 1996.

Jenkins, S. [Distribution and marketing game, 2004]:
Winning at the distribution and marketing game to achieve high powered growth, abrufbar unter http://www.bsa.org.uk/Events/EventPDFs/BSAConf2004_Simon Jenkins .pdf (09.10.2004).

Jiao, J. [Mass customization, 1998]:
Design for mass customization by developing product family architectures, Hongkong, 1998.

Jorion, P. [Value at Risk, 2000]:
Value at Risk: The new benchmark for managing financial risk, 2. Auflage, New York u.a., 2000.

185

Joris, E./ Witzig, H. [Brave Frauen, 1992]:
Brave Frauen, aufmüpfige Weiber: wie sich die Industrialisierung auf Alltag und Lebenszusammenhänge von Frauen auswirkte (1820-1940), Zürich, 1992.

Kallberg, J.G./ White, R.W./ Ziemba, W.T. [Financial planning, 1982]:
Short term financial planning under uncertainty, in: Management Science, Nr. 28, 1982, S. 670-682.

Kaminsky, G.L./ Reinhart, C.M. [Financial markets, 2002]:
Financial markets in times of stress, in: Journal of Development Economics, Vol. 69, 2002, S.451-470.

Kang, S.-D. [Fordismus, 1994]:
Fordismus und Hyundäismus: Rationalisierung und Wandel der Automobilindustrie in der BRD und in Südkorea, Frankfurt am Main u.a., 1994.

Kappeldorf, G. (Arbeitsdirektor Thyssen Automotive) [Automobilindustrie, 2004]:
Entwicklung in der Automobilindustrie, Vortrag an der Universität Bochum, 30.03.2004.

Kern, H./ Schumann, M. [Arbeiterbewusstsein, 1970]:
Industriearbeit und Arbeiterbewusstsein (Band 1 und 29), Frankfurt am Main, 1970.

Kern, T./ Kreijger, J./ Willcocks, L. [ASP as sourcing strategy, 2002]:
Exploring ASP as sourcing strategy: theoretical perspective, proposition for practice, in: Journal of Strategic Information Management, Vol. 11, 2002, S. 153-177.

Kern, W. [Produktionswirtschaft, 1996]:
Handwörterbuch der Produktionswirtschaft, 2. Auflage, Stuttgart, 1996.

Keßler, H.U. [Betriebsgrößeneffekte, 1996]:
Sparkassenfusionen. Eine Konzeption für die systemorientierte Analyse von Betriebsgrößeneffekten in der Bankwirtschaft, Berlin, 1996.

Ketterer, K.-H./ Ohmayer, E. [Transaktionsbank, 2003]:
Industrielle Produktionsverfahren in einer Bank? – Die Transaktionsbank – ein neuer Banktyp entsteht, in: Karlsruher Transfer, Nr. 29, 2003, S. 7-12.

Keuper, F. [Management, 2001]:
Strategisches Management, München und Wien, 2001.

KfW [Auswirkungen auf die Mittelstandsfinanzierung, 2003]:
Basel II – Aktueller Stand und Auswirkungen auf die Mittelstandsfinanzierung, 2003, abrufbar unter: http://www.kfw.de/DE/Research/Publikatio94/Mittelstan45/ Internatio27/ Periodikum30_BaselI.pdf (09.01.2005).

Kieling, H. [Behavioral Finance, 2001]:
Börsenpsychologie und Behavioral Finance: Wahrnehmung und Verhalten am Aktienmarkt, München, 2001.

Kieser, A./ Walgenbach, P. [Organisation, 2003]:
Organisation, 4. Auflage, Stuttgart, 2003.

Kipker, I. [Konsolidierung, 2004]:
Konsolidierung in Sichtweite, in: Bankmagazin, Nr. 6, 2004, S. 32f.

Klee, J. [Qualitätsmanagementsysteme, 2002]:
Qualitätsmanagementsysteme in Banken: Konzeption und Implementierung im filialgebundenen Standardgeschäft unter besonderer Berücksichtigung der Qualitätsmessung, Köln, 2002.

Klein, T./ Mehlau, J.I./ Wimmer, A. [Innovative Produktmodellierung, 2003]:
Effizienzgewinne durch innovative Produktmodellierung, in: Die Bank, Nr. 3, 2003, S. 196-201.

Köhler, T./ Fink, D. [Innovationspartnerschaft, 2003]:
Outsourcing 2007 – Von der IT-Auslagerung zur Innovationspartnerschaft: Eine Marktanalyse zu aktuellen Trends und Entwicklungen im deutschsprachigen Outsourcing Markt. Accenture und IMCS (Institute of Management and Consulting Science), 2003.

Körner, M. [Vertriebswegestrategie, 1997]:
Vertriebswegestrategie im Wandel: Vom Kontoauszugsdrucker zum Medienvertrieb, in: Körner, M. (Hrsg.): Die neuen Vertriebswege, Stuttgart, 1997, S. 166-175.

Krafcik, J.F. [Lean Production System, 1988]:
Triumph of the Lean Production System, in: Sloan Management Review, Nr. 3, 1988, S. 41-52.

Kragten, M. [Viable or marginal, 2000]:
Viable or marginal?: Small-scale industries in rural Java (Bantul District), Utrecht, 2000.

Krampf, P. [Strategisches Beschaffungsmanagement, 2000]:
Strategisches Beschaffungsmanagement in industriellen Großunternehmen: ein hierarchisches Konzept am Beispiel der Automobilindustrie, Köln, 2000.

Krempler, R./ Bauer, C. [Bankshop-Konzept, 2001]:
24h Banking/ Bankshop-Konzept, in: Schmoll, A./ Ronzal, W. (Hrsg.): Neue Wege zum Kunden: Multi-Channel-Vertrieb im Bankgeschäft, Wiesbaden, 2001, S. 240-252.

Krichel, M./ Schwind, K. [Immobilienfinanzierungsgeschäft, 2003]:
Immobilienfinanzierungsgeschäft im Umbruch. Wertschöpfung zwischen Konsolidierung, Spezialisierung und Expansion, in: Betriebswirtschaftliche Blätter, Nr. 8, 2003, S. 1-7.

Krotsch, S. [Industrialisierung von Banken – Ein Modell, 2005]:
Industrialisierung von Banken – Ein Modell zur Analyse der Industrialisierung in der Abwicklungs- und Transformationsfunktion, Dissertation, 2005.

Kuckertz, W./ Perschke, R. [Berufszulassung für Finanzdienstleister, 2001]:
Berufszulassung für Finanzdienstleister, 2001, abrufbar unter: http://www.goingpublic.edu/pdf/Qualifikationsanforderungen%20an%20Finanzvermittler%20in%2 0 Deutschland.pdf (26.12.2004).

Krumnow, J. [Kreditinstitute, 2000]:
Zur strategischen Bedeutung des Risikomanagements für die Kreditinstitute, in: Johanning, L./ Rudolph, B. (Hrsg.): Handbuch Risikomanagement, Band 2: Risikomanagement in Banken, Asset Management-Gesellschaften, Versicherungs- und Industrieunternehmen, Wiesbaden, 2000, S. 683-700.

Kruschwitz, L. [Investition, 1998]:
Finanzierung und Investition, 2. Auflage, München, 1998.

Küting, K./ Weber, C.-P. [Bilanzanalyse, 1993]:
Die Bilanzanalyse – Lehrbuch zur Beurteilung von Einzel- und Konzernabschlüssen, 3. Auflage, Stuttgart, 1993.

Kuhlmann, E. [Industrielles Vertriebsmanagement, 2001]:
Industrielles Vertriebsmanagement, München, 2001.

Kuhn, W. [Zweigstellen, 1995]:
Heutige und künftige Bedeutung des stationären Vertriebs über Zweigstellen, in: Betsch, O./ Wiechers, R. (Hrsg.): Handbuch Finanzvertrieb: Vertriebsstrategien – Vertriebswege – Vertriebsmanagement, Frankfurt am Main, 1995.

Kummer, P./ Grossrieder, R. [Produktentwicklung der Zukunft, 1997]:
Produktentwicklung der Zukunft - Informatikgestützte Produktentwicklung bei der Schweizer Mobiliar Versicherungsgesellschaft, in: Versicherungsbetriebe, Nr. 5, 1997, S. 38-40.

Kunz, H. [Beziehungsmanagement, 1996]:
Beziehungsmanagement: Kunden binden, nicht nur finden, Zürich, 1996.

Kusy, M.I./ Ziemba, W.T. [Asset and Liability Management model, 1986]:
A bank Asset and Liability Management model, in: Operations Research, Nr. 34, 1986, S. 356-376.

Laber, B. [Indonesiens Industrialisierung, 1995]:
Indonesiens Industrialisierung: der Einfluß der Öleinnahmen auf die Entwicklung der Exporte der verarbeitenden Industrie, Hochschulschriften-Nr. 1644, Hochschule St. Gallen, St. Gallen, 1995.

Lacity, M./ Willcocks, L./ Feeny, D. [Outsourcing, 2004]:
Commercializing the back office at Lloyds of London: Outsourcing and strategic partnerships revisisted, in: European Management Journal, Vol. 22, Nr. 2, 2004, S. 127-140.

Lamberti, H.-J. [Industrialisierung, 2003]
Mit IT-Sourcing zu einer neuen Stufe der Industrialisierung im Bankbetrieb, in: Zeitschrift für das gesamte Kreditwesen, Nr. 6, 2003, S. 307.

Lamberti, H.-J. [Industrialisierung des Bankgeschäfts, 2004]:
Industrialisierung des Bankgeschäfts, in: Die Bank, Nr. 6/7, 2004, S. 370-375.

Lamberti, H.-J./ Pöhler, A. [Industrialisierung des Backoffice, 2003]:
Die Industrialisierung des Backoffice am Beispiel der etb, in: Lamberti, H.-J./ Marliere, A./ Pöhler, A. (Hrsg.): Management von Transaktionsbanken, Berlin et u.a., 2003, S. 3-38.

Lange, T.A. [Bankvertrieb im Umbruch, 1998]:
Internet Banking: Der Bankvertrieb im Umbruch, Wiesbaden, 1998.

Langen, D. [Asset Liability Management, 1988]:
Strategic bank Asset Liability Management: A multi-objective decision model and decision support system for strategic bank asset liability management, Frankfurt am Main u.a., 1988.

Langton, J. [Atlas, 1986]:
Atlas of industrializing Britain: 1780-1914, London, 1986.

Laudacher, I.-P. [Frauen, 1995]:
Frauen in Wankheim, 1880-1950: der Wandel des Geschlechterverhältnisses in der Zeit der Industrialisierung, Tübingen, 1995.

Lauk, K.J. [Controlling, 1990]:
Strategisches Controlling und Organizational Leverage, in: Horvath, P. (Hrsg.): Steuerungsunterstützung durch das Controlling – Revolution im Rechungswesen?, Stuttgart, 1990, S. 75-89.

Lehner, H. [Grundlagen, 1976]:
Grundlagen zu einem Management-Modell für Banken, St. Gallen, 1976.

Leins, H. [Bonitätsbeurteilung, 1993]:
Wissensbasierte Unternehmensanalyse – Effizienzsteigerung der Bonitätsbeurteilung im Firmenkundengeschäft, Wiesbaden, 1993.

Leist, S./ Winter, R. [Nutzung generischer Produktmodelle, 1998]:
Nutzung generischer Produktmodelle im Finanzdienstleistungsbereich am Beispiel des Ergebniscontrolling, in: Wirtschaftsinformatik, Nr. 4, 1998, S. 281-289.

Leupold, T. [Portfolio-Optimierung, 1996]:
Benchmarkorientierte Portfolio-Optimierung: zum Benchmarking in der μ/s-Portfolioanalyse und dessen Anwendung im Asset & Liability Management betrieblicher Pensionsfonds, Bern u.a., 1996.

Leuzinger, R./ Schönsleben, P. [Versicherungsprodukte, 1996]:
Innovative Gestaltung von Versicherungsprodukten, Wiesbaden, 1996.

Lieber, K./ Moormann, J. [Six Sigma, 2004]:
Six Sigma: Neue Chancen zur Produktivitätssteigerung, in: Die Bank, Nr. 1, 2004, S. 28-33.

Lignau, V. [Variantenmanagement, 1994]:
Variantenmanagement: Produktionsplanung im Rahmen einer Produktdifferenzierungsstrategie, Berlin, 1994.

Linn, N./ Krotsch, S./ Riese, C. [Banken, 2002]:
Banken in der Wertfalle – Effizienz- und Wachstumsstrategien für eine Branche in der Krise, Frankfurt am Main, 2002.

Lister, M. [Risikokapitalallokation, 1997]:
Risikoadjustierte Ergebnismessung und Risikokapitalallokation, in: Rolfes, B./ Schierenbeck, H. (Hrsg.): Schriftenreihe des Zentrums für Ertragsorientiertes Bankenmanagement, Band 12, Frankfurt am Main, 1997.

Löffler, A. [Portfoliotheorie, 2001]:
Ein Paradox der Portfoliotheorie und vermögensabhängiger Nutzenfunktionen: mikroökonomische Fundierung, Wiesbaden, 2001.

Lorenz, D. [Typologie, 1961]:
Zur Typologie der Entwicklungsländer, Berlin, 1961.

Lubich, R./ Rebouillon, J. [Wie industrialisiert man eine Bank, 2004]:
Wie industrialisiert man eine Bank, in: Bankmagazin, Nr. 10, 2004, S. 27.

Macchi, M. [Effiziente Vertriebsmodelle, 2002]:
Multikanal-Management - Wertgenerierung durch effiziente Vertriebsmodelle, in: Krotsch, S./ Linn, N./ Riese, C. (Hrsg.): Banken in der Wertfalle, Frankfurt am Main, 2002, S. 117-133.

Magill, M./ Quinzii, M. [Incomplete markets, 1996]:
Theory of incomplete markets, Cambridge, 1996.

Maleki, N. [Branchentreff, 2004]:
Branchentreff am Finanzplatz, in: Bankmagazin, Nr. 7, 2004, S. 26f.

Manessinger, H. [Konkurs-Frühwarnsysteme, 2002]:
Konkurs-Frühwarnsysteme im Firmenkundengeschäft von Banken, Wien, 2002.

Manz, F. [Prozessorientiertes Kreditmanagement, 1998]:
Prozessorientiertes Kreditmanagement: Ein integriertes Konzept zur Risiko/Rendite-Optimierung von Einzelkredit und Portfolio, Bern u.a.,1998.

Markowitz, H.M. [Diversification, 1959]:
Portfolio selection: Efficient diversification of investments, New York, 1959.

Markowitz, H.M. [Portfolio selection, 1952]:
Portfolio selection, in: The Journal of Finance, Nr. 7, 1952, S. 77-91.

Marshall, A. [Principles of economics, 1890]:
Principles of economics: an introductory volume, London, 1890.

Meadows, D.L./ Club of Rome [Die Grenzen des Wachstums, 1972]:
Die Grenzen des Wachstums: Bericht des Club of Rome zur Lage der Menschheit, Stuttgart, 1972.

Merbecks, A. [Wachstum im Retailgeschäft, 2004]:
Nachhaltiges Wachstum im Retailgeschäft: Vom Sprint zum Marathon, in: Die Bank, Nr. 10, 2004, S. 34-37.

Mercer Management Consulting [Automotive industry structure, 2003]:
Future automotive industry structure (FAST) 2015, München, 2003.

Merlis, S.F./ Sylvester, M.E./ Newton, A.L. [E-Engineering, 2000]:
New product development drives value creation: The untold break-throughs in the E-Engineering – Industry overview, New York, 2000.

Merril Lynch [Consolidated Statement of Earnings, 2003]:
Consolidated Statement of Earnings, abrufbar unter www.ml.com/ annualmeetingmaterials/2003/ar/earnings.asp (17.11.2004).

Metz, K.-H. [Industrialisierung, 1988]:
Industrialisierung und Sozialpolitik: das Problem der sozialen Sicherheit in Grossbritannien 1795-1911, Göttingen und Zürich, 1988.

Meyer zu Sellhausen, H. [Bankbetriebswirtschaftslehre, 2000]:
Bankinformationssysteme: Eine Bankbetriebswirtschaftslehre mit IT-Schwerpunkt, Stuttgart, 2000.

Meyers [Lexikon, 2004]:
Meyers Großes Taschen-Lexikon: in 26 Bd., Band 10, Mannheim u.a., 2004.

Modigliani, F./ Miller, M.H. [Theory of investment, 1958]:
The cost of capital, corporation finance and the theory of investment, in: American Economic Review, Vol. 48, 1958, S. 261- 297.

Mohandas, P. [Six Sigma, 2003]:
More banks go Six Sigma, abrufbar unter www.thehindubusiness-line.com (28.11.2003).

Mommsen, H. [Arbeiterbewegung, 1980]:
Arbeiterbewegung und industrieller Wandel: Studien zu gewerkschaftlichen Organisationsproblemen im Reich und an der Ruhr, Wuppertal, 1980.

Moormann, J. [CRM in Banken, 2002]:
CRM in Banken - ein prozessorientierter Ansatz, Vortrag auf der European Banking Technology Fair, 29.10.2002.

More, C. [Industrial age, 1989]:
The industrial age. Economy & Society in Britain 1750-1985, New York, 1989.

Mück, T. [Banking, 2001]:
Banking goes Shopping, in: Schmoll, A./ Ronzal, W. (Hrsg.): Neue Wege zum Kunden: Multi-Channel-Vertrieb im Bankgeschäft, Wiesbaden, 2001, S. 220-239.

Mühlfriedel, B. [Industrialisierung Thüringens, 1993]:
Die Industrialisierung Thüringens, Erfurt, 1993.

Müller, H./ Guigas, S. [Total-quality-banking, 1994]:
Total-quality-banking: von der Idee zum dauerhaften Erfolg, Wiesbaden, 1994.

Müller, H.M. [Moral hazard, 1996]:
Theory of moral hazard, St. Gallen, 1996.

Musäus, N. [Industrialisierung, 2002]:
Industrialisierung in der Kreditbearbeitung, in: Kredit Rating und Praxis, Nr. 3, 2002.

Muthers, H./ Haas, H. [Bankmanagement, 1994]:
Geist schlägt Kapital: Quantensprung im Bankmanagement, Wiesbaden, 1994.

Muthesius, P. [Bankautomation, 1967]:
Bankautomation, in: Knapps Enzyklopädisches Lexikon des Geld-, Bank- und Börsenwesens, 3. Auflage, Frankfurt am Main, 1967, S. 128-130.

Nager, J. [Ansätze, 1997]:
Innovative Ansätze im Asset & Liability Management, in: Kleeberg, J./ Rehkugler, H. (Hrsg.): Handbuch für Portfoliomanagement, Bad Soden, 1997.

Naisbitt, J. [Franchising, 2004]:
Franchising, abrufbar bei www.kmuinnovation.com/franchising.htm (25.09.04).

Neubaur, C. [Strategisches Variantenmanagement, 2003]:
Konzept strategisches Variantenmanagement, Bamberg, 2003.

Nielsen, L.T. [Portfolio selection, 1987]:
Portfolio selection in the Mean-Variance-Model: A note, in: Journal of Finance, Nr. 42, 1987, S. 1371-1376.

Nitz, R./ Fürst, T./ Gutzwiller, T. [Transaktionsbanken, 2003]:
Vorgehen bei der Evaluation von IT-Plattformen für Transaktionsbanken, in: Lamberti, H.-J./ Marliere, A./ Pöhler, A: Management von Transaktionsbanken, Berlin u.a., 2003, S. 263-298.

Nolte, E. [Marxismus, 1983]:
Marxismus und industrielle Revolution, Stuttgart, 1983.

o.V. [Ampelkredit, 2004]:
Rot, grün, gelb: Mit dem Ampelkredit wird über Grenzfälle entschieden, in: Update - das Magazin der FinanzIT, Nr. 3, 2004, S. 10.

o.V. [Automobilindustrie, 2000]:
Trends in der Automobilindustrie: Umstellung von der Einzel- zur Mehrmarkenstrategie, in: Automobil-Entwicklung, Nr. 5, 2000, S. 6.

o.V. [Bank-Fabrik, 2004]:
Kampf um die "Bank-Fabrik" entbrannt, in: Bankmagazin, Nr. 5, 2004, S. 47.

o.V. [Banken, 2005]:
Outsourcing: Für Banken eine harte Nuss, in: Computerwoche, Nr. 2, 2005, S. 32.

o.V. [Banken-Konsolidierung, 2005]:
BAFIN-Präsident Sanio fordert Banken-Konsolidierung, in: Handelsblatt, 19.01.2005, S. 24.

o.V. [Banking Solutions, 2003]:
Retail und Banking Solutions Report, in: Winor Nixdorf Report, Nr. 10, 2003.

o.V. [Business Process Outsourcing, 2004]:
Business Process Outsourcing: Grenze fließend, in: Wirtschaftswoche, Nr. 9, 19.02.2004, S. 40-41.

o.V. [Deutsche Bank, 2003]:
Deutsche Bank, in: Handelsblatt, 25.11.2003, S. 1.

o.V. [eCommerce, 2004]:
eCommerce in Deutschland blüht, in: Computerwoche, Nr. 22, 2004, S. 10-11.

o.V. [Flut neuer Automodelle, 2001]:
Flut neuer Automodelle ist auch künftig nicht zu stoppen, in: Handelsblatt, Nr. 215, 07.01.2001, S. 49.

o.V. [Gefahren, 2002]:
Die Gefahren bei Outsourcing-Projekten, in: Computerwoche, 09.07.2002, S. 15-17.

o.V. [Geldautomat, 2004]:
Geldautomat ist für Deutsche nützlichste technische Neuerung, abrufbar unter http://www.heise.de/newsticker/meldung/28529 (01.05.2004).

o.V. [Gesamtbanksteuerung, 2003]:
IT-unterstützte Gesamtbanksteuerung, Workshop 04./05.06.2003, Wiesbaden, Workshop-Unterlagen.

o.V. [HVB, 2005]:
HVB muss 2,5 Mrd. abschreiben, in: FAZ, 21.01.2005, S. 23.

o.V. [Industrialisierung, 2002]:
Industrialisierung, in: Kredit Rating und Praxis, Nr. 2, 2002, S. 15.

o.V. [Industrialisierungspotenzial, 2005]:
Hohes Industrialisierungspotenzial in der Kreditabwicklung, in: Bankmagazin, Nr. 1, 2005, S. 4.

o.V. [Nähe, 2002]
Auffällige Nähe, in: FAZ, Nr. 14, 2002, S. 15.

o.V. [Nettomittelaufkommen von 18%, 2004]:
DVAG erzielt 2003 Anteil am DWS-Nettomittelaufkommen von 18%, abrufbar unter www.finanztreff.de (29.09.2004).

o.V. [Outsourcing, 2004]:
EZB kritisiert Outsourcing, in: Computerwoche, Nr. 49, 2004, S. 8.

o.V. [Platforms, 2005]:

Platforms: the building block of cars, in: Canada's Online Auto Magazine, November, 2005.

o.V. [Platform Politics, 2004]:

Platform politics: Japanese automakers vary on their definitions of what constitutes a vehicle platform; Automotive Industries, January, 2004

o.V. [Postbank, 2004]:

Postbank und AWD kooperieren, in: Handelsblatt, 28.09.2004, S. 13.

o.V. [Prozessoptimierung, 2005]:

Prozessoptimierung – Banken entdecken Industrialisierung, in: Die Bank, Nr. 2, 2005, S. 45.

o.V. [Schleppende Konsolidierung, 2004]:

Schleppende Konsolidierung in der deutschen Wertpapierabwicklung, in: FAZ, 13.10.2004, S. 20.

o.V. [Standardsoftware, 2003]:

Interview mit Dietrich Voigtländer zu "Industrialisierung im Bankgeschäft: Outsourcing und Standardsoftware", in: Wirtschaftsinformatik, Nr. 45, 2003, S. 1443-1446.

o.V. [Strukturen, 2002]:

Industrialisierung verändert die Strukturen, in: Schweizer Bank, Nr. 10, 2002, S. 8.

o.V. [Tagesordnung, 2004]:

Industrialisierung bei Kreditinstituten an der Tagesordnung, in: Bankmagazin, Nr. 3, 2004, S. 4.

o.V. [Xchanging, 2004]:

Xchanging hegt Wachstumspläne, in: FAZ, 12.10.2004, S. 17.

o.V. [Zahlungsverkehr, 2004]:

Deutsche Bank gibt Zahlungsverkehr ab, in: Handelsblatt, 07.04.2004, S. 20.

o.V. [Zukunft, 2002]:

Durchstarten in die Zukunft, in: Finanzzeit, Nr. 3, 2002, S. 15.

o.V. [Zulieferer, 2004]:

Zulieferer setzen Automobilindustrie unter Druck, in: Handelsblatt, 21.04.2004, S. 21.

Obst/ Hintner/ von Hagen, J./ Stein, J.H. [Geld-, Bank- und Börsenwesen, 2000]:

Geld-, Bank- und Börsenwesen, 40. Auflage, Stuttgart, 2000.

Oehler, A. [Erwartungsnutzentheorie, 1992]:

"Anomalien", "Irrationalitäten" oder "Biases" der Erwartungsnutzentheorie und ihre Relevanz für die Finanzmärkte, in: Zeitschrift für Bankrecht und Bankwirtschaft, 1992, S. 97-124.

O'Grady, P.J. [Fertigungssysteme, 1988]:
Automatisierte Fertigungssysteme: Entwurf und Betrieb, Weinheim u.a., 1988

Oguszoy, C.B./ Güven, S. [Asset and Liability Management, 1997]:
Bank Asset and Liability Management under uncertainty, in: European Journal of Operational Research, Nr. 103, 1997, S. 575 – 600.

Olfert, K./ Steinbuch, P.A. [Organisation, 2003]:
Organisation, 13. Auflage, Ludwigshafen, 2003.

Omgeo [Straighttalk, 2004]:
Straighttalk, Nr. 3 (Branchenmagazin), 2004.

Ott, B. [Kreditrisikomodelle, 2000]:
Interne Kreditrisikomodelle, Bad Soden, 2000.

Otto, B. [Referenzmodell, 2002]:
Referenzmodell zur Automatisierung zwischenbetrieblicher Beschaffungsprozesse, Stuttgart, 2002.

Oxygon [Outsourcing, 2004]:
Perfekte Vorstellung oder Kraftanstrengung ohne Wirkung: Outsourcing, in: IS Report, 8. Jg., Nr. 3, 2004, S. 12-18.

Paul, S. [Gesamtbanksteuerung, 2001]:
Risikoadjustierte Gesamtbanksteuerung, Bern u.a., 2001.

Penthor, J. [Asset Liability Management, 1995]:
Asset Liability Management: Die Praxis in österreichischen und schweizerischen Banken, Wien, 1995.

Perdegnana, M./ Schacht, C. (Risikointermediation, 2003):
Grosse Banken auf dem Weg zur Risikointermediation, in: Der Schweizer Treuhänder, 2003, S. 951-960.

Perger, E. [Total Quality Management, 2002]:
Total Quality Management im Bankwesen: Umsetzung des TQM in Universalbanken aufgrund des EFQM-Modells, Bern u.a., 2002.

Pfeiffer, W./ Weiß, E. [Lean Management, 1992]:
Lean Management: Grundlagen der Führung und Organisation industrieller Unternehmen, Berlin, 1992.

Pham-Puong, D. [Leistungsfähigkeit, 2004]:
Zur Leistungsfähigkeit der genossenschaftlichen Bankunternehmung, University of Heidelberg, Discussion Paper Series, Nr. 407, Heidelberg, 2004.

Picot, A. [Theorien der Organisation, 1991]:
Ökonomische Theorien der Organisation – Ein Überblick über neuere Ansätze und deren betriebswirtschaftliches Anwendungspotenzial, in: Ordelheide, D./ Rudolph, B./ Büsselmann, E. (Hrsg.): Betriebswirtschaftliche und ökonomische Theorie, Stuttgart, 1991, S. 143-169.

Pierenkemper, T. [Umstrittene Revolutionen, 1996]:
Umstrittene Revolutionen: Die Industrialisierung im 19. Jahrhundert, Frankfurt am Main, 1996.

Piller, F.T. [Mass customization, 2003]:
Mass customization: ein wettbewerbsstrategisches Konzept im Informationszeitalter, Wiesbaden, 2003.

Piller, F.T. [Massenproduktion, 1998]:
Kundenindividuelle Massenproduktion, München und Wien, 1998

Poddig, T./ Dichtl, H./ Petersmeier, K. [Statistik, 2000]:
Statistik, Ökonometrie, Optimierung: Methoden und praktische Anwendungen in Finanzanalyse und Portfoliomanagement, Bad Soden, 2000.

Pogue, G.A./ Bussard, R.N. [Financial planning, 1972]:
A linear programming model for short term financial planning under uncertainty, in: Sloan Management Review, Nr. 13, 1972, S. 69-98.

Pointner, W. [Umbruch, 2003]:
Umbruch in der Automobilindustrie? Von den Grenzen des Outsourcing, Frankfurt am Main, 2003.

Pollard, S. [Labour movement, 1999]:
Labour history and labour movement in Britain, Aldershot, 1999.

Porter, M.E. [Competitive advantage, 1990]:
The competitive advantage of nations, London, 1990.

Praxmarer, M.A. [Gestaltungsansätze, 1993]:
Allfinanzstrategien aus Sicht der Banken. Rahmenbedingungen und Gestaltungsansätze unter besonderer Berücksichtigung der Universalbanken in der Schweiz, Bern u.a., 1993.

PriceWaterhouseCoopers [Automotive sector insights, 2001]:
Automotive sector insights: Analysis and opinions on Merger and Acquisition activity 2000/ 2001, Birmingham, 2001.

Priewasser, E. [Bankbetriebslehre, 2001]:
Bankbetriebslehre, 7. Auflage, München und Wien, 1998.

Priewasser, E. [Priewasser-Prognose, 1994]:
Die Priewasser-Prognose: Bankstrategien und Bankmanagement 2009, Frankfurt am Main, 1994.

Pritsker, M. [Value at Risk methodologies, 1997]:

Evaluating Value at Risk methodologies. Accuracy versus computational time, in: Journal of Financial Services Research, Vol. 12, Nr. 2/3, 1997, S. 200-242.

Pyle, D.H. [Financial intermediation, 1971]:

On the theory of financial intermediation, in: Journal of Finance, Nr. 26, 1971, S. 737-746.

Quelin, B./ Duhamel, F. [Strategic outsourcing, 2003]:

Bringing together strategic outsourcing and corporate strategy: Outsourcing motives and risks, in: European Management Journal, Vol. 21, Nr. 5, 2003, S. 647-661.

Rapp, H.-W. [Behavioral Finance, 2000]:

Der tägliche Wahnsinn hat Methode, Behavioral Finance: Paradigmenwechsel in der Kapitalmarktforschung, in: Jünemann, B./ Schellenberger, D. (Hrsg.): Psychologie für Börsenprofis: die Macht der Gefühle bei der Geldanlage, Stuttgart, 2000, S. 85-124.

Regli, J. [Bankmarketing, 1988]:

Bankmarketing: Eine Abhandlung unter besonderer Berücksichtigung des Marketings in der Planung, 2. Auflage, Berlin und Stuttgart, 1988.

Reinertsen, D. [Produktentwicklung, 1998]:

Die neuen Werkzeuge der Produktentwicklung, München und Wien, 1998.

Reinhardt, G.O. [Flexible Fertigungssysteme, 1999]:

Flexible Fertigungssysteme (FFS) aus praxisbezogener und theoretischer Sicht, Frankfurt am Main, 1999.

Richter, R. [Geldtheorie, 1990]:

Geldtheorie, 2. Auflage, Berlin u.a., 1990.

Riedl, G.R. [Zahlungsverkehr, 2002]:

Der bankbetriebliche Zahlungsverkehr: Infrastruktur-Innovationen und Wandel der Zahlungsverkehrsabwicklung, Heidelberg, 2002.

Rigobon, R. [Shocks, 2003]:

On the measurement of the international propagation of shocks: is the transmission stable?, in: Journal of International Economics, Vol. 61, 2003, S. 261-283.

Rolfes, B. [Gesamtbanksteuerung, 1999]:

Gesamtbanksteuerung, Stuttgart, 1999.

Rolfes, B./ Emse, C., [Kreditpreise, 2002]:

Basel II und die zukünftigen Kreditpreise, in: Tietmeyer, H./ Rolfes, B. (Hrsg.): Basel II – Das neue Aufsichtsrecht und seine Folgen, Wiesbaden, 2002.

Roßbach, P. [Behavioral Finance, 2001]:

Behavioral Finance: Eine Alternative zur vorherrschenden Kapitalmarkttheorie?, Frankfurt am Main, 2001.

Rostow, W.W. [Stadien wirtschaftlichen Wachstums, 1960]:
Stadien wirtschaftlichen Wachstums: Eine Alternative zur marxistischen Entwicklungstheorie, Göttingen, 1960.

Roth-Herren, M. [Total Quality Management, 1994]:
Total Quality Management: Ein strategischer Erfolgsfaktor für Schweizer Banken, Bern, 1994.

Rothlauf, J. [Total Quality Management, 2004]:
Total Quality Management – in Theorie und Praxis, München, 2004.

Rudolph, B./ Johanning, L. [Risikomanagement, 2000]:
Entwicklungslinien im Risikomanagement, in: Rudolph, B./ Johanning, L. (Hrsg.), Handbuch Risikomanagement, Band 1: Risikomanagement für Markt-, Kredit- und operative Risiken, Bad Soden, 2000, S. 15-52.

SAP [Volkswagen Financial Services, 2003]:
Broschüre: SAP Customer Success Stories – Volkswagen Financial Services, Walldorf, 2003.

Sauer, T. [Informationsplanung, 1990]:
Strategische Informationsplanung in Banken, Wien, 1990.

Schäfer, H. [Begriff, 1971]:
Zum Begriff des Bankbetriebs, Göppingen, 1971.

Scherer, F.M. [Industrieökonomik, 1985]:
Stand und Perspektiven der Industrieökonomik, in: Bombach, G. et al. (Hrsg.): Industrieökonomik: Theorie und Empirie, Tübingen, 1985, S. 3-21.

Schierenbeck, H. [Band 1, 2003]:
Ertragsorientertes Bankmanagement: Band 1 - Grundlagen, Marktzinsmethode und Rentabilitäts-Controlling, 8. Auflage, Wiesbaden, 2003.

Schierenbeck, H. [Band 2, 2003]:
Ertragsorientertes Bankmanagement: Band 2 - Grundlagen, Risiko-Controlling und integrierte Rendite-/Risikosteuerung, 8. Auflage, Wiesbaden, 2003.

Schierenbeck, H. [Bankmanagement, 1994]:
Ertragsorientiertes Bankmanagement: Controlling in Kreditinstituten, 4. Auflage, Wiesbaden, 1994.

Schierenbeck, H. [Vertriebskanäle, 1999]:
Die Vertriebskanäle der Zukunft im Privatkundengeschäft, in: Basler Bankenvereinigung (Hrsg.): Multi Channel Distribution im Banking, Bern, 1999, S. 3-49.

Schierenbeck, H. [Vertriebssysteme, 1993]:
Neuorientierung der Vertriebssysteme für Banken - Trends und Herausforderungen, in: Basler Bankenvereinigung (Hrsg.): Neue Wege im Vertrieb - Die großen Herausforderungen für die Banken, Bern u.a., 1993.

Schierenbeck, H./ Hölscher, H. [BankAssurance, 1998]:
BankAssurance - Institutionelle Grundlagen der Bank- und Versicherungsbetriebslehre, 4. Auflage, Stuttgart, 1998.

Schindler, M./ Brücker, J. [Produktmodelle in Banken, 1998]:
Produktmodelle in Banken. Bericht-Nr. HSG/MCM/CC/EKM/15 des Instituts für Medien- und Kommunikationsmanagement, Version 2.0, St. Gallen, 1998.

Schlüter, H. [Franchisenehmer, 2001]:
Franchisenehmer-Zufriedenheit: theoretische Fundierung und empirische Analyse, Wiesbaden, 2001.

Schmid, R.E./ Bach, V. [CRM bei Banken, 1999]:
Customer Relationship Management bei Banken, Bericht HSG/CCBKM, Nr.4, St. Gallen, 1999.

Schmitz, G. [Qualitätsmanagement, 1994]:
Qualitätsmanagement im Privatkundengeschäft von Banken – Konzeption und aufbauorganisatorische Verankerung, Wiesbaden, 1994.

Schneider, D. [Geschichte betriebswirtschaftlicher Theorie, 1981]:
Geschichte betriebswirtschaftlicher Theorie: allgemeine Betriebswirtschaftslehre für das Hauptstudium, München und Wien, 1981.

Schroder Salomon Smith Barney [Revenue growth, 2002]:
The hunt for revenue growth, London, 2002.

Schögel, M. [Management, 1997]:
Management von Mehrkanalsystemen, Wiesbaden, 1997.

Schröck, G. [Wertmanagement, 1997]:
Risiko- und Wertmanagement in Banken: der Einsatz risikobereinigter Rentabilitäts-kennzahlen, Wiesbaden, 1997.

Schulte, H. [Produktoptimierung, 2002]:
Produktoptimierung - Handlungsalternative für Banken, in: Krotsch, S./ Linn, N./ Riese, C. (Hrsg.): Banken in der Wertfalle, Frankfurt am Main, 2002, S. 74-93.

Schumacher, M./ Goebel, R. [Gesamtbanksteuerung, 2002]:
Auf dem Weg zur erfolgreichen Gesamtbanksteuerung, in: Betriebswirtschaftliche Blätter, 51. Jg., 2002, S. 22-25.

Schürle, M. [Stochastische Optimierung, 1998]:
Zinsmodelle in der stochastischen Optimierung: mit Anwendungen im Asset-Liability-Management, Bern u.a., 1998.

Schweitzer, M. [Industriebetriebslehre, 1995]:
Industriebetriebslehre, 2. Auflage, München, 1995.

Seidel, S. [Wertmanagementkonzept, 2000]:
Der Shareholder Value-Ansatz zur Integration von Rentabilitäts- und Risikomanagement im ertragsorientierten Wertmanagementkonzept für Banken, Göttingen, 2000.

Sengpiehl, J./ Schmahl, J. [Customer Relationship Management, 2002]:
Customer Relationship Management (CRM) – erfolgreiche Realisierung der kundenwertorientierten Unternehmensführung, in: Pepels, W. (Hrsg.), Handbuch Vertrieb, München und Wien, 2002, S. 11-29.

Shefrin, H. [Behavioral Finance, 2000]:
Börsenerfolg mit Behavioral Finance: Investment-Psychologie für Profis, Stuttgart, 2000.

Shleifer, A. [Inefficient markets, 2000]:
Inefficient markets: an introduction to behavioral finance, Oxford u.a., 2000.

Siebertz, P./ Drechsler, D. [Vertriebssystem, 1998]:
Formen eines Direktbank-Angebotes und seine Auswirkungen auf das Vertriebssystem, in: Süchting, J./ Heitmüller, H.M. (Hrsg.): Handbuch des Bankmarketing, 3. Auflage, Wiesbaden, 1998, S. 195-216.

Siefert, C. [Industrialisierung in der deutschen Literatur, 1995]:
Die Industrialisierung in der deutschen Literatur der Jahrhundertwende: eine Analyse ausgewählter Texte Gerhart Hauptmanns, Heinrich Manns und Georg Heyms, Bochum, 1995.

Siegert, T. [Eigenarten, 1974]:
Eigenarten bankbetrieblicher Leistungen, München, 1974.

Skibicki, K. [Industrie im oberschlesischen Fürstentum, 2002]:
Industrie im oberschlesischen Fürstentum Pless im 18. und 19. Jahrhundert: zur ökonomischen Logik des Übergangs vom feudalen Magnatenwirtschaftsbetrieb zum modernen Industrieunternehmen, Stuttgart, 2002.

Sokolovsky, Z. [Industrialisierung, 2004]:
Industrialisierung der Finanzdienstleister, in: Kreditwesen, Ausgabe Technik, Nr. 2, 2004, S. 6-14.

Soter, A./ Estridge, J. [Financial stocks, 2001]:
Valueing financial stocks with Residual Income, New York, 2001.

Spicher, T. [Finanzintermediäre, 1997]:
Kapitalmarkt, unvollständige Verträge und Finanzintermediäre: eine modellgestützte Analyse zur Existenzbegründung, zukünftigen Ausrichtung und möglichen Verhaltensstrategien von Banken an Kapital- und Kreditmärkten, Köln, 1997.

Sponnagel, J. [Fließband, 2004]:
Dienstleistungen vom Fließband, in: Bankmagazin, Nr. 1, 2004, S. 36f.

Spremann, K. [Zahlungsverkehr, 1997]:
Wettbewerb und Technologie im Zahlungsverkehr, Bern u.a., 1997.

Springer, R. [Taylorismus, 1999]:
Rückkehr zum Taylorismus?: Arbeitspolitik in der Automobilindustrie am Scheideweg, Frankfurt am Main und New York, 1999.

200

Staehle, W.E. [Management, 1999]:

Management: eine verhaltenswissenschaftliche Perspektive, 8. Auflage, München, 1999.

Standard & Poors [World car industry, 2001]:

World car industry forecast report, Lexington, 2001.

Steiner, M./ Bruns, C. [Wertpapiermanagement, 1995]:

Wertpapiermanagement, 4. Auflage, Stuttgart, 1995.

Stewart, B.G. III [Value, 1991]:

The quest for value – a guide for senior managers, New York, 1991.

Stiglitz, J.E. [Volkswirtschaftslehre, 1999]:

Volkswirtschaftslehre, 2. Auflage, München und Wien, 1999.

Stillhart, G. [Finanzintermediation, 2002]:

Theorie der Finanzintermediation und Regulierung von Banken, Bern u.a., 2002.

Strohm, A. [Konzepte, 1988]:

Ökonomische Theorien der Unternehmensentstehung: die Konzepte der Team-Produktion von Alchian, A.A./ Demsetz, H. und die Transaktionskosten von Williamson, O.E. und evoluationstheoretische Kritik, Freiburg, 1988.

Strutz, E. [Wertmanagement, 1993]:

Wertmanagement von Banken, Bern u.a., 1993.

Stuhldreier, U. [Marktsegmentierung im Bankmarketing, 2003]:

Mehrstufige Marktsegmentierung im Bankmarketing: ein Erfolgsfaktor für das Privatkundengeschäft, Wiesbaden, 2003.

Süchting, J. [Theorie der Bankloyalität, 1998]:

Die Theorie der Bankloyalität - (immer noch) eine Basis zum Verständnis der Absatzbeziehungen von Kreditinstituten?, in: Süchting, J./ Heitmüller, H.M. (Hrsg.): Handbuch des Bankmarketing, Wiesbaden, 1998, S. 1-24.

Süchting, J./ Heitmüller, H.M. [Bankmarketing, 1998]:

Handbuch des Bankmarketing, 3. Auflage, Wiesbaden, 1998.

Süchting, J./ Paul, S. [Bankmanagement, 1998]:

Bankmanagement, 4. Auflage, Stuttgart, 1998.

Syncon [Zutaten des Erfolgs, 2003]:

Die Zutaten des Erfolgs, abrufbar unter: http://www.syncon-international.com/ presse _archiv /download_presse/ranking_leistungen.pdf (09.01.2005).

Szczepanek, U. [Konzeption und Entwicklung, 2003]:

Konzeption und Entwicklung eines prozeßorientierten CAD-Systems für die Bekleidungskonstruktion, Aachen, 2003.

Taylor, F.W. [Scientific Management, 1911]:

Scientific Management, New York, 1911.

Tempelmeier, H./ Kuhn, H. [Flexible Fertigungssysteme, 1993]:

Flexible Fertigungssysteme: Entscheidungsunterstützung für Konfiguration und Betrieb, Berlin u.a., 1993.

Theiler, U. [Kreditrisikomodellierung, 2000]:
Kreditrisikomodellierung, in: Zeitschrift für das gesamte Kreditwesen, 53. Jg., Nr. 9, 2000, S. 468-473.

Theiler, U. [Risk-/Return-Steuerung, 2002]:
Optimierungsverfahren zur Risk-/Return-Steuerung der Gesamtbank, Wiesbaden, 2002.

Theurl, T. [Outsourcing, 2003]:
Outsourcing – Geschäftsmodell der Zukunft, Modeerscheinung oder bewährte Praxis mit Tradition, in: Theurl, T. (Hrsg.): Münstersche Schriften zur Kooperation, Band 57, 2003, S. 7-40.

Tietze, O. [Positionierung, 2003]:
Strategische Positionierung in der Automobilbranche: Der Einsatz von virtueller Produktentwicklung und Wertschöpfungsnetzwerken, Darmstadt, 2003.

Tirole, J. [Industrial organization, 1988]:
The theory of the industrial organization, Cambridge, 1988.

Tobin, J. [Risk, 1958]:
Liquidity preference as a behaviour toward risk, in: The Review of Economic Studies, Nr. 15, 1958, S. 65-86.

Töpfer, A. [Projektmanagement, 2003]:
Six Sigma als Projektmanagement für höhere Kundenzufriedenheit und bessere Unternehmensergebnisse, in: Töpfer, A. (Hrsg.): Six Sigma: Konzeption und Erfolgsbeispiele, Berlin, 2003, S. 38-86.

Töpfer, A. [Six Sigma, 2003]:
Six Sigma in Banken und Versicherungen, 2003.

Totzek, A. [Kreditfabrik, 2004]:
Kreditfabrik – eine Medaille mit zwei Seiten, in: Banken-Times, 2004, S. 35.

Ulich, E./ Groskurtz, P./ Bruggemann, A. [Arbeitsgestaltung, 1973]:
Neue Formen der Arbeitsgestaltung. Möglichkeiten und Probleme einer Verbesserung der Qualität des Arbeitslebens, Frankfurt am Main, 1973.

Ulrich, K.T./ Tung, K. [Product modularity, 1991]:
Fundamentals of product modularity, Arbeitspapier Nr. 3335-91, Sloan School of Management, MIT, 09/1991, abgedruckt in: Sharon, A. et al. (Hrsg.): Issues in design-manufacture-integration, New York, 1991, S. 73-91.

Ulrich, T. [Qualitätsmanagement, 1996]:
Qualitätsmanagement – eine aktuelle Standortbestimmung unter besonderer Berücksichtigung der Anwendung in der Bank, Zürich, 1996.

Unseld, S. [Straight Through Processing, 2003]:
Wirtschaftsinformatik der Banken: Straight Through Processing, Vortrag am 08.05.2003.

Varnholt, B. [Kreditrisikomanagement, 1997]:
Modernes Kreditrisikomanagement, Zürich, 1997.

VDA (Verband der Automobilindustrie e.V.) [Jahresbericht, 2003]:
Jahresbericht 2003, 2003.

Vettiger, T. [Wertorientiertes Bankcontrolling, 1996]:
Wertorientiertes Bankcontrolling: das Controlling im Dienste einer wertorientierten Unternehmensführung, Bern u.a., 1996.

Vining, A./ Globerman, S. [Understanding the outsourcing decision, 1999]:
A conceptual framework for understanding the outsourcing decision, in: European Management Journal, Vol. 17, Nr. 6, 1999, S. 645-654.

Vleugels, R.M. [Central Mexico, 1990]:
Industrialization and secondary cities in Central Mexico, Saarbrücken, 1990.

Vögtle, M. [Bankgeschäft, 1997]:
Intelligente Informationssysteme für das Bankgeschäft: eine theoretische und empirische Analyse ihrer strategischen Bedeutung, Freiburg, 1997.

Voigt, K.-I. [Zeitwettbewerb, 1998]:
Strategie im Zeitwettbewerb – Optionen für Technologiemanagement und Marketing, Wiesbaden, 1998.

Voigtländer, D. [Industrialisierung, 2004]:
Industrialisierung des Bankbetriebs optimiert die Kosten, in: Börsen-Zeitung, Nr. 30, 13.02.2004, S. 8f.

Völker, J. [Value-at-Risk-Modelle, 2001]:
Value-at-Risk-Modelle in Banken: Quantifizierung des Risikopotenzials im Portfoliokontext und Anwendung zur Risiko- und Geschäftssteuerung, Berlin, 2001.

von Rosenstiel, L. [Organisationspsychologie, 2003]:
Grundlagen der Organisationspsychologie: Basiswissen und Anwendungshinweise, 5. Auflage, Stuttgart, 2003.

Wachtler, G. [Humanisierung, 1978]:
Humanisierung der Arbeit und Industriesoziologie: eine soziologische Analyse historischer Vorstellungen humaner Arbeitsgestaltung, München, 1978.

Wahrenburg, M./ Niethen, S. [Analyse alternativer Kreditrisikomodelle, 2000]:
Vergleichende Analyse alternativer Kreditrisikomodelle, Working Paper Series: Finance & Accounting, Johann Wolfgang Goethe-Universität Frankfurt am Main, Fachbereich Wirtschaftswissenschaften, Nr. 49, Frankfurt am Main, 2000.

Walter, N. [Basel II, 2003]:
Gegen Basel II baut sich Widerstand auf, in: Handelsblatt, 03.04.2003, S.23.

Weber, A.A. [Deutschland, 2004]:
Chancen des Finanzplatzes Deutschland, Zusammenfassung eines Vortrages auf Einladung der Hessischen Landesvertretung in Berlin am 23.09.2004.

Weber, H.K. [Industriebetriebslehre, 1999]:
Industriebetriebslehre, 3. Auflage, Berlin u.a., 1999.

Weber, M. [Gesellschaft, 1956]:
Wirtschaft und Gesellschaft, Tübingen, 1956.

Weber, M./ Behavioral Finance Group [Behavioral Finance, 1999]:
Behavioral Finance - Idee und Überblick, Behavioral Finance Group: Forschung für die Praxis - Band 0, 1999.

Weiß, M. [Fertigungstiefe, 1993]:
Planung der Fertigungstiefe: Eine hierarchischer Ansatz, Wiesbaden, 1993.

Weisser, N. [Leistungstiefe, 2004]:
Leistungstiefe deutscher Banken: das Phänomen der falschen Zahl, in: Die Bank, Nr. 12, 2004, S. 48-51.

Weitzel, T./ Martin, S.V. [Straight Through Processing, 2003]:
XML-Standards für ein Straight Through Processing im Wertpapiergeschäft, Frankfurt am Main, 2003, abrufbar unter http://www.wiiw.de/publikationen/XML StandardsfuereinStraightThr.pdf (10.01.2005).

Welker, C.B. [Produktionstiefe, 1993]:
Produktionstiefe und vertikale Integration: eine organisationstheoretische Analyse, Wiesbaden, 1993.

Wenk, M.W. [Rechnungswesen, 1996]:
Der Marktwert im Rechnungswesen der Banken, Wiesbaden, 1996.

Wildemann, H. [Fertigungsstrategien, 1997]:
Fertigungsstrategien: Reorganisationskonzepte für eine schlanke Produktion und Zulieferung, 3. Auflage, München, 1997.

Wildemann, H. [Wertschöpfungsmanagement, 2004]:
Supply Chain Management: Leitfaden für unternehmensübergreifendes Wertschöpfungsmanagement, 5. Auflage, München, 2004.

Wildemann, H. [Zeitmanagement, 1992]:
Zeitmanagement – Strategien zur Steigerung der Wettbewerbsfähigkeit, Frankfurt am Main, 1992.

Wilkens, M./ Baule, R./ Entrop, O. (Granularity adjustment, 2001):
Basel II – Berücksichtigung von Diversifikationseffekten im Kreditportfolio durch das granularity adjustment, in: ZfgK, Vol. 54, Nr. 12, 2001, S. 670-676.

Williamson, O.E. [Markets, 1975]:
Markets and Hierarchies: Analysis and antitrust implications, London, 1975.

Wills, S. [Rewards, 1999]:
Rewards on offer from a new discipline, in: Risk, Nr. 11, 1999, S. 52-54.

Winkelmann, P. [Vertrieb, 2002]:
Marketing und Vertrieb: Fundamente für die marktorientierte Unternehmensführung, 3. Auflage, München und Wien, 2002.

Wirtz, B. [Multi-Channel-Management, 2002]:
Multi-Channel-Management: Strukturen und Ausgestaltung der multiplen Distribution, in: WISU, 31. Jg., Nr. 5, 2002, S. 676-682.

Wöhe, G. [Allgemeine Betriebswirtschaftslehre, 2002]:
Einführung in die Allgemeine Betriebswirtschaftslehre, 21. Auflage, München, 2002.

Woll, A. [Volkswirtschaftslehre, 2003]:
Allgemeine Volkswirtschaftslehre, 14. Auflage, München, 2003.

Wollseifen, B. [Fertigungstiefenplanung, 1999]:
Lean Production und Fertigungstiefenplanung, Köln, 1999.

Wolters, H. [Modul- und Systembeschaffung, 1995]:
Modul- und Systembeschaffung in der Automobilindustrie: Gestaltung der Kooperation zwischen europäischen Hersteller- und Zulieferunternehmen, Wiesbaden, 1995.

Womack, J.P./ Jones, D.T./ Roos, D. [Revolution, 1992]:
Die zweite Revolution in der Automobilindustrie, 5. Auflage, Frankfurt am Main, 1992.

Wuest, G. [Geschäftsfeldlenkung, 1997]:
Geschäftsfeldlenkung von Banken unter besonderer Berücksichtigung der Shareholder Value-Analyse, Wien, 1997.

Wunderer, H. [Arbeitervereine und Arbeiterparteien, 1980]:
Arbeitervereine und Arbeiterparteien: Kultur- und Massenorganisationen in der Arbeiterbewegung (1890-1933), Frankfurt am Main, 1980.

Wynands, D.P.J. [Elementarbildung während der Industrialisierung, 1997]:
Elementarbildung während der Industrialisierung: das Volksschulwesen der Stadt Aachen von 1814-1924, Frankfurt am Main, 1997.

Yang, C./ Huang, J.-B. [IS outsourcing, 2000]:
A decision model for IS outsourcing, in: International Journal for Information Management, Vol. 20, 2000, S. 225-239.

York, P.T. [Offshore outsourcing, 2004]:
Effects of offshore outsourcing on foreign policy flexibility: The case of information technology outsourcing, in: Proceedings of the 7th Annual Conference of the Southern Association for Information Systems, 2004, S. 304-309

Zachmann, K. [Ausformung geschlechtsspezifischer Arbeitsteilung, 1993]:
Zur Ausformung geschlechtsspezifischer Arbeitsteilung im Industrialisierungsprozess, Mannheim, 1993.

Zäpfel, G. [Produktionsmanagement, 1989]:
Taktisches Produktionsmanagement, Berlin und New York, 1989.

Zenios, S.A. [Asset Liability Management, 1995]:
Asset Liability Management under uncertainty for fixed-income securities, in: Journal of Operational Research, Nr. 59, 1995, S. 77-97.
Zimbardo, P.G./ Gerrig, R.J. [Psychologie, 1999]:
Psychologie, Berlin, 1999.

Deutscher Universitäts-Verlag
Ihr Weg in die Wissenschaft

Der Deutsche Universitäts-Verlag ist ein Unternehmen der GWV Fachverlage, zu denen auch der Gabler Verlag und der Vieweg Verlag gehören. Wir publizieren ein umfangreiches wirtschaftswissenschaftliches Monografien-Programm aus den Fachgebieten

- ✓ Betriebswirtschaftslehre
- ✓ Volkswirtschaftslehre
- ✓ Wirtschaftsrecht
- ✓ Wirtschaftspädagogik und
- ✓ Wirtschaftsinformatik

In enger Kooperation mit unseren Schwesterverlagen wird das Programm kontinuierlich ausgebaut und um aktuelle Forschungsarbeiten erweitert. Dabei wollen wir vor allem jüngeren Wissenschaftlern ein Forum bieten, ihre Forschungsergebnisse der interessierten Fachöffentlichkeit vorzustellen. Unser Verlagsprogramm steht solchen Arbeiten offen, deren Qualität durch eine sehr gute Note ausgewiesen ist. Jedes Manuskript wird vom Verlag zusätzlich auf seine Vermarktungschancen hin geprüft.

Durch die umfassenden Vertriebs- und Marketingaktivitäten einer großen Verlagsgruppe erreichen wir die breite Information aller Fachinstitute, -bibliotheken und -zeitschriften. Den Autoren bieten wir dabei attraktive Konditionen, die jeweils individuell vertraglich vereinbart werden.

Besuchen Sie unsere Homepage: *www.duv.de*

Deutscher Universitäts-Verlag
Abraham-Lincoln-Str. 46
D-65189 Wiesbaden

Printed and bound by PG in the USA